普通高等学校法学精品教材

企业与公司法

张 颖 编著

东南大学出版社
SOUTHEAST UNIVERSITY PRESS
·南京·

图书在版编目（CIP）数据

企业与公司法/张颖编著.—南京：东南大学出版社，2017.12(2020.11重印)

ISBN 978-7-5641-7595-5

Ⅰ.①企… Ⅱ.①张… Ⅲ.①企业法—研究—中国 ②公司法—研究—中国 Ⅳ.① D922.291.91

中国版本图书馆 CIP 数据核字（2017）第 325011 号

企业与公司法

编　　著　张　颖	
责任编辑　张丽萍	

出版发行	东南大学出版社	出 版 人	江建中
地　　址	南京市四牌楼 2 号	邮　　编	210096
销售电话	（025）83794121		
网　　址	http://www.seupress.com	电子邮箱	press@seupress.com
经　　销	全国各地新华书店	印　　刷	南京玉河印刷厂
开　　本	700 mm × 1000 mm　1/16	印　　张	22
字　　数	417 千		
版 印 次	2017 年 12 月第 1 版　2020 年 11 月第 3 次印刷		
书　　号	ISBN 978-7-5641-7595-5		
定　　价	56.00 元		

本社图书若有印装质量问题，请直接与营销部联系。电话：025-83791830

编写说明

按照企业法律形式标准划分企业类型并进行立法规制，是市场经济国家企业立法的主流。随着市场经济体制改革的深入，我国现在已经完成了按照企业法律形式划分企业类型的立法工作，并对这些企业立法进行了多次重大修改。本教材以企业法律形式为视角，以三种典型企业即个人独资企业、合伙企业和公司的法律制度为主要内容，以专题形式对企业登记管理制度、企业名称制度、个人独资企业法律制度、合伙企业法律制度、公司设立制度、公司资本制度、公司章程、公司组织机构、股东权利保护等进行系统阐述。内容编写以我国现行法律法规为依据，注重介绍企业、公司制度最基本的要素，对难点问题选取示例进行解释分析，对实践中存有争议的问题选用法院裁判的案例进行剖析，对三种典型企业容易混淆的规定用"链接"的形式进行归类区分。

本书写作过程中力求通俗易懂、内容全面、重点突出、注重实践，特别适合企业法、公司法的初学者或有一定基础的读者选用。本书适合作为开设该课程的高等院校法学、经济学、会计学等专业用书，也可作为从事法律、经济工作人员的参考用书。

张 颖

2017 年 10 月于南京

第一章 企业与企业法 ·· 001
　第一节 企业的概念与分类 ··· 001
　　一、企业、公司的概念 ··· 001
　　二、企业的基本分类 ·· 004
　　三、我国现行企业立法中的企业类型 ··· 006
　第二节 企业法 ··· 015
　　一、企业法的概念及特征 ·· 015
　　二、我国的企业立法 ·· 016

第二章 企业登记法律制度 ·· 020
　第一节 企业登记概述 ·· 020
　　一、企业登记的概念与特征 ··· 020
　　二、企业登记的作用与意义 ··· 021
　　三、企业登记的立法现状 ·· 022
　第二节 企业登记管辖 ·· 027
　　一、企业登记主管机关 ·· 027
　　二、企业登记管辖 ·· 028
　　三、企业登记的种类 ·· 030
　第三节 企业登记的程序 ·· 034
　　一、申请企业名称预先核准 ··· 034
　　二、申请设立登记 ·· 036

三、办理审批手续 ……………………………………………… 039
　　　四、审查 …………………………………………………………… 039
　　　五、核准 …………………………………………………………… 042
　　　六、公告 …………………………………………………………… 043
　第四节　企业登记的效力 ……………………………………………… 044
　　　一、对企业登记效力的规定 …………………………………… 044
　　　二、企业登记的对抗效力 ……………………………………… 047

第三章　企业名称 ………………………………………………………… 051
　第一节　企业名称概述 ………………………………………………… 051
　　　一、企业名称的概念 ……………………………………………… 051
　　　二、企业名称的法律特征 ……………………………………… 054
　第二节　企业名称的选用 ……………………………………………… 055
　　　一、企业名称的构成 ……………………………………………… 055
　　　二、我国企业名称选定的立法规定 …………………………… 056
　　　三、企业名称选定与商标权的保护 …………………………… 059
　第三节　企业名称权 …………………………………………………… 062
　　　一、企业名称权的概念 ………………………………………… 062
　　　二、企业名称权的特征 ………………………………………… 062
　　　三、企业名称权的内容 ………………………………………… 064
　　　四、企业名称权的保护 ………………………………………… 068

第四章　个人独资企业法律制度 ………………………………………… 073
　第一节　个人独资企业的设立 ………………………………………… 073
　　　一、个人独资企业的概念及特征 ……………………………… 073
　　　二、个人独资企业的设立条件 ………………………………… 075
　　　三、个人独资企业的设立登记 ………………………………… 079
　第二节　个人独资企业投资人的权利与事务管理 ………………… 080
　　　一、独资企业业主的权利与义务 ……………………………… 080

二、独资企业的运营管理·· 080
　　三、独资企业的营业转让·· 082
第三节　个人独资企业的解散与清算·· 083
　　一、个人独资企业的解散·· 083
　　二、个人独资企业的清算·· 083

第五章　合伙企业法律制度··· 085
　第一节　合伙企业法律制度概述··· 085
　　一、合伙企业的概念及分类·· 085
　　二、合伙企业的特征··· 086
　　三、合伙企业与民事合伙的区别·· 087
　　四、合伙企业法的概念及基本原则····································· 088
　第二节　普通合伙企业··· 090
　　一、普通合伙企业的概念··· 090
　　二、合伙企业的设立··· 093
　　三、合伙协议·· 096
　　四、合伙企业的财产··· 097
　　五、合伙企业的事务执行··· 100
　　六、合伙企业运行的几个特别规则····································· 103
　　七、合伙企业与第三人的关系··· 106
　　八、入伙··· 112
　　九、退伙··· 112
　　十、合伙企业的变更··· 115
　第三节　有限合伙企业··· 115
　　一、有限合伙企业的概念··· 115
　　二、有限合伙企业设立的特殊规定····································· 117
　　三、有限合伙企业事务执行的特殊规定······························· 119
　　四、有限合伙企业财产出质与转让的特殊规定······················ 120
　　五、有限合伙人债务清偿的特殊规定·································· 121

  六、有限合伙企业入伙与退伙的特殊规定……………………… 121

  七、有限合伙企业合伙人性质转变的特殊规定…………………… 122

 第四节 合伙企业的解散与清算……………………………………… 123

  一、合伙企业的解散……………………………………………… 123

  二、合伙企业的清算……………………………………………… 123

 第五节 违反合伙企业法的法律责任………………………………… 124

  一、合伙企业与合伙人违法行为及其法律责任………………… 124

  二、合伙企业清算人违法行为及其法律责任…………………… 126

  三、其他有关违法行为及其法律责任…………………………… 126

第六章 公司与公司法概述……………………………………………… 127

 第一节 公司的概念及种类…………………………………………… 127

  一、公司的概念…………………………………………………… 127

  二、公司的特征…………………………………………………… 128

  三、公司的分类…………………………………………………… 130

  四、《公司法》对公司的分类…………………………………… 134

  五、外国公司的分支机构………………………………………… 139

 第二节 公司法的概念与特征………………………………………… 142

  一、公司法的概念………………………………………………… 142

  二、公司法的特征………………………………………………… 142

  三、公司法的立法状况…………………………………………… 143

第七章 公司人格制度………………………………………………… 145

  一、公司人格的概念……………………………………………… 145

  二、公司的能力…………………………………………………… 147

  三、公司人格否认制度…………………………………………… 149

第八章 公司设立制度………………………………………………… 155

  一、公司设立原则………………………………………………… 155

二、公司设立的方式……………………………………………157
　　三、公司设立的条件……………………………………………158
　　四、公司设立的程序……………………………………………162
　　五、公司成立的后续事项………………………………………172
　　六、公司设立无效与设立撤销…………………………………173

第九章　公司章程……………………………………………………177
　　一、公司章程的概念和特征……………………………………177
　　二、公司章程的内容……………………………………………179
　　三、公司章程的修改……………………………………………180
　　四、公司章程的自治性…………………………………………183
　　五、公司章程的效力……………………………………………188

第十章　资本与股份…………………………………………………190
　第一节　公司的资本……………………………………………………190
　　一、资本的法律含义……………………………………………190
　　二、公司资本制度的类型………………………………………192
　　三、公司资本原则………………………………………………195
　　四、《公司法》关于资本制度的规定……………………………197
　　五、股东的出资方式……………………………………………199
　　六、出资瑕疵的股东责任………………………………………201
　　七、抽逃出资的责任……………………………………………204
　　八、认缴资本制度引发的问题…………………………………206
　　九、公司资本的变动……………………………………………208
　第二节　股份有限公司的股份…………………………………………210
　　一、股份的概念与特征…………………………………………210
　　二、股份的分类…………………………………………………211
　　三、股票…………………………………………………………214
　　四、股份的发行…………………………………………………215

五、股份的转让 ····· 220
　　六、股份的质押 ····· 221
　　七、上市公司 ····· 222

第十一章　公司组织机构 ····· 228
　　一、公司组织机构的概念、特征 ····· 228
　　二、股东会 ····· 230
　　三、董事会 ····· 241
　　四、监事会 ····· 246
　　五、公司决议瑕疵的救济 ····· 248
　　六、公司高级管理人员 ····· 250
　　七、公司董事、监事、高级管理人员的任职资格 ····· 252
　　八、公司董事、监事、高级管理人员的义务 ····· 254
　　九、公司董事、监事、高级管理人员的责任 ····· 258

第十二章　公司股东与股东权 ····· 260
　　一、公司股东的概念和特征 ····· 260
　　二、股东资格的取得与认定 ····· 261
　　三、股东的权利 ····· 265
　　四、有限责任公司的股权转让 ····· 275
　　五、股东诉讼权 ····· 282
　　六、公司股东的义务 ····· 284

第十三章　公司债券 ····· 287
　第一节　公司债券概述 ····· 287
　　一、公司债券的概念与特征 ····· 287
　　二、公司债券的种类 ····· 288
　　三、公司债券与股票的异同 ····· 290
　第二节　公司债券的发行与转让 ····· 292

  一、公司债券的发行 ………………………………………… 292
  二、公司债券的转让 ………………………………………… 296
  三、公司债券的偿还 ………………………………………… 297
  四、公司债券上市 …………………………………………… 297
 第三节 可转换公司债券 …………………………………………… 299
  一、可转换公司债券的概念与特征 ………………………… 299
  二、可转换公司债券的发行 ………………………………… 302
  三、可转换公司债券的转换 ………………………………… 304

第十四章 公司财务与会计制度 ……………………………………… 305
 第一节 公司财务与会计概述 ……………………………………… 305
  一、公司财务、会计的作用 ………………………………… 305
  二、公司财务、会计的基本要求 …………………………… 306
  三、公司财务会计报告 ……………………………………… 307
 第二节 公司的利润分配 …………………………………………… 309
  一、公司利润分配的前提条件 ……………………………… 310
  二、公积金 …………………………………………………… 311
  三、公司利润分配的顺序 …………………………………… 312

第十五章 公司的合并与分立 ………………………………………… 314
  一、公司合并 ………………………………………………… 314
  二、公司分立 ………………………………………………… 317

第十六章 公司终止制度 ……………………………………………… 320
  一、公司终止的原因 ………………………………………… 320
  二、公司清算 ………………………………………………… 323

第十七章 违反公司法的法律责任 …………………………………… 330
  一、公司的法律责任 ………………………………………… 330

二、公司发起人、股东的法律责任……………………………………331
三、清算组的法律责任…………………………………………………331
四、承担资产评估、验资或者验证的机构的法律责任………………332
五、公司登记机关的法律责任…………………………………………332
六、其他有关法律责任…………………………………………………332

主要参考文献……………………………………………………………334

法律、法规、司法解释缩略语…………………………………………337

第一章

企业与企业法

第一节 企业的概念与分类

一、企业、公司的概念

（一）企业的概念与特征

"企业"一词，人们广为熟知，企业是现代经济生活中最重要、最活跃的市场主体。但严格意义上来说，企业不是一个法学领域的概念，"企业"这一词语，无法准确地反映出它的法律地位，无法彰显企业与其投资者之间的权利义务关系。企业主要是一个经济学领域的概念，是现代社会中人们为了进行有规模的生产经营活动而组织起来的一个经济性实体。通过分析企业的表现形式、本质属性，我们可以将企业定义为：是依法成立的采用一定组织形式，以营利为目的的，从事生产、流通或服务活动的经济组织。在此层面上，企业特征主要表现在以下方面：

1. 企业是具有经营性质的经济组织

这一特征反映了企业的社会性质和功能特性。作为组织体，企业是一定资本和人员集合的经营体，是一定资产和某种营业的集合体。企业通过集中一定的资金、原材料、技术、土地或者劳动力等资源，根据市场需求进行专门的生产、经营或提供商业服务，来满足人类社会在物质生活或精神生活方面的某些需求。经营性是企业的主要特点。企业从事生产经营活动，应具备以下条件：有自己的名称；有固定的生产经营场所；有独立支配的或相对独立支配的财产；实行经营核算制度；要取得合法的生产经营资格；具有法人资格的企业要有独立的组织机构。

2. 企业是具有营利性质的经济组织

这一特征反映了企业的生存和发展目的。企业在运营过程中，获得超出其投入的资金和财物的盈余或经济利益，此为企业的营利性。追逐利润是企业活动的宗旨，营利性是企业与其他组织区别的标志。营利性并不代表企业一定盈利（赢利）。营利性企业可能因市场变化、管理不当、决策失误等原因不盈利；非营利的组织在市场经济环境下，也需要维持一定的盈余、取得一定的经济利益才能生存。根据我国《企业法人登记管理条例施行细则》第3条规定，实行企业化经营、国家不再核拨经费的事业单位和从事经营活动的科技性社会团体，具备企业法人条件的，应当申请企业法人登记。由此可见，从事文化、体育、卫生等活动的单位或团体，虽不直接参与生产经营活动，当其具有营利性特性时，同样可以登记为企业，以企业的形式运作，获得利润。

3. 企业是具备一定法律形式的经济组织

这一特征反映了企业的法律特性。企业选择不同的组织形式，其设立的条件、成立的程序、组织机构的构建及投资者的责任方式等均有本质的差别，由此形成了自由主义、特许主义、核准主义和准则主义等不同的企业设立原则。

（二）公司的概念

与企业不同，公司是一个法律概念，公司概念可以准确地反映公司的法律地位、公司与股东之间的权利义务关系。我国《公司法》第3条规定，公司是企业法人，有独立的法人财产，享有法人财产权。公司以其全部财产对公司的债务承担责任。有限责任公司的股东以其认缴的出资额为限对公司承担责任；股份有限公司的股东以其认购的股份为限对公司承担责任。

公司和企业的根本区别，不在于其外延上的差别，而在于二者是从不同的角度来描述某一团体或组织的特性。公司的概念，着重反映这一组织的民事法律地位及其成员和资本的联合性，具有显著的法律属性。而企业的概念，着重反映组织的经营性特点，不注重其法律地位，因此，有的企业具有法人资格，可以独立承担民事责任，其投资人以出资为限承担有限责任，有的企业不具有法人资格，不能独立承担民事责任，其投资人则以自己的全部财产对企业承担责任。

（三）企业、公司与法人的关系

公司与企业的关系。公司与企业的关系密切，从组织形式上看：企业的外延要比公司广泛，企业可以采用公司的组织形式从事营业性活动，公司是企业发展到一定程度的高级组织形式；企业也可以不采用公司的组织形式，采取独资企业或合伙企业等形式。换言之，不是所有的企业都是公司，如：在我国现行企业法体系中的个人独资企业、合伙企业、全民所有制企业、集体所有制企业等均不是公司形式。

企业与公司关系示意图

企业与法人的关系。法人是具有民事权利能力和民事行为能力，依法独立享有民事权利和承担民事义务的组织。企业与法人的外延是交叉的。具备法人条件的企业依法取得法人资格，不具备法人条件的企业则没有法人资格。我国《民法总则》规定，法人包括非营利法人、营利法人、特别法人。营利法人包括有限责任公司、股份有限公司和其他企业法人等。

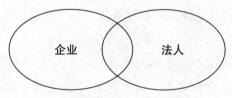

企业与法人关系示意图

企业、公司与法人的关系。《公司法》第3条规定，公司是企业法人。《民法总则》第76条规定，以取得利润并分配给股东等出资人为目的成立的法人，为营利法人。营利法人包括有限责任公司、股份有限公司和其他企业法人等。由此可见，公司具备法人资格，属于营利法人，企业如果具备法人条件，可以取得法人资格，也属于营利法人。法人不一定是公司或企业。《民法总则》规定的非营利法人、特别法人均不是公司，也不是企业。

企业、公司、法人关系示意图

二、企业的基本分类

根据不同的标准,企业可以作不同的划分,主要分类有以下几种:

(一)按照企业所有制标准

按企业所有制标准即按企业财产的归属关系为标准可以将企业划分为:国有企业、集体所有制企业、私营企业和混合所有制企业。

1. 国有企业

国有企业,又称全民所有制企业,或国营企业,是指企业资产所有权属于国家,依照法定程序设立,依法自主经营、自负盈亏、独立核算的社会主义商品生产和经营单位,是具有法人资格的组织。

2. 集体所有制企业

集体所有制企业,是指财产属于劳动群众集体或者集体性的经济组织所有,实行共同劳动,在分配方式上以按劳分配为主体的社会主义经济组织。集体所有制企业的财产属于开办该集体企业的城乡基层组织或全体劳动者所有。

3. 私营企业

私营企业是指企业资产属于私人所有,雇工八人以上的营利性的经济组织。现行立法中,将这类企业称之为"私营企业",而这种企业的资产归投资者私人所有,其本质属私有企业,因此,法律应还之以"私有企业"的名称。按照《私营企业暂行条例》第6条规定,私营企业分为独资企业、合伙企业、有限责任公司。该条例的发布时间是1988年6月25日,之后,我国相继制定颁布《公司法》《个人独资企业法》《合伙企业法》,私营企业的三种形式已经通过上述三个法律分别进行调整。《私营企业暂行条例》虽未废止,但从实际使用价值来看,已经名存实亡。

4. 混合所有制企业

混合所有制企业主要是指跨所有制界限组成的联营企业、中外合资经营企业、中外合作经营企业以及股份制企业等。

在计划经济体制下，经济结构中以所有制关系来划分企业类型是通常做法，因此，我国形成了针对不同所有制企业分别立法的模式。这种立法模式下，我国形成了以国民经济格局为立法基础，以国有企业为主体、私有企业为补充的企业法体系。按所有制的性质划分企业进行立法存在以下缺陷：（1）按所有制的性质划分企业后，通过立法对国有企业、集体企业给予特别保护，人为地造成企业之间的不平等竞争，不符合市场经济公平竞争要求，不利于市场经济的正常运行。（2）按所有制的性质划分企业进行立法，容易导致立法的重叠和遗漏。（3）按所有制性质划分的企业，不能直接昭示每一种企业的法律地位。（4）按所有制性质划分的混合所有制企业包含外商投资企业，而将其与国有企业并列，作为一种类型，亦有不妥之处。随着企业投资主体的多元化，且实践中有些企业的所有制性质很难确定，按所有制为标准划分企业进行立法规制，已不能适应现实经济活动的需求，因此，企业立法应逐渐淡化这种立法模式。

（二）按照投资者承担责任方式标准

按照投资者承担责任方式标准可以将企业划分为投资者承担有限责任的企业、承担无限连带责任的企业、承担无限责任的企业，其相对应的企业表现形式为：公司、合伙企业、个人独资企业。

投资者承担有限责任的企业主要是有限责任公司、股份有限公司，投资者承担无限连带责任的企业主要有合伙企业，投资者对独资企业承担无限责任。这是非常重要的一种企业分类方法，这种分类方法，除了可以明确投资者对企业承担的责任，还可以彰显企业的法律地位，清晰地把企业分为法人企业和非法人企业，有利于认清企业的本质。

1. 个人独资企业

个人独资企业是指由一个自然人单独投资并经营，企业不取得法人资格，法律上也不要求企业有最低资本金，业主对企业债务承担无限责任的企业。

2. 合伙企业

合伙企业是两个或两个以上合伙人在合伙协议基础上设立的，共同出资、合伙经营、共享收益、共担风险，至少有一个以上的合伙人对企业债务承担无限责任的营利性经济组织。合伙企业设立简便、出资自由、经营灵活、结构简单、便于管理，是适合中小型经营规模的企业组织形式之一。合伙企业分为普通合伙企业和有限合伙企业。普通合伙企业由普通合伙人组成，合伙人对合伙企业债务承担无限连带责任，《合伙企业法》对普通合伙人承担责任的形式有特别规定的，从其规定。有限合伙企业由普通合伙人和有限合伙人组成，普通合伙人对合伙企业债务承担无限连带责任，有限合伙人以其认缴的出资额为限对合伙企业债务承担有限责任。

3. 公司

公司是依法设立、以营利为目的的，股东以认缴的出资或认购的股份为限对公司承担责任，公司以其全部财产承担责任的企业法人。我国《公司法》规定的公司类型包括有限责任公司和股份有限公司两种。

（三）按照企业资本金来源标准

按照企业资本金来源标准可以将企业划分为外商投资企业和内资企业。内资企业的全部资本来源于国内投资者，没有外国的企业、经济组织或个人的资本投入。外商投资企业的资本含有外国的企业、经济组织或者个人的投资。我国外商投资企业的类型主要有：中外合资经营企业、中外合作经营企业、外资企业和外商投资合伙企业。

三、我国现行企业立法中的企业类型

（一）典型的企业类型

典型的企业类型是指以企业法律形式为标准划分的企业类型。

按照企业法律形式标准划分企业类型并进行立法规制，是世界各国企业立法的主流。随着市场经济体制改革的深入，我国现在已经完成了按照企业法律形式划分企业类型的立法工作，并对这些企业立法进行了多次重大修改。企业法律形式不同即企业组织形式不同，则意味着企业的设立条件和设立程序不同，企业的信用基础不同，企业的法律地位不同，投资人对企业承担的责任不同，企业的内部结构不同，企业的税收制度等也不同，因此，按照企业法律形式标准划分企业具有重大法律意义。以此标准可以将企业划分为个人独资企业、合伙企业和公司。

1. 个人独资企业

个人独资企业是指由一个自然人单独出资经营的营利性非法人经济组织。个人独资企业是自然人从事商事活动的主要企业形式。根据我国《个人独资企业法》的规定，个人独资企业具有以下特点：

（1）个人独资企业的投资主体具有唯一性。个人独资企业由一个自然人出资设立，投资主体的单一性，是个人独资企业与合伙企业、公司等多元投资主体企业的重要区别。

（2）投资人限定为自然人。个人独资企业的投资人只能是自然人，法人、其他经济组织或社会团体都不能成为个人独资企业的投资人。因此，国有企业、集体企业和国有独资公司虽然也是单独投资经营的，因其投资者不是自然人，这些企业都不是个人独资企业。

（3）个人独资企业不具有法人资格，投资人以其个人财产对企业债务承担无限责任。这使得个人独资企业与一人投资设立的公司区别开来。一人有限责任公司具有法人资格，投资者以其认缴的出资额为限对一人有限责任公司的债务承担责任。由于法律对个人独资企业的设立条件、设立程序及内部机构设置等没有严格的限制性要求，个人独资企业的财产很容易与投资人的个人财产相混同，个人独资企业的独立性不强，因此，个人独资企业不能独立地承担法律责任，投资人对企业承担无限责任，即不是仅以其投入该企业的财产为限，而是要以其个人的全部财产对企业的债务承担责任。

（4）个人独资企业在形式上表现为企业。作为企业，个人独资企业自然有企业名称，有固定的生产经营场所和必要的生产经营条件，有必要的资金和从业人员。这一特征使得个人独资企业与个体工商户、家庭承包经营户等区别开来，从规模上来看，个人独资企业一般比个体工商户要大。

2. 合伙企业

合伙企业是指由两个或两个以上的合伙人依照《合伙企业法》的规定，订立合伙协议，共同出资、共同经营、共享收益、共担风险，至少有一个以上的合伙人对企业债务承担无限责任的营利性经济组织。合伙企业具有以下基本特征：

（1）合伙企业是由两个或两个以上的合伙人组成的。合伙人可以是自然人，也可以法人或其他经济组织。

（2）合伙企业的设立基础是合伙协议。各合伙人通过合伙协议确定合伙的经营方式等重大事项，并按照合伙协议的约定确定相互间的权利义务。与其他协议不同的是，合伙协议的目的不是在合伙人之间转让财产或提供劳务，而是建立一种长期合作关系。

（3）合伙企业具有人合性的特征。合伙企业中虽有一定的财产联合，但其设立是基于合伙人之间的相互信任、相互认知，每个合伙人既是合伙企业的代表人，也是其他合伙人的代理人。所以，合伙企业的突出特点仍是人合性。

（4）合伙企业不具有法人资格。合伙企业有自己的名称，领取合伙企业营业执照，在诉讼中，合伙企业是诉讼当事人，合伙企业的负责人为诉讼代表人。合伙企业虽具有以自己名义独立从事生产经营活动的权利能力，但不具有完全独立的财产责任能力，不具备法人条件，因此，没有法人资格。

（5）合伙人对合伙企业的债务承担无限连带责任，《合伙企业法》另有规定的除外。在合伙企业的资产不足以清偿合伙企业债务时，债权人有权要求任何一个合伙人予以全部清偿，可见，合伙人投资合伙企业风险大。《合伙企业法》关于合伙人承担责任另有两项规定：一是特殊的普通合伙企业中，一个合伙人或者数个合伙人在执业活动中因故意或者重大过失造成合伙企业债务的，应当承担无限责任或者无限连带责任，其他合伙人以其在合伙企业中的财产份额为限承担责任。二是有限合伙企业中有限合伙人以其认缴的出资额为限对合伙企业债务承担责任。

3. 公司

公司指依法设立的，以营利为目的的，具有法人资格的企业。公司作为营利性法人具有以下特征：

（1）公司具有法人资格。公司具备法人成立的条件，具有法人资格。公司的设立，符合法人的实体条件和程序条件，经工商登记后取得企业法人资格，获得从事生产经营活动的权利能力和行为能力，能够以自己的名义享有权利，承担义务。公司具有独立的财产，对财产享有法人财产权，可以独立地占有、使用和处分其财产。公司具有独立的意志，通过设立健全的组织机构，为法律行为，实现自己的意志。公司具有独立的责任能力，公司独立的财产是其独立承担责任的前提和保障，公司以其全部财产对公司债务承担独立的、无限清偿责任。公司的法人特性区别于其他非法人企业。①

（2）公司具有营利性。这是现代公司制度的核心特征，也是设立公司的根本目的。根据《民法总则》第76条的规定，营利性是指以取得利润并分配给股东等出资人为目的。公司以实现资本增值为目标，组织机构的设置、公司的日常运营都以保证资本安全、高效的运营为出发点，公司在获得利润后，按照公司法及公司章程的规定分配给投资人。营利性使公司与非营利性法人、特别法人区别开来。②

（二）非典型的企业类型

1. 国有企业

国有企业的全部资产属于国家所有，企业由国家直接或间接控制。国有企业是从所有制性质和企业资产产权归属的角度来定义的，它主要强调国家是投资主体，企业接受国家控制和监督。国有企业不包括依据《公司法》设立的国有独资公司、两个以上的国有投资主体投资设立的公司。国有企业具有以下特征：

（1）企业的财产属于国家所有。根据《全民所有制工业企业法》规定，国有企业的财产属于全民所有，国家是国有企业唯一投资者。国家各级国有资产监督管理机构代表国家行使国有资产出资人职责。

（2）国有企业具有法人资格。国有企业无论规模大小，均具有法人资格。国有企业依法取得法人资格，以国家授予其经营管理的财产承担民事责任。《全民所有制工业企业法》确立了国有企业的法人地位，是我国企业深化改革的成果；赋予国有企业法人地位，具有里程碑的意义，从根本上改变了企业作为国家附属机构的属性，杜绝了国家财政为国有企业债务承担无限责任的现象继续发生，促进政企分开，真正实现所有权与经营权分离，有利于国有企业自身的发展壮大。

（3）国有企业实行所有权和经营权分离的经营管理制度。《全民所有制工业企业法》规定，企业的财产属于全民所有，国家依照所有权和经营权分离的原则

---

① 《民法总则》第102条：非法人组织是不具有法人资格，但是能够依法以自己的名义从事民事活动的组织。非法人组织包括个人独资企业、合伙企业、不具有法人资格的专业服务机构等。
② 《民法总则》第87条：为公益目的或者其他非营利目的成立，不向出资人、设立人或者会员分配所取得利润的法人，为非营利法人。非营利法人包括事业单位、社会团体、基金会、社会服务机构等。第96条规定：本节规定的机关法人、农村集体经济组织法人、城镇农村的合作经济组织法人、基层群众性自治组织法人，为特别法人。

授予企业经营管理。企业对国家授予其经营管理的财产享有占有、使用和依法处分的权利。企业的财产权仅表现为经营管理权，企业享有部分物质利益。

（4）国有企业实行厂长（经理）负责制。国有企业的法人治理结构与公司企业不同，具有特殊性，实行厂长（经理）负责制。厂长（经理）由政府的国有资产监督管理机构委派，并征求企业职工代表的意见；或者由政府国有资产监督管理机构安排企业职工代表大会民主选举，报政府决定部门批准。厂长（经理）在企业中处于中心地位，对企业的生产指挥、经营管理全权负责。在已经完成或进行试点改制的国有企业，其法人治理结构逐渐实行董事会负责制。

2. 集体所有制企业

集体所有制企业的财产归一定范围内的劳动者集体所有。集体所有制企业按照其所在区域不同，划分为城镇集体所有制企业和乡村集体所有制企业两大类。

（1）城镇集体所有制企业

城镇集体所有制企业，是指财产属于劳动群众集体所有、实行共同劳动、在分配方式上以按劳分配为主体的社会主义经济组织。劳动群众集体所有应当符合以下任一项规定：一是本集体企业的劳动群众集体所有；二是集体企业的联合经济组织范围内的劳动群众集体所有；三是投资主体为两个或者两个以上的集体企业联合投资兴办集体所有制企业，其中上述两项劳动群众集体所有的财产应当占企业全部财产的比例为51%以上。

城镇集体所有制企业依法取得法人资格，以其全部财产独立承担民事责任。

集体企业的职工是企业的主人，依照法律、法规和集体企业章程行使管理企业的权力。集体企业职工的合法权益受法律保护。集体企业依照法律规定实行民主管理。

职工大会或职工代表大会是集体企业的最高权力机构，由其选举和罢免企业管理人员，决定经营管理的重大问题。职工大会或职工代表大会依法行使以下职权：制定、修改集体企业章程；按照国家规定选举、罢免、聘用、解聘厂长（经理）、副厂长（副经理）；审议厂长（经理）提交的各项议案，决定企业经营管理的重大问题；审议并决定企业职工工资形式、工资调整方案、奖金和分红方案、职工住宅分配方案和其他有关职工生活福利的重大事项；审议并决定企业的职工奖惩办法和其他重要规章制度；法律、法规和企业章程规定的其他职权。

集体企业实行厂长（经理）负责制。厂长（经理）对企业职工（代表）大会负责，是集体企业的法定代表人。

（2）乡村集体所有制企业

乡村集体所有制企业，是指由乡镇、村的农民集体举办的，财产属于乡镇、村的农民集体所有的社会主义经济组织。乡村集体所有制企业是我国社会主义公有制经济的组成部分。企业财产属于举办该企业的乡或者村范围内的全体农民集体所有，由乡或者村的农民大会（农民代表会议）或者代表全体农民的集体经济组织行使企业财产的所有权。企业实行承包、租赁制或者与其他所有制企业联营的，企业财产的所有权不变。乡村集体所有制企业可以在不改变集体所有制性质的前提下，吸收投资入股。

乡村集体所有制企业经依法审查，具备法人条件的，核准登记后领取《企业法人营业执照》，取得法人资格；不具备法人条件的，经核准登记后领取《营业执照》，取得生产经营资格。

企业经营者是企业的厂长（经理）。企业实行厂长（经理）负责制。厂长（经理）对企业全面负责，代表企业行使职权。厂长（经理）为企业的法定代表人。

乡村集体所有制企业实行自主经营，独立核算，自负盈亏，取得法人资格的，对外独立承担民事责任；不具备法人条件的，首先以企业的财产承担民事责任，不足的部分由投资者承担责任。

乡村集体所有制企业职工有参加企业民主管理，对厂长（经理）和其他管理人员提出批评和控告的权利。企业职工大会或者职工代表大会有权对企业经营管理中的问题提出意见和建议，评议、监督厂长（经理）和其他管理人员，维护职工的合法权益。

3. 外商投资企业

我国进行改革开放后，制定了一系列外商投资企业法，分别调整中外合资经营企业、中外合作经营企业、外资企业、外商投资的合伙企业。

（1）中外合资经营企业

中外合资经营企业是指外国公司、企业和其他经济组织或个人，按照平等互利的原则，经中国政府批准，在中国境内，与中国的公司、企业或其他经济组织共同举办的股权式企业。中外合资经营企业具有以下法律特征：

第一，中外合资经营企业由中外双方或多方投资者共同举办，外方合营者包括外国公司、企业和其他经济组织或个人，中方合营者包括中国的公司、企业或其他经济组织，不包括个人。

第二，中外合资经营企业是一种股权式合营企业，中外双方按照出资比例分享利益，分担亏损。

第三，中外合资经营企业具有中国法人资格，可以采取有限责任公司或股份有限责任公司的组织形式。

第四，中外合资经营企业由合营各方共同投资，在注册资本中，外国合营者的投资比例不低于25%。

第五，中外合资经营企业不设股东会，董事会是企业的最高权力机构，由各方按照出资比例委派董事组成。如果中外合营者一致同意按照《公司法》规定建立企业的组织机构，或者中外合资经营企业组织形式为股份有限公司的，则应当按照《公司法》规定，设置股东会或股东大会、董事会、监事会等机构。

（2）中外合作经营企业

中外合作经营企业是指外国公司、企业和其他经济组织或个人依照《中外合作经营企业法》的规定，经中国政府批准，在中国境内与中国的公司、企业或其他经济组织共同举办的契约式合营企业。中外合作经营企业具有以下法律特征：

第一，中外合作经营企业由中外双方或多方投资者共同举办。外方合营者包括外国公司、企业和其他经济组织或个人；中方合营者包括中国的公司、企业或其他经济组织，不包括个人。

第二，中外合作经营企业是一种契约式企业。合作各方的投资或者合作条件、收益或者产品的分配、风险和亏损的分担、经营管理的方式和合作企业终止时财产的归属等事项均由各方合作者通过合同予以约定。因此，合作经营合同是中外合作经营企业的最重要的法律文件，是合作经营企业成立的基础。

第三，中外合作经营企业既可以是法人企业，也可以是非法人企业。具备法人条件的，可以选择有限责任公司形式，不具备法人条件的，则办成非法人企业。

第四，中外合作经营企业的组织机构既可以是董事会制，也可以是联合管理委员会制。具备法人资格的企业,采用董事会制;不具备法人资格的企业,则选择联合管理委员会制。董事会或者联合管理委员会是合作企业的权力机构,按照合作企业章程的规定,决定合作企业的重大问题。董事会董事或者联合管理委员会委员由合作各方自行委派或者撤换。董事会董事长、副董事长或者联合管理委员会主任、副主任的产生办法由合作企业章程规定;中外合作者的一方担任董事长、主任,副董事长、副主任由他方担任。董事会或者联合管理委员会可以决定任命或者聘请总经理负责合作企业的日常经营管理工作。总经理对董事会或者联合管理委员会负责。

第五,中外合作经营企业的外方投资者可以先行回收投资。中外合作者在合作企业合同中约定合作期限届满时,合作企业的全部固定资产无偿归中国合作者所有的,外国合作者在合作期限内,可以在按照投资或者提供合作条件进行分配的基础上,在合作企业合同中约定扩大外国合作者的收益分配比例,先行回收其投资。外国合作者依照以上规定在合作期限内先行回收投资的,中外合作者应当依照有关法律的规定和合作企业合同的约定,对合作企业的债务承担责任。

(3) 外资企业

外资企业是指依照中国法律在中国境内设立的全部资本由外国投资者投资的企业。外资企业具有以下法律特征:

第一,外资企业的全部资本由外国的投资者投资。外国投资者包括外国公司、企业和其他经济组织或个人。

第二,外资企业的利润全归外国投资者,风险和亏损由外国投资者独立承担。

第三,外资企业是外国投资者依照中国的法律在中国境内设立的。

第四,外资企业是一个独立的经济实体或法律主体,是中国居民企业,与外国公司在中国境内设立的分公司不同,其在中国的经营活动以自己的名义进行,具备法人条件的,取得法人资格。外资企业的组织形式为有限责任公司,经批准也可以为其他责任形式。

(4) 外商投资的合伙企业

外商投资合伙企业是指2个以上外国企业或者个人在中国境内设立的合伙企业,以及外国企业或者个人与中国的自然人、法人和其他组织在中国境内设立的合伙企业。外国企业或者个人在中国境内设立合伙企业，是和"三资企业"[1]不完全相同的一种外商投资方式，无法直接适用有关"三资企业"的法律、行政法规。因此，国务院制定了《外国企业或者个人在中国境内设立合伙企业管理办法》，专门管理外国企业或者个人在中国境内设立合伙企业。

外国企业或者个人在中国境内设立合伙企业包括三种情形：①两个以上外国企业或者个人在中国境内设立合伙企业，合伙人全部为外国企业或者个人。②外国企业或者个人与中国的自然人、法人和其他组织在中国境内设立合伙企业。③外国企业或者个人通过入伙等方式加入已经成立的中国合伙企业。中国的自然人、法人和其他组织在中国境内设立合伙企业后，外国企业或者个人通过入伙或者受让合伙企业财产份额的方式成为合伙人。这种情况也应当符合《外国企业或者个人在中国境内设立合伙企业管理办法》的有关规定，并依法向企业登记机关办理变更登记手续。

有关外商投资合伙企业的形式、设立的条件、合伙协议、合伙企业财产、合伙事务执行、合伙企业与第三人关系以及入伙、退伙、解散、清算等事项，均依照《合伙企业法》的规定办理。

按照我国现行有关外商投资管理的法律、行政法规的规定，设立中外合资经营企业、中外合作经营企业以及外资企业需要经国家对外经济贸易主管部门批准。考虑到合伙企业的性质和特点，为了有利于稳定和扩大利用外资，便于外国企业或者个人以设立合伙企业的方式在中国境内投资，外国企业或者个人在中国境内设立合伙企业实行直接向企业登记机关登记的制度，不需要经国家对外经济贸易主管部门批准。外国企业或者个人在中国境内设立合伙企业，由全体合伙人指定的代表或者共同委托的代理人向国务院工商行政管理部门授权的地方工商行政管理部门申请设立登记即可。

4. 合作社

合作社，即农民专业合作社，是指在农村家庭承包经营基础上，同类农产品的生产经营者或者同类农业生产经营服务的提供者、利用者，自愿联合、民主管理的互助性经济组织。农民专业合作社以其成员为主要服务对象，提供农业生

---

[1] 三资企业是指中外合资经营企业、中外合作经营企业、外资企业。

产资料的购买，农产品的销售、加工、运输、贮藏以及与农业生产经营有关的技术、信息等服务。农民专业合作社依照《农民专业合作社法》登记，取得法人资格。农民专业合作社的财产包括合作社成员出资、公积金、国家财政直接补助、他人捐赠以及合法取得的其他资产。农民专业合作社对合作社的财产享有占有、使用和处分的权利，并以合作社的财产对债务承担责任。农民专业合作社成员以其账户内记载的出资额和公积金份额为限对农民专业合作社承担责任。农村合作社与有限责任公司、股份有限公司、社团法人，以及众多的个人独资企业和个体户工商等拥有相对平等的法律地位和社会经济地位。

第二节 企业法

一、企业法的概念及特征

企业法是规范企业法律地位、调整企业活动及内部关系的法律规范的总称。我国现行企业立法反映了新中国成立以来社会经济关系的发展变化，有较强的企业改制烙印，现仍在不断予以完善，形成了自己的特征。

（一）企业法是主体法

主体法特征是企业法与其他法律部门最大的区别。企业法是规范企业这一主体的设立、变更、终止以及企业内部组织关系的法律，具有组织法的特点。企业法亦是行为法，企业法所调整的行为均与企业的组织特征相关联，凡是与企业组织没有关联的行为，企业法均不进行规范。企业合并、分立、解散、增加资本、减少资本等行为直接对企业的主体资格、权利能力和行为能力有影响，企业法对这些行为进行规范。企业签订合同，申请专利权、商标权，缴纳税款等行为对企业主体资格没有影响，企业法不对其进行调整，上述行为分别由《合同法》《专利法》《商标法》，税收法律、法规等进行规范。

（二）企业立法采取分别立法模式

现行企业立法主要以企业所有制性质、企业法律形式和企业投资主体的国籍等为标准划分企业类型，分别进行立法，形成了并存的三种立法体系。最早的企业立法体系按照所有制标准划分企业类型，对不同所有制性质的企业分别立法，制定并颁布《全民所有制工业企业法》《乡村集体所有制企业条例》《城镇集体所有制企业条例》《私营企业暂行条例》等。为了适应改革开放，引进外资，加强对外国投资者在中国境内投资设立企业的管理，先后制定了《中外合资经营企业法》《中外合作经营企业法》《外资企业法》《外国企业或者个人在中国境内设立合伙企业管理办法》等。社会主义市场经济体制确立后，按照组织形式、承担责任方式为标准划分企业类型，是企业分类和企业立法的主流趋。我国现在已经适时地颁布了《公司法》《合伙企业法》和《个人独资企业法》，并对《公司法》《合伙企业法》进行了多次修改。

按照多种标准划分企业，分别立法，缺乏统一性，容易造成立法的重叠及相互冲突，无法适用市场高效快捷的要求，我国的企业立法体系需要进一步整合、以使其更加科学、规范。

（三）企业立法以单行法为基本表现形式，配套庞大的其他形式的法律规范

无论是新中国成立初期，还是经济体制改革以后，我国的企业立法，均是以某一类型企业为对象，先制定单行法，在单行法基础上，又制定一系列配套法规、规章、办法等，形成了基本法律简单，配套实施条例庞大的特点。如，调整公司的法律规范包括《公司法》《公司登记管理条例》《企业法人登记管理条例》《企业法人登记公告管理办法》等。这一特点的形成，与我国经济体制改革、企业改制不断深入、不断变化的实际情况有关，从计划经济体制到有计划的商品经济体制，再发展到社会主义市场经济体制，以市场为导向思想的逐渐解放、观念的不断改变、法律的逐步完善，形成了现行企业基本法相对简单、配套法过于繁杂的现象。在市场经济体制确定后，企业立法的进一步归类、梳理、统一的工作已经是势在必行了。

二、我国的企业立法

新中国成立后，我国的企业立法，以党的十一届三中全会为界，大致可以分为两个时期。

党的十一届三中全会之前，我国是单一的公有制基础上的高度集中的计划经济体制。1954年《宪法》规定，国营经济是全民所有制的社会主义经济，是国

民经济中的领导力量和国家实现社会主义改造的物质基础。国家保证优先发展国营经济。合作社经济是劳动群众集体所有制的社会主义经济，或者是劳动群众部分集体所有制的半社会主义经济。劳动群众部分集体所有制是组织个体农民、个体手工业者和其他个体劳动者走向劳动群众集体所有制的过渡形式。国家保护合作社的财产，鼓励、指导和帮助合作社经济的发展，并且以发展生产合作为改造个体农业和个体手工业的主要道路。国家对富农经济采取限制和逐步消灭的政策。国家依照法律保护手工业者和其他非农业的个体劳动者的生产资料所有权。国家指导和帮助个体手工业者和其他非农业的个体劳动者改善经营，并且鼓励他们根据自愿的原则组织生产合作和供销合作。国家依照法律保护资本家的生产资料所有权和其他资本所有权。国家对资本主义工商业采取利用、限制和改造的政策。根据《宪法》确定的基本原则，国家制定了大量的法律、法规、条例、决议等，兴建一批新的国有工商企业，发展、改造民族工商业，发展集体企业，限制、改造私营企业。这一时期主要的法律文件有：1950年政务院财经委员会发布的《关于国营、公营工厂建立工厂管理委员会的指示》、政务院颁布的《私营企业暂行条例》，1954年政务院颁布的《公私合营工业企业暂行条例》，1957年国务院颁布的《关于改进工业管理体制的规定》。1958年4月，中共中央和国务院发布的《关于工业企业下放的几项规定》，提出国务院各主管部门所管理的企业除极少数特殊重要的企业外，一律下放给地方政府管理。中央直属企业工业产值占整个工业产值的比重大大下降。其意图是在计划经济体制下探索增强企业的活力。1961年9月，中央制定下发了《国营工业企业工作条例(草案)》(即"工业七十条")，以克服三年"大跃进"中企业出现的混乱现象，把企业各项工作引上正确轨道。其成为了较长时期内一部重要的国有企业管理文件。这一时期的企业法律、法规，主要为了确立各类企业的地位、企业与政府的关系，尤其是管理好、保护好国营企业。

党的十一届三中全会以后，我国经历了三十多年的改革开放，这三十年始终坚持解放思想，加大经济体制改革，制定、颁布了大量的以企业改革为中心的法律、法规等，逐步建立健全了企业法人制度、企业登记管理制度、企业破产制度、企业股份制等，企业法律制度的内容是我国经济改革的一个缩影，记录了经济体制改革的成果。所以，我国企业立法与经济体制改革及企业改革密切相关。

反映这些企业立法成果的法律、法规主要包括以下几个方面：

（1）涉及全民所有制企业的主要法律、法规：《全民所有制工业企业法》（1988年制定，2009年修订）、《全民所有制工业企业转换经营机制条例》（1992年）、《企业国有资产监督管理暂行条例》（2003年）、《企业国有产权转让管理暂行办法》（2003年）、《国有企业监事会暂行条例》（2000年）、《企业国有资产法》（2008年）等。

（2）涉及集体所有制企业的主要法律、法规：《乡村集体所有制企业条例》（1990年制定，2011年修订）、《城镇集体所有制企业条例》（1991年制定，2011年、2016年分别作了修订）等。

（3）涉及外商投资企业的主要法律、法规：《中外合资经营企业法》（1979年制定，1990年、2001年、2016年分别作了修订）以及与之配套的《中外合资经营企业法实施条例》（1983年制定，1986年、1987年、2001年、2011年、2014年分别作了修订），《中外合作经营企业法》（1988年制定，2000年、2016年分别作了修订）以及与之配套的《中外合作经营企业法实施细则》（1995年制定，2014年、2017年分别作了修订），《外资企业法》（1986年制定，2000年、2016年分别作了修订）以及与之配套的《外资企业法实施细则》（1990年制定，2001年、2014分别作了修订），《外国企业或者个人在中国境内设立合伙企业管理办法》（2009年制定）。2007年《企业所得税法》的颁布，宣告内资企业与外商投资企业所得税并轨，原《外商投资企业和外国企业所得税法》于2008年1月1日起终止执行。

（4）涉及私营企业的主要法规：《私营企业暂行条例》（1988年）以及与之配套的《私营企业暂行条例施行办法》（1996年制定，1998年修订）。

（5）涉及合伙企业的主要法律：《合伙企业法》（1997年制定，2006年修订）。

（6）涉及公司的法律：《公司法》（1993年制定，1999年、2004年、2005年、2013年分别作了修订）。

（7）涉及企业登记管理的主要法律、法规：《公司登记管理条例》（1994年制定，2005年、2014年分别作了修订）、《企业法人登记管理条例》（1988年制定，2014年修订）、《企业法人登记公告管理办法》（1990年）、《乡村集体所有制企业审批和登记管理暂行规定》（1990年）、《个体工商户登记管理办法》（2011年制定，2014年修订）、《合伙企业登记管理办法》（1997年制定，2007年、2014年分别作了修订）、《个人独资企业登记管理办法》（2000年制定，2014年修订）、《中外合资经营企业登记管理办法》（1980年制定、1988年失效）、《外商投资合伙企业登记管理规定》（2010年制定，2014年修订）等。

随着改革的不断深化，企业立法应坚持以企业法律形式为标准确立企业立法的原则，构建、完善市场化的企业立法体系；弱化以所有制关系为标准确立企业立法，不断修正这些企业立法，使其成为资产管理、政策扶持等方面的主要法律规范；推进国有大型企业股份制改革，使国有资本更多地向关系国家安全和国民经济命脉的重要行业和关键领域集中，建立科学、规范的现代企业制度。

第二章

企业登记法律制度

第一节 企业登记概述

一、企业登记的概念与特征

企业登记,是指企业筹办人为设立、变更或终止企业主体资格,依照企业法律、法规的规定,向登记机关提出申请,经登记机关审查核准,并将登记事项登载于登记簿并予以公告的法律行为。企业登记是申请人的申请登记行为和登记机关的审核登记注册行为相结合的一种综合性行为。企业登记主要办理关于企业主体资格和营业资格的登记事务,也包括相关的权利登记,但不是单纯的权利或财产登记。

企业登记具有以下主要法律特征:

1. 企业登记的目的在于创设、变更或者终止企业资格

企业登记的主要法律效力是赋予企业取得、变更或终止其从事经营活动的权利能力和行为能力,经过登记后,企业的合法经营活动受到法律保护。

2. 企业登记在本质上是一种具有公法性质的行为

企业登记行为从本质上讲,是国家利用公权干预经济活动的行为,在性质上属于一种公法行为。企业登记机关是代表国家对企业的登记申请行为进行审查和核准的专门机构,只有它才有权受理登记申请。

3. 企业登记行为是一种要式法律行为

企业的经济活动涉及社会各个领域，与众多第三人的利益相关，因此，法律、法规以强行法的形式规定并具体列明企业登记注册的内容和事项，企业创办人必须严格按照规定的条件和程序办理企业登记。

4. 企业登记的结果导致企业主体资格的取得、变更和消灭

登记行为是企业设立的最后一个行为，是设立中的企业走向成立或者已经成立的企业走向消灭的转折点，也是存续的企业发生变更的一个标志。

二、企业登记的作用与意义

企业登记作为国家管理企业活动的主要手段，可以强化对企业的监督和控制，保护消费者权益，对企业、对国家、对消费者等均具有重大意义。

（一）企业登记是保障企业依法进行正常经营活动的必要形式

企业登记使企业得以成立和存续，通过企业登记核准了企业的名称、住所、法定代表人、注册资本、企业类型、经营范围、营业期限等，使其取得合法的企业资格，并在法律规定和确认的范围内独立从事经济活动，享有法律上的权利，承担法律上的义务和责任，维护自己的合法权益。企业登记还具有赋予登记申请人对企业名称享有名称专用权，在一定的区域内具有排他性使用权。

（二）企业登记是维护企业合法地位的重要手段

企业登记制度的基本作用不仅在于通过法律程序创设或确定经营主体，而且在于确认登记事项的法律效力，向社会公示企业的经营身份、经营状况、经营能力，确立经营信誉。

（三）企业登记是维护第三人利益的基础

通过企业登记可以为社会经济活动的所有参加人提供准确、翔实的信息资料，可以使欲与之交易的其他主体方便了解企业的经营范围、服务内容，准确地做出是否与之进行交易或接受其服务的选择。企业登记制度有利于保护相对人的合法权益及交易安全。核准登记的事项具有法律效力，登记事项如与事实有实质性差别，登记人会因构成商业欺诈而受处罚，而对于相对人来说，即便登记事项与事实不符，相对人依赖登记事项所做交易，仍受法律保护，登记人不得以登记事项与事实不符对抗善意第三人，这些规定显然有助于保护交易相对人和社会商

业秩序。

（四）企业登记是国家对企业行政管理的重要手段

由于企业的经营活动与社会公共利益、社会交易秩序休戚相关，现代社会中，国家都很重视通过法律对企业的经济生活进行必要的干预，企业登记便是国家对私法领域进行公法干预的重要表现。通过企业登记，国家不仅可以设定不同企业的准入标准、监管范围，还可以取得各项必要的统计资料，实现国家对经济的宏观调控。企业登记还是国家依法对各类企业进行税收征纳的主要依据。

三、企业登记的立法现状

（一）企业登记立法模式

在我国，目前尚无统一的企业登记法，调整企业登记关系的法律规范散见于众多的民事、商事实体法、程序法中，如《民法通则》（2017年10月1日已经失效）、《民法总则》《公司法》《公司登记管理条例》《企业法人登记管理条例》《中外合资经营企业法实施条例》《合伙企业法》《合伙企业登记管理办法》《私营企业暂行条例》《个人独资企业登记管理办法》《国家工商行政管理局关于对外商投资企业违反登记管理法规的行为进行处罚的权限和程序的规定》《国家科委、国家工商局关于加强科技开发企业登记管理的暂行规定》《企业法人登记公告管理办法》《国家工商行政管理局、农业部乡村集体所有制企业审批和登记管理暂行规定》《城乡个体工商户管理暂行条例》等。

企业登记立法的现状与我国企业的发展、企业的立法有关。计划经济时期，我们的企业形态单一，一统化国营企业、集体企业，所以，相应的企业立法简单。改革开放后，随着新型企业形式的不断增加，新的企业立法也随之出现。企业立法的一个重要特征是：按照企业的类型分别立法。企业法颁布后，再制定与之对应的登记法律规范，即形成了我国企业登记立法的分别立法模式，也就是按企业类型分别制定对应的企业登记法。我国有公司法和多种非公司企业法，相应地就有各自对应的企业登记法规，如：《企业法人登记管理条例》管辖企业法人登记，《合伙企业登记管理办法》管辖合伙企业的登记，《个人独资企业登记管理办法》管辖个人独资企业的登记，《城乡个体工商户管理暂行条例》管辖城乡个体工商户的登记。《合伙企业法》《个人独资企业法》中包含部分登记规则，因此，《合伙企业登记管理办法》《个人独资企业登记管理办法》中的登记规则就相对简单些。公司登记除适用《企业法人登记管理条例》外，还要遵守《公司登记管理条例》。多元的企业登记立法模式下，制定针对性较强的企业登记规则，分别管辖不同企业的登记，易于解决同一类企业的个性化问题，有助于登记机关按照具体规则办理企业登记，有助于限制登记机关的自由裁量权。但多元的企业登记规则，也存在着一些弊端，这种做法僵化地回应了企业组织类型法定原则，无法反映企业的抽象性特征，容易诱发对无照经营的过度控制，亦造成立法的重叠和冲突。

（二）企业登记立法的特点

1. 企业登记立法分散，政出多门，缺乏统一立法的理念和规划

我国许多企业登记立法是伴随改革开放和市场经济的发展进程逐渐开展的，这使得不同类型的企业先后都有了对应的登记制度，由此形成了由众多法律、法规、条例、办法、通知等构建的多层次的企业登记法律制度。企业登记立法的分散性和整体的低层次性，既容易造成立法真空地带和交叉地带并存，加大了立法成本，又易造成内容上的冲突，加大适用难度，如：《企业法人登记管理条例》与《公司登记管理条例》并存，公司登记需要满足两种要求，容易造成法律适用的冲突。《企业法人登记管理条例》规定，国家工商行政管理局管辖登记的范围是经国务院或者国务院授权部门批准的全国性公司、企业集团、经营进出口业务的公司，其登记管辖的划分标准是企业设立的批准单位和企业的规模大小；《公司登记管理条例》规定，国家工商行政管理局管辖登记的公司为国务院国有资产监督管理机构履行出资人职责的公司以及该公司投资设立并持有50%以上股份的公司，外商投资的公司，依照法律、行政法规或者国务院决定的规定，应当由国家工商行政管理总局登记的公司，国家工商行政管理总局规定应当由其登记的其他公司，其登记管辖的划分标准是批准单位和出资单位。假如某股份有限公司是经国务院批准设立的，如依《公司登记管理条例》，应由国家工商行政管理总局负责登记；而依《企业法人登记管理条例》，国家工商行政管理总局不负责该公司登记，因为只有国务院批准的全国性公司才由国家工商行政管理总局负责登记。

2. 企业登记的多元立法，导致差别待遇现象严重且程序极不统一

在实践中，由于企业登记法的规定不统一，不同的企业被不平等对待，挫伤

了企业依法履行登记义务的积极性。而实体规定与登记程序时有结合、时有分离的状况，增大了登记工作人员操作的难度，影响到登记工作的效率。如在登记程序上就有因企业类型不同，规定不一致的内容，如：公告不是个体工商户、有限责任公司登记的必经程序；登记机关受理审查期限的时间，个人独资企业是15日，合伙企业是20日。

3. 企业登记制度中规定了众多的行政审批前置程序

早期以商人习惯法为渊源的企业登记法，是因商人阶层的形成而产生的，并以维护商人阶层的利益为己任，国家公权力对其影响不大。与企业活动泛化、商业社会成型的现实相适应，现代企业登记法律制度的功能不再囿于为特定阶层的利益服务，渐而演绎出为社会经济秩序和社会公共利益服务的其他功能。但作为商法特别法的企业登记法，应以私法为基本，其公法性条款的功能应是为企业从事合法的商事交易行为保驾护航的，不应从根本上改变登记法的私法属性。而我国企业登记制度的公法价值却被人为地放大，管理法、强制法被解读为企业登记法的本质属性。

现行的众多企业登记法律、法规或规章，有"商品经济"和"有计划的市场经济"等体制转轨时期的烙印，与自然经济制度下的中国古代重农抑商的社会现状有密切联系。中国古代，商人没有形成一个独立的阶层，没有形成自己的独立的活动规则，少有的一些经济法规，也是以限制、管制经济为主。新中国成立后，实行计划经济，企业登记制度则更多地体现了服从国家管理和强化行政权力为主导的特点，将企业登记视为维护国家经济秩序的手段，而非增进企业活力的手段，强调的是对行政权力的服从，而非为企业服务。背负着维护国家经济秩序任务的企业登记法，必然是过分强调登记法的公法价值，使得政府主管部门、政府授权部门、行业归口主管部门具有扩张进行行政审批的冲动，如：设立三资企业、设立从事特种行业的企业需要行政审批等。这些行政性的前置审批被视为我国企业登记的必要组成部分，规定需要进行审批的企业只有持审批文件才能到登记机关申请登记。企业在变更登记、注销登记时，也要经过主管机关和审批部门的同意。企业的经营自由权、市场所追求的效率、社会公众所期望的交易安全，并没有成为企业登记法律制度关注的中心。

（三）企业登记制度的改革

1. 制定统一的企业登记法

我国应改变过去企业登记的多元立法模式，整合现有企业登记单行法规，选择单行的一元管辖的企业登记法模式。这部统一的企业登记法应管辖所有企业的登记，以统一的登记标准、同样的登记手续，规范不同企业的登记。这种模式有利于形成市场准入的均等机会和条件，有利于形成自由、公平的市场竞争秩序，有利于企业在自由、公平竞争环境中实现自己的利益。统一的企业登记法，可以按照投资者责任形式划分为有限责任形式的企业组织和无限责任形式的企业组织，分别制定不同的登记制度。有限责任形式的企业组织包括公司法人、非公司企业法人，无限责任形式的企业组织包括个体工商户、独资企业、合伙企业等。

2. 明确企业登记法的私法规范属性

我国现行企业登记法在立法上不仅分散、重复、政出多门，而且公法性突出、私法性不足。因此，在构建一元的企业登记法时，在内容上应当凸显私法属性，给企业登记主体在进入市场参与经济活动时有更多的选择空间。在整个企业登记立法中调整好强制性法律规范和自治性、选择性法律规范的比例。

企业登记制度，既是社会公共权力对营利性主体的营利活动实施管理的基础，又是企业法对社会经济关系进行调整和规范不可缺少的必要元素。因此，企业登记制度既具有明显的私法意义上的功能，又具有较强的公法意义上的功能。私法意义上的功能表现在：在企业登记过程中当事人对营业种类、经营范围、投资方式、营业期限等登记事项，可以按照自身的意愿享有自主权选择权。考察企业登记法的历史会发现，多数国家经历过商业自由发展的阶段，最初本无企业登记，后来发展为经营者要到民间组织或行业协会办理登记，继而发展成到行政机关或法院办理登记。自由是商业和企业登记的传统基因，商业和企业登记应始终坚持自由的本性，国家管制也应符合商业及企业登记的自由精神。公法意义上的功能表现在：企业登记是登记机关代表国家，以公权力对企业营业状态、主体地位的法律确认，具有明显的组织法和程序法的特性，而按照传统法的归类，组织法和程序法多为强行法。凡是违反企业登记立法的强制性规定，不予办理企业登记。

长期以来，将企业登记法的性质仅定性为公法性质，值得我们反思。营业本是私法主体享有的、衍生于财产权的私权形式，企业登记是国家承认权利人权利的一种特殊方式。结合我国企业登记法的实践，特别是随着我国市场经济体制的深入改革，企业登记的性质应较多地凸显其私法性，应赋予企业在企业登记程序、登记事项上有更多的自主选择权。

3. 企业登记应实行宽松的市场准入制度

党的十八届三中全会决定重申，"深化投资体制改革，确立企业投资主体地位。企业投资项目，除关系国家安全和生态安全，涉及全国重大生产力布局、战略性资源开发和重大公共利益等项目外，一律由企业依法依规自主决策，政府不再审批"。在企业的设立条件、程序以及登记事项的管理方面采用宽松原则，有利于支持和鼓励更多的投资者兴办各类企业，这样，既可以增加就业机会，又可以增加税收。企业登记过程中，应减少必须登记的事项，允许企业在可选择的范围内自主决定登记什么、如何登记等。其实，企业自主、自愿登记的事项越多、越广，表明其自愿接受社会公众监督的诚信愿望越高。

4. 改"先证后照"模式为"先照后证"模式

随着《行政许可法》的实施，我国企业登记中行政审批的前置程序要求将会大幅度减少。党的十八届三中全会决定重申，要"推进工商注册制度便利化，削减资质认定项目，由先证后照改为先照后证"。先证后照，是指从事前置许可经营项目的市场主体，需要先到许可审批部门办理有关许可证明文件后，再到工商部门申请办理营业执照。先照后证，是指从事后置许可经营项目的市场主体，先向工商部门申请办理营业执照，再到许可审批部门办理许可审批手续。我们的企业登记立法，过去一直实行先证后照，此种模式下，企业设立成功率较低，不利于市场主体的快速设立。现在企业登记立法进行改革，对需要进行行政审批的部分企业实行"先照后证"，这种做法可以提升企业设立的成功率，确保企业设立人在最短时间内从登记机关取得企业法人营业执照（或企业营业执照）和企业法人主体资格（或企业营业资格）[①]，名正言顺地开展经营活动，从事获得行政许可之前的其他开业筹备工作，然后再到许可审批部门办理有关许可

[①] 具备法人条件的，取得企业法人营业执照；不具备法人条件的，取得企业营业执照。具备法人条件的，取得企业法人主体资格；不具备法人条件的，取得企业营业资格。

证明文件。即使在获得特定主管部门的行政许可之前或者企业最终未能获得行政许可,企业仍然可以开展法律、法规不禁止且不属于行政许可范围的其他经营活动,创造和积累财富。过去的"先证后照"模式是"重审批、轻监管",企业必须要经过重重前置审批,才能办理营业执照。"先照后证"的企业登记模式下,企业先"出生"再办证,办好了营业执照后,再去走其他审批程序。在一定程度上,这种模式可以推进行政部门的审批制度改革。

随着政府职能的转变,行政审批项目在逐年减少。2012年8月22日,国务院决定取消和调整314项部门行政审批项目。2014年11月24日,国务院决定取消和下放58项行政审批项目,取消67项职业资格许可和认定事项,取消19项评比达标表彰项目,将82项工商登记前置审批事项调整或明确为后置审批;另建议取消和下放32项依据有关法律设立的行政审批和职业资格许可认定事项,将7项依据有关法律设立的工商登记前置审批事项改为后置审批,国务院已依照法定程序提请全国人民代表大会常务委员会修订相关法律规定。2016年2月19日,国务院决定再取消一批中央指定地方实施行政审批事项,这次取消的事项,依据法律、法规和国务院决定设定的有65项;依据部门规章、规范性文件设定的有87项,涉及33个部门。

5. 建立豁免企业登记制度

为了进一步降低个体工商户的登记门槛,规定对以自然人名义从事经营者豁免企业登记,只要办理了税务登记证,就可以经营,不需再办理营业执照。国外有很多国家也有类似制度,如:《日本商法典》规定资本金在法定额以下的商人,可以免登记。我国的企业登记立法也应逐步实现对以自然人名义从事经营活动者豁免企业登记。

第二节 企业登记管辖

一、企业登记主管机关

各国、各地区关于企业登记机关的规定不同,主要有四种模式:

（一）法院主管模式

法院主管模式，是指法律规定由法院负责企业登记。如：《德国商法典》第8条规定，企业登记簿由法院管理。早在18世纪初叶，德国为确认公司的内外关系，维护商人道德和信用，设立了公司登记簿、代表人登记簿、商号登记簿，规定在地方法院专设登记法官，并置企业登记簿办理企业登记。

（二）法院与行政机关主管模式

法院与行政机关主管模式，是指法律规定法院与行政机关均为企业登记机关，办理不同的企业登记。如：法国商法规定，在地方法院设置企业登记簿由书记官在院长的监督下办理一般商业登记，行政机关办理公司商事登记。

（三）行政机关主管模式

行政机关主管模式，是指法律规定特定的行政主管机关负责企业登记。如：日本由法务省及地方的法务局负责管理企业登记；英国由商业部负责企业登记；在美国，根据各州法律规定，企业登记在各州政府秘书处进行。我国澳门地区由企业登记局负责管理企业登记；香港地区的《商业登记条例》规定：凡经营任何业务的人士，必须在业务开始后的1个月内向税务局辖下的商业登记署办理其业务的"商业登记证"；台湾地区由经济主管部门和市、县政府负责管理企业登记。

（四）民间自治模式

民间自治模式，是指法律规定由非官方的专门注册中心或商会负责企业登记。如荷兰商事注册法规定，地方商会保管当地商事注册文件。这些国家认为，企业不具有特殊的地位，企业登记仅为公众提供信息来源，所以，由商会负责登记，具有非官方性。

我国采用行政机关主管模式。我国的企业登记主管机关是国家工商行政管理局和地方各级工商行政管理局。各级登记主管机关在上级登记主管机关的领导下，依法履行职责，不受非法干预。工商行政管理机关是国家为行使工商行政管理职权而设置的职能机构。

二、企业登记管辖

登记管辖，是指各级工商行政管理局之间以及不同地区的同级工商行政管理局之间在受理企业登记申请的职权范围和具体分工。我国工商行政管理机关在其系统内实行分级登记管理的原则。《企业法人登记管理条例》与《公司登记管理条例》分别对登记管辖做了规定，并做了具体划分。

《企业法人登记管理条例》规定：经国务院或者国务院授权部门批准的全国性公司、企业集团、经营进出口业务的公司，由国家工商行政管理局核准登记注册。中外合资经营企业、中外合作经营企业、外资企业由国家工商行政管理局或者国家工商行政管理局授权的地方工商行政管理局核准登记注册。全国性公司的子（分）公司，经省、自治区、直辖市人民政府或其授权部门批准设立的企业、企业集团、经营进出口业务的公司，由省、自治区、直辖市工商行政管理局核准登记注册。其他企业，由所在市、县（区）工商行政管理局核准登记注册。《企业法人登记管理条例》是依设立企业的批准单位和企业的规模大小标准划分登记管辖的。

《公司登记管理条例》关于公司登记管辖的规定内容是：国家工商行政管理局管辖登记的公司为：（1）国务院国有资产监督管理机构履行出资人职责的公司以及该公司投资设立并持有50%以上股份的公司；（2）外商投资的公司；（3）依照法律、行政法规或者国务院决定的规定，应当由国家工商行政管理总局登记的公司；（4）国家工商行政管理总局规定应当由其登记的其他公司。

省、自治区、直辖市工商行政管理局负责本辖区内下列公司的登记：（1）省、自治区、直辖市人民政府国有资产监督管理机构履行出资人职责的公司以及该公司投资设立并持有50%以上股份的公司；（2）省、自治区、直辖市工商行政管理局规定由其登记的自然人投资设立的公司；（3）依照法律、行政法规或者国务院决定的规定，应当由省、自治区、直辖市工商行政管理局登记的公司；（4）国家工商行政管理总局授权登记的其他公司。

设区的市（地区）工商行政管理局、县工商行政管理局，以及直辖市的工商行政管理分局、设区的市工商行政管理局的区分局，负责辖区内国家工商行政管理局，省、自治区、直辖市工商行政管理局登记的公司以外的其他公司以及国家工商行政管理总局和省、自治区、直辖市工商行政管理局授权登记的公司。设区的市（地区）工商行政管理局、县工商行政管理局，以及直辖市的工商行政管理分局、设区的市工商行政管理局的区分局的具体登记管辖由省、自治区、直辖市工商行政管理局规定。但是，其中的股份有限公司由设区的市（地区）工商行政管理局负责登记。

《公司登记管理条例》主要参照出资单位的属性这个标准划分公司登记管辖。

三、企业登记的种类

企业登记的种类在各国法律上不尽相同。在我国，根据《企业法人登记管理条例》及其施行细则和《公司登记管理条例》的规定，企业法人（包括公司）的登记可以分为开业登记（设立登记）、变更登记和注销登记三类，非法人企业的登记散见于其他有关法律、法规、条例之中，其登记种类与此大体相似。

（一）设立登记

企业设立登记，是指由企业的设立人自己或者全体设立人指定的代表或共同委托的代理人向企业登记主管机关提出企业设立登记申请，经登记主管机关审查后予以注册，并向登记企业颁发营业执照的行为。设立登记是登记主管机关以赋予企业合法主体资格为目的而进行的登记活动，是所有登记中最基础、最重要的登记类型。企业设立人即企业的创办人或发起人，在企业申请登记的过程中称为申请人，企业类型不同，申请人亦有所不同。个人独资企业的申请人是独资企业的业主，合伙企业的申请人是全体合伙人，有限责任公司的申请人是全体股东，股份有限公司的申请人是董事会。

公司设立登记事项应当包括：公司名称、住所、法定代表人姓名、注册资本、公司类型、经营范围、营业期限、有限责任公司股东或者股份有限公司发起人的姓名或者名称。

合伙企业设立登记事项应当包括：合伙企业名称，主要经营场所、执行事务合伙人、经营范围、合伙企业类型、合伙人姓名或者名称、合伙人住所、承担责任方式、认缴或者实际缴付的出资数额、缴付期限、出资方式和评估方式。合伙协议约定合伙期限的，登记事项还应当包括合伙期限。执行事务合伙人是法人或者其他组织的，登记事项还应当包括法人或者其他组织委派的代表。

个人独资企业设立登记事项应当包括：企业名称、企业住所、投资人姓名和居所、出资额和出资方式、经营范围。

城乡个体工商户设立登记事项应当包括：经营者姓名和住所、组成形式、经营范围、经营场所。个体工商户使用名称的，名称作为登记事项。

设立登记根据是否取得法人资格的标准，划分为企业法人登记和营业登记。根据现行立法，企业开业登记获准后，符合法人条件的企业即取得企业法人资格，领取《企业法人营业执照》，可以刻制公章，开立银行账号，在核准的经营范围内开展生产经营活动。非法人企业，根据具体情形，领取《个人独资企业营业执照》《合伙企业营业执照》。企业法人设立分支机构的，领取《分支机构营业执照》，个人独资企业、合伙企业设立分支机构，分别领取《个人独资企业分支机构营业执照》《合伙企业分支机构营业执照》。

（二）变更登记

变更登记，是指企业已经合法登记注册的事项在登记注册后发生变化而进行的登记。企业的登记注册事项构成了企业的核心要素，其中，任何一项内容变化，都可能导致该企业的主体资格的变化，或者会带来企业法律关系的变化。因此，已经登记的注册事项发生变更后，企业应当在法定期限内向原登记机关申请变更登记，以保持该企业人格的连续性，使得政府、社会公众及交易相对人不会对该企业的识别发生错误。未经核准变更登记的，企业不得擅自改变登记事项。如果擅自变更，未办理登记手续，则变更的事项不得对抗善意第三人。

以公司为例，根据《公司登记管理条例》的规定，公司变更登记事项，应当向原公司登记机关申请变更登记。未经变更登记，公司不得擅自改变登记事项。

公司变更名称、变更法定代表人、增加注册资本的，应当自变更决议或者决定作出之日起30日内申请变更登记。

公司减少注册资本的，应当自公告之日起45日后申请变更登记，并应当提交公司在报纸上登载公司减少注册资本公告的有关证明和公司债务清偿或者债务担保情况的说明。

公司变更经营范围的，应当自变更决议或者决定作出之日起30日内申请变更登记；变更经营范围涉及法律、行政法规或者国务院决定规定在登记前须经批准的项目的，应当自国家有关部门批准之日起30日内申请变更登记。公司的经营范围中属于法律、行政法规或者国务院决定规定须经批准的项目被吊销、撤销许可证或者其他批准文件，或者许可证、其他批准文件有效期届满的，应当自吊销、撤销许可证、其他批准文件，或者许可证、其他批准文件有效期届满之日起

30日内申请变更登记或者依照《公司登记管理条例》的规定办理注销登记。

公司变更住所的,应当在迁入新住所前申请变更登记,并提交新住所使用证明。公司变更住所跨公司登记机关辖区的,应当在迁入新住所前向迁入地公司登记机关申请变更登记;迁入地公司登记机关受理的,由原公司登记机关将公司登记档案移送迁入地公司登记机关。

公司变更登记事项涉及修改公司章程的,应当提交由公司法定代表人签署的修改后的公司章程或者公司章程修正案。变更登记事项依照法律、行政法规或者国务院决定规定在登记前须经批准的,还应当向公司登记机关提交有关批准文件。

公司章程修改未涉及登记事项的,公司应当将修改后的公司章程或者公司章程修正案送原公司登记机关备案。

(三)注销登记

注销登记,是指当出现法律规定的企业应予以终止的情形时,企业清算人应当向原登记机关申请办理注销登记手续,从而消灭企业资格而进行的登记。

《公司登记管理条例》第42条规定,有下列情形之一的,公司清算组应当自公司清算结束之日起30日内向原公司登记机关申请注销登记:(1)公司被依法宣告破产;(2)公司章程规定的营业期限届满或者公司章程规定的其他解散事由出现,但公司通过修改公司章程而存续的除外;(3)股东会、股东大会决议解散或者一人有限责任公司的股东、外商投资的公司董事会决议解散;(4)依法被吊销营业执照、责令关闭或者被撤销;(5)人民法院依法予以解散;(6)法律、行政法规规定的其他解散情形。国有独资公司申请注销登记,还应当提交国有资产监督管理机构的决定,其中,国务院确定的重要的国有独资公司,还应当提交本级人民政府的批准文件。有分公司的公司申请注销登记,还应当提交分公司的注销登记证明。

《企业法人登记管理条例》规定,企业法人歇业、被撤销、宣告破产或者因其他原因终止营业,应当向登记主管机关办理注销登记。[①] 企业法人领取《企业法人营业执照》后,满6个月尚未开展经营活动或者停止经营活动满1年的,视同歇业,登记主管机关应当收缴《企业法人营业执照》《企业法人营业执照(副

[①] 参见《企业法人登记管理条例》第20条。

本)》，收缴公章，并将注销登记情况告知其开户银行。①

企业法人办理注销登记，应当提交法定代表人签署的申请注销登记报告、主管部门或者审批机关的批准文件、清理债务完结的证明或者清算组织负责清理债权债务的文件。经登记主管机关核准后，收缴《企业法人营业执照》《企业法人营业执照（副本）》，收缴公章，并将注销登记情况告知其开户银行。②

实务问题

【案例2.1】 甲公司欠乙公司200万元货款。乙公司向法院起诉，法院受理案件后发现，甲公司早在乙公司起诉前已经被工商部门吊销营业执照，于是以被告主体不存在为由驳回了原告的诉讼请求。乙公司不服法院的裁定提出上诉，认为：甲公司营业执照虽被吊销，但未进行清算，也未注销登记，仍应具有法人资格，被告主体并非不存在。

【分析】 本案涉及吊销营业执照的效力问题，即营业执照与企业主体资格之间的关系。

针对此类案件，最高人民法院给出了以下指导意见。

1. 最高人民法院法经〔2000〕23号函，回复甘肃省高级人民法院的意见为：吊销企业法人营业执照，是工商行政管理局对实施违法行为的企业法人给予的一种行政处罚。根据《民法通则》第40条、第46条和《企业法人登记管理条例》第33条的规定，企业法人营业执照被吊销后，应当由其开办单位（包括股东）或者企业组织清算组依法进行清算，停止清算范围外的活动。清算期间，企业民事诉讼主体资格依然存在。人民法院不应以甘肃新科工贸有限责任公司（以下简称新科公司）被吊销企业法人营业执照，丧失民事诉讼主体资格为由，裁定驳回起诉。本案债务人新科公司在诉讼中被吊销企业法人营业执照后，至今未组织清算组依法进行清算，因此，债权人兰州岷山制药厂以新科公司为被告，后又要求追加该公司全体股东为被告，应当准许，追加该公司的股东为共同被告参加诉讼，承担清算责任。

---

① 参见《企业法人登记管理条例》第22条。
② 参见《企业法人登记管理条例》第21条。

2. 最高人民法院在法经〔2000〕第24号《关于企业法人营业执照被吊销后，其民事诉讼地位如何确定的复函》中指出：吊销营业执照，是工商部门对实施违法行为的企业法人给予的一种处罚。企业法人被吊销营业执照之后，应当依法进行清算，清算程序结束并办理工商登记后，该企业法人才归于消灭。因此，企业法人被吊销营业执照后至被注销登记前，该企业法人仍应视为存续，可以自己名义进行诉讼活动。如果该企业法人的组成人员下落不明，无法参加诉讼，债权人以被吊销营业执照的开办单位为被告起诉的，法院应当允许。该开办单位对吊销营业执照的企业法人，如果不存在投资不足或者转移资产逃避债务情形的，仅应作为企业清算人参加诉讼，承担清算责任。

司法解释表明：吊销企业法人营业执照与企业法人资格的消灭是两回事，企业法人营业执照被吊销后，只有经过清算、注销登记后才能从法律上消灭其法人资格。

《民法总则》对司法解释的内容从立法层面上予以肯定。《民法总则》规定，法人依法被吊销营业执照、登记证书的，应解散；法人解散应依法进行清算，完成清算后办理注销登记的，法人终止。清算期间法人存续，但是不得从事与清算无关的活动。①

第三节　企业登记的程序

企业登记的程序，是指申请登记的主体依法向登记机关申请登记及企业登记机关依法审查核准并办理登记注册的步骤。企业登记程序对于保证企业登记的真实性及维护社会经济秩序的稳定性具有重要意义。我国关于企业登记的程序，主要分为以下几个阶段：申请、受理、审查、核准、公告。

一、申请企业名称预先核准

为了防止企业名称发生混淆并提高企业注册的效率，许多国家和地区实行企

---

① 参见《民法总则》第68条、第69条、第72条。

业名称预先核准登记制度，我国也实行名称预先核准制度。在企业设立登记过程中，实行企业名称预先核准登记制度，有利于确保企业名称的登记质量，可以使企业的名称在企业申请注册登记之前就具有合法性、确定性，可以避免同一登记机关所辖区域内企业名称的重复，有利于加快企业的登记进程。在企业的设立过程中，企业的许多文件都会使用企业名称，如有关主管部门的批准文件需要写明企业名称、企业章程中必须有企业名称。如果不实行名称预先核准制，但在进行企业登记时如发现企业所选定的名称不恰当、不规范或者不合法，那么，企业的各种申请文件都需要予以更换，这样将耗费大量的时间和精力，影响企业设立的进程，造成各种资源的浪费。

我国《企业名称登记管理规定》规定，企业有特殊原因的，可以在开业登记前预先单独申请企业名称登记注册，登记主管机关应当在收到企业提交的预先单独申请企业名称登记注册的全部材料之日起 10 日内作出核准或者驳回的决定。申请设立外商投资企业的，应当在项目建议书和可行性研究报告批准后，合同、章程批准之前，预先单独申请企业名称登记注册。登记主管机关核准预先单独申请登记注册的企业名称后，核发《企业名称登记证书》。预先单独申请登记注册的企业名称经核准后，保留期为 1 年。经批准有筹建期的，企业名称保留到筹建期终止。在保留期内不得用于从事生产经营活动。保留期届满不办理企业开业登记的，其企业名称自动失效，企业应当在期限届满之日起 10 日内将《企业名称登记证书》交回登记主管机关。①

《公司登记管理条例》规定，设立公司应当申请名称预先核准。法律、行政法规或者国务院决定规定设立公司必须报经批准，或者公司经营范围中属于法律、行政法规或者国务院决定规定在登记前须经批准的项目的，应当在报送批准前办理公司名称预先核准，并以公司登记机关核准的公司名称报送批准。申请名称预先核准，应当提交下列文件：（1）有限责任公司的全体股东或者股份有限公司的全体发起人签署的公司名称预先核准申请书；（2）全体股东或者发起人指定代表或者共同委托代理人的证明；（3）国家工商行政管理总局规定要求提交的其他文件。预先核准的公司名称保留期为 6 个月。预先核准的公司名称在保留期内

---

① 参见《企业名称登记管理规定》第 16 条、第 17 条、第 18 条、第 19 条。

不得用于从事经营活动，不得转让。

二、申请设立登记

申请是企业登记程序的起始阶段。申请人为企业设立人，亦可以是委托的代理人。申请人应依法律规定提交有关文件、证件。登记机关进行初步审查，所需文件、证件齐备的，主管机关应发出受理通知书。

根据法律规定，申请企业法人登记（不包括外商投资企业），应具备下列条件：（1）有符合规定的名称和章程；（2）有国家授予的企业经营管理的财产或者企业所有的财产，并能够以其财产独立承担民事责任；（3）有与生产经营规模相适应的经营管理机构、财务机构、劳动组织以及法律或者章程规定必须建立的其他机构；（4）有必要的并与生产经营范围相适应的经营场所和设施；（5）有与生产经营规模和业务相适应的从业人员，其中专职人员不得少于8人；（6）有健全的财会制度，能够实行独立核算，自负盈亏，独立编制企业资金平衡表或者资产负债表；（7）有符合规定数额并与经营范围相适应的注册资金，国家对企业注册资金数额有专项规定的按规定执行；（8）有符合国家法律、法规和政策规定的经营范围；（9）法律、法规规定的其他条件。

外商投资企业申请企业法人登记，应当具备下列条件：（1）有符合规定的名称；（2）有审批机关批准的合同、章程；（3）有固定经营场所、必要的设施和从业人员；（4）有符合国家规定的注册资本；（5）有符合国家法律、法规和政策规定的经营范围；（6）有健全的财会制度，能够实行独立核算，自负盈亏，独立编制资金平衡表或者资产负债表。

申请营业登记，应当具备下列条件：（1）有符合规定的名称；（2）有固定的经营场所和设施；（3）有相应的管理机构和负责人；（4）有经营活动所需要的资金和从业人员；（5）有符合规定的经营范围；（6）有相应的财务核算制度。不具备企业法人条件的联营企业，还应有联合签署的协议。外商投资企业设立的从事经营活动的分支机构应当实行非独立核算。

外商投资企业设立的办事机构申请登记，应当具备下列条件：（1）有符合规定的名称；（2）有固定的办事场所和负责人。外商投资企业设立的办事机构不得直接从事经营活动。

申请设立有限责任公司，应按照规定，提交以下文件和证件：（1）公司法定代表人签署的设立登记申请书；（2）全体股东指定代表或者共同委托代理人的证明；（3）公司章程；（4）股东的主体资格证明或者自然人身份证明；（5）载明公司董事、监事、经理的姓名、住所的文件以及有关委派、选举或者聘用的证明；（6）公司法定代表人任职文件和身份证明；（7）企业名称预先核准通知书；（8）公司住所证明；（9）国家工商行政管理总局规定要求提交的其他文件。法律、行政法规或者国务院决定规定设立有限责任公司必须报经批准的，还应当提交有关批准文件。

申请设立股份有限公司，应按照规定，提交以下文件和证件：（1）公司法定代表人签署的设立登记申请书；（2）董事会指定代表或者共同委托代理人的证明；（3）公司章程；（4）发起人的主体资格证明或者自然人身份证明；（5）载明公司董事、监事、经理姓名、住所的文件以及有关委派、选举或者聘用的证明；（6）公司法定代表人任职文件和身份证明；（7）企业名称预先核准通知书；（8）公司住所证明；（9）国家工商行政管理总局规定要求提交的其他文件。以募集方式设立股份有限公司的，还应当提交创立大会的会议记录以及依法设立的验资机构出具的验资证明；以募集方式设立股份有限公司公开发行股票的，还应当提交国务院证券监督管理机构的核准文件。法律、行政法规或者国务院决定规定设立股份有限公司必须报经批准的，还应当提交有关批准文件。

公司申请登记的经营范围中属于法律、行政法规或者国务院决定规定在登记前须经批准的项目的，应当在申请登记前报经国家有关部门批准，并向公司登记机关提交有关批准文件。

申请设立合伙企业，应当提交以下文件和证件：（1）全体合伙人签署的设立登记申请书；（2）全体合伙人的身份证明；（3）全体合伙人指定代表或者共同委托代理人的委托书；（4）合伙协议；（5）全体合伙人对各合伙人认缴或者实际缴付出资的确认书；（6）主要经营场所证明；（7）国务院工商行政管理部门规定提交的其他文件。法律、行政法规或者国务院规定设立合伙企业须经批准的，还应当提交有关批准文件。合伙企业的经营范围中有属于法律、行政法规或者国务院规定在登记前须经批准的项目的，应当向企业登记机关提交批准文件。法律、行政法规规定设立特殊的普通合伙企业，需要提交合伙人的职业资格证明的，应当向企业登记机关提交有关证明。

申请设立个人独资企业，应当提交以下文件和证件：（1）投资人签署的个人独资企业设立申请书；（2）投资人身份证明；（3）企业住所证明；（4）国家工商行政管理总局规定提交的其他文件。从事法律、行政法规规定须报经有关部门审批的业务的，应当提交有关部门的批准文件。委托代理人申请设立登记的，应当提交投资人的委托书和代理人的身份证明或者资格证明。

申请设立个体工商户，应当提交以下文件和证件：（1）申请人签署的个体工商户注册登记申请书；（2）申请人身份证明；（3）经营场所证明；（4）国家工商行政管理总局规定提交的其他文件。

申请设立中外合资经营企业，应当报送下列文件：（1）设立合营企业的申请书；（2）合营各方共同编制的可行性研究报告；（3）由合营各方授权代表签署的合营企业协议、合同和章程；（4）由合营各方委派的合营企业董事长、副董事长、董事人选名单；（5）审批机构规定的其他文件。

申请设立中外合作企业，应当报送下列文件：（1）设立合作企业的项目建议书，并附送主管部门审查同意的文件；（2）合作各方共同编制的可行性研究报告，并附送主管部门审查同意的文件；（3）由合作各方的法定代表人或其授权的代表签署的合作企业协议、合同、章程；（4）合作各方的营业执照或者注册登记证明、资信证明及法定代表人的有效证明文件，外国合作者是自然人的，应当提供有关其身份、履历和资信情况的有效证明文件；（5）合作各方协商确定的合作企业董事长、副董事长、董事或者联合管理委员会主任、副主任、委员的人选名单；（6）审查批准机关要求报送的其他文件。

申请设立外资企业，应当报送下列文件：（1）设立外资企业申请书；（2）可行性研究报告；（3）外资企业章程；（4）外资企业法定代表人（或者董事会人选）名单；（5）外国投资者的法律证明文件和资信证明文件；（6）拟设立外资企业所在地的县级或者县级以上地方人民政府的书面答复；（7）需要进口的物资清单；（8）其他需要报送的文件。

外国企业或者个人在中国境内申请设立合伙企业，应当向企业登记机关提交《合伙企业登记管理办法》规定的文件以及符合外商投资产业政策的说明。

三、办理审批手续

在某些特殊行业设立公司、企业,其经营范围中属于法律、行政法规或者国务院决定规定在登记前须经批准的项目的,应当在申请登记前报经国家有关部门批准,也可以根据相关规定在公司、企业成立后申请批准。从总体发展趋势看,需要在申请登记前或登记后进行审批的项目数量在逐年减少;但从维护国家安全、国民经济安全、社会公共利益安全角度出发,基于国家产业管制政策的需求、确认特殊行业经营资格的要求以及对外商投资企业的专项控制,国家对这些行业的企业设立仍然应采取审批控制手段。

四、审查

登记机关接受企业登记申请后,以企业登记法律、法规为依据,对登记申请人的申请及相关文件进行审查。公司的设立登记程序,在申请人申请和登记机关审查之间还设置了登记申请受理程序。其他的企业登记,受理程序和审查程序合并在一起。

目前,各个国家和地区对企业登记实行不同的审查原则,主要存在三种立法例:

(一)形式审查主义

所谓形式审查主义,是指登记机关对于申请人提交的申请及申请文件,仅审查其形式上是否符合法律要求。日本、瑞士、英国、美国等国家主要实行形式审查。登记主管机关审查的内容主要是:申请人的适法性、申请文件形式上的适法性、申请事项是否符合法定登记事项要求、是否属于登记机关管辖、代理人手续是否齐全等。形式审查模式下,程序相对简单,效率高,成本低,登记主管机关仅承担形式审查的义务和责任,不承担实质审查的义务与责任,申请登记的事项及公示信息的真实性由申请人自行负责。因此,该立法模式下,申请人的登记事项虽然经登记程序,但无法确保其真实性,容易产生商业欺诈行为,对交易安全有一定影响,因此,社会大众要自己对企业进行审查,判断企业的信用,决定选择是否交易。

(二)实质审查主义

所谓实质审查主义,是指登记机关不但要审查有关申请文件是否符合法律要求,而且还要审查申请文件和登记事项的真伪以及是否符合法律和政策的规定,并对登记结果负责。德国、意大利等国家采用此原则。实质审查模式下,登记机关不仅要对申请人提交的文件进行形式审查,如申报人身份适格性问题、是否属于登记管辖等,还要审查登记事项实质的正确性、合法性、真实性。实行实质审查主义,操作难度大,效率低,加重了登记的成本,增大了登记机关的责任。实行实质审查主义,虽然要求登记机关对登记内容进行实质审查,但很难追究其实质审查不当的责任。既然登记事项,经登记机关实质审查,似乎登记内容皆属真实、合法,故而交易相对人便较少去审查其真实性、合法性,易造成误导。

(三)折衷审查主义

所谓折衷审查主义,是指以形式审查为主,在特定情况下兼采实质审查。这种审查模式下,登记机关虽然有实质审查的职权,却无进行实质审查的义务,只有对登记事项发生疑问时,登记机关才依职权加以审查。如法国法规定:申请人之申请,只要形式适法,主管机关就不得拒绝登记;但如有不实之事项,得依职权呈报歧视制裁之。这种审查模式,有形式审查主义效率高、成本低之优势,又通过对疑义登记事项进行实质审查,可提高登记质量,在一定程度上减少了形式审查主义和实质审查主义的弊端。

我国企业登记曾长期采取实质审查主义,要求登记机关必须对申请人提交的文件、证件和填报登记注册的材料的真实性、合法性、有效性进行审查,核实有关登记事项,企业成立后,每年还须进行年度检验。企业年度检验,又称年检,是企业登记机关依法按年度根据企业提交的年检材料,对与企业登记事项有关的情况进行定期检查的监督管理制度。通过企业年度检验,登记机关确认企业是否具有继续经营资格。凡领取《企业法人营业执照》《营业执照》的有限责任公司、股份有限公司、非公司企业法人和其他经营单位,均须参加年检。当年设立登记的企业,自下一年起参加年检。企业未参加年检不得继续从事经营活动。登记主管机关对年检截止日期限前未参加年检的企业法人进行公告。自公告发布之日起,60日内仍未申报年检的,吊销营业执照。[1]

经过对企业法律制度的多年改革,现在的企业登记制度已经由实质审查转为

---

[1] 参见《企业年度检验办法》第19条。

形式审查，根据规定，一般只要各种文件、证件齐备，形式上符合要求即可予以登记；企业成立后，通过年度报告制度等，审查和确认企业（包括公司）继续经营的资格。《公司法》第6条规定："设立公司，应当依法向公司登记机关申请设立登记。符合本法规定的设立条件的，由公司登记机关分别登记为有限责任公司或者股份有限公司；不符合本法规定的设立条件的，不得登记为有限责任公司或者股份有限公司。法律、行政法规规定设立公司必须报经批准的，应当在公司登记前依法办理批准手续。公众可以向公司登记机关申请查询公司登记事项，公司登记机关应当提供查询服务。"《公司登记管理条例》第10条规定："公司的登记事项应当符合法律、行政法规的规定。不符合法律、行政法规规定的，公司登记机关不予登记。"第51条规定："公司登记机关应当根据下列情况分别作出是否受理的决定：（1）申请文件、材料齐全，符合法定形式的，或者申请人按照公司登记机关的要求提交全部补正申请文件、材料的，应当决定予以受理。（2）申请文件、材料齐全，符合法定形式，但公司登记机关认为申请文件、材料需要核实的，应当决定予以受理，同时书面告知申请人需要核实的事项、理由以及时间。（3）申请文件、材料存在可以当场更正的错误的，应当允许申请人当场予以更正，由申请人在更正处签名或者盖章，注明更正日期；经确认申请文件、材料齐全，符合法定形式的，应当决定予以受理。（4）申请文件、材料不齐全或者不符合法定形式的，应当当场或者在5日内一次告知申请人需要补正的全部内容；当场告知时，应当将申请文件、材料退回申请人；属于5日内告知的，应当收取申请文件、材料并出具收到申请文件、材料的凭据，逾期不告知的，自收到申请文件、材料之日起即为受理。（5）不属于公司登记范畴或者不属于本机关登记管辖范围的事项，应当即时决定不予受理，并告知申请人向有关行政机关申请。"《合伙企业法》第10条规定："申请人提交的登记申请材料齐全、符合法定形式，企业登记机关能够当场登记的，应予当场登记，发给营业执照。除前款规定情形外，企业登记机关应当自受理申请之日起20日内，作出是否登记的决定。予以登记的，发给营业执照；不予登记的，应当给予书面答复，并说明理由。"《个人独资企业法》第12条规定："登记机关应当在收到设立申请文件之日起15日内，对符合本法规定条件的，予以登记，发给营业执照；对不符合本法规定条件的，不予登记，并应当给予书面答复，说明理由。"由此可见，现行的企业法律、法规确认的是形式审查主义,没有赋予登记主管机关实质审查的权限。

2014年2月,国务院发布《注册资本登记制度改革方案》将企业年度检验制度改为企业年度报告公示制度。(1)企业应当按年度在规定的期限内,通过市场主体信用信息公示系统向工商行政管理机关报送年度报告,并向社会公示,任何单位和个人均可查询。企业年度报告的主要内容应包括公司股东(发起人)缴纳出资情况、资产状况等,企业对年度报告的真实性、合法性负责,工商行政管理机关可以对企业年度报告公示内容进行抽查。经检查发现企业年度报告隐瞒真实情况、弄虚作假的,工商行政管理机关依法予以处罚,并将企业法定代表人、负责人等信息通报公安、财政、海关、税务等有关部门。对未按规定期限公示年度报告的企业,工商行政管理机关在市场主体信用信息公示系统上将其载入经营异常名录,提醒其履行年度报告公示义务。企业在3年内履行年度报告公示义务的,可以向工商行政管理机关申请恢复正常记载状态;超过3年未履行的,工商行政管理机关将其永久载入经营异常名录,不得恢复正常记载状态,并列入严重违法企业名单("黑名单")。(2)改革个体工商户验照制度,建立符合个体工商户特点的年度报告制度。(3)探索实施农民专业合作社年度报告制度。

五、核准

登记机关通过审查,认为申请人申请登记的事项符合法律规定的,应在法定期限内作出予以核准登记的决定,颁发企业法人营业执照或营业执照,并及时通知申请登记的企业。

《公司登记管理条例》第53条规定:"公司登记机关对决定予以受理的登记申请,应当分别情况在规定的期限内作出是否准予登记的决定:(1)对申请人到公司登记机关提出的申请予以受理的,应当当场作出准予登记的决定。(2)对申请人通过信函方式提交的申请予以受理的,应当自受理之日起15日内作出准予登记的决定。(3)通过电报、电传、传真、电子数据交换和电子邮件等方式提交申请的,申请人应当自收到《受理通知书》之日起15日内,提交与电报、电传、传真、电子数据交换和电子邮件等内容一致并符合法定形式的申请文件、材料原件;申请人到公司登记机关提交申请文件、材料原件的,应当当场作出准予登记的决定;申请人通过信函方式提交申请文件、材料原件的,应当自受理之日起15日内作出准予登记的决定。（4）公司登记机关自发出《受理通知书》之日起60日内，未收到申请文件、材料原件，或者申请文件、材料原件与公司登记机关所受理的申请文件、材料不一致的，应当作出不予登记的决定。公司登记机关需要对申请文件、材料核实的，应当自受理之日起15日内作出是否准予登记的决定。"

《合伙企业登记管理办法》第16条规定："申请人提交的登记申请材料齐全、符合法定形式，企业登记机关能够当场登记的，应予当场登记，发给合伙企业营业执照。除前款规定情形外，企业登记机关应当自受理申请之日起20日内，作出是否登记的决定。予以登记的，发给合伙企业营业执照；不予登记的，应当给予书面答复，并说明理由。"

《个人独资企业登记管理办法》第11条规定："登记机关应当在收到本办法第9条规定的全部文件之日起15日内，作出核准登记或者不予登记的决定。予以核准的发给营业执照；不予核准的，发给企业登记驳回通知书。"

六、公告

企业登记事项经核准登记之后，应及时予以公告。至于公告的具体方法，各国立法例及商业习惯各有不同：有的是在专门设立的公告场所进行公告，有的是在当地的商业报纸上进行公告，有的则是将登记事项登载于政府的官方公报上。

我国《企业法人登记公告管理办法》第2条规定："企业法人登记公告，是国家授权登记主管机关发布的具有法律效力的正式文告，是健全企业法人登记管理制度的重要内容。向社会公开发布企业登记公告，宣告企业法人成立、登记事项变更、注销等情况，提供企业法人登记有关的基础信息和准确资料，以利于民事主体依法确立合法地位和调整民事法律关系。"第3条规定："企业法人登记公告，由国家工商行政管理局和省、自治区、直辖市工商行政管理局，依法统一组织发布。其他任何部门、单位和个人不得组织发布企业法人登记公告。"可见，我国登记机关被设定为"公告部门"。

2014年，我国进行企业登记制度改革，对《企业法人登记管理条例》和《公司登记管理条例》《个人独资企业登记管理办法》《合伙企业登记管理办法》就登记公示问题进行了统一的修改，规定登记机关应当将企业法人、公司、合伙企业、个人独资企业登记、备案信息通过企业信用信息公示系统向社会公示。

第四节 企业登记的效力

一、对企业登记效力的规定

企业登记的效力，各国的立法和司法实践不尽相同。为了便于讨论企业登记的效力，本节从企业设立登记视角进行分析。为了正确理解企业登记效力，我们应将其放在不同的立法模式下去讨论。综观世界各国的企业登记制度，主要有两种不同的立法模式，即强制登记主义与任意登记主义。

（一）强制登记主义

在采取强制登记主义的国家，任何企业非依企业登记，不能取得企业主体资格，不具有相应的权利能力和行为能力，不能以企业的资格进行营利性营业活动，不能参与商事法律关系。这种登记主义对应的是登记生效主义模式。在该模式下，企业登记是企业资格取得的前提条件，经企业登记，具有创设效力。创设效力，是指企业设立人向登记机关提出登记申请，登记机关审查登记后，该登记行为所具有的创设企业资格的法律效力。

我国采取强制登记主义，即如欲创设企业，须向登记机关提交有关文件，登记机关于受理后一定期限内作出是否核准登记的决定。经核准登记的，颁发《企业法人营业执照》或《营业执照》，《企业法人营业执照》签发之日，取得法人资格和经营资格，《营业执照》签发之日起，获得营业资格，实现一般主体向企业的身份置换。

（二）任意登记主义

在采取任意登记主义的国家，企业原则上亦须履行企业登记注册义务方能从事商事活动，但企业登记并非从事营利性营业活动的必需条件，从事营利性活动的当事人可以先开业，再进行企业登记，但非经企业登记而从事的营利性营业活动通常不具有对抗善意第三人的法律效力。这种登记主义对应的是登记对抗主义模式。该模式下，设立登记并非获取企业资格的必经程序，登记与否由申请人自决且不影响企业资格的取得，只是未登记，其权益受到一定限制而已。该模式下，不存在设立登记创设效力问题，但登记事项仍然具有公信效力、对抗效力。登记对抗主义，充分体现了对企业意思自治的尊重，限制了公权介入商事私域的深度与广度。

随着社会经济活动的日益复杂，为了维护商业道德及诚实信用原则，防止商人恶意利用任意登记原则虚设企业，损害第三人的合法权益，危及交易安全，许多原本采取任意登记主义的国家纷纷转向强制登记主义。

实务问题

【案例 2.2】 未经企业登记，是否认定经营者[①]

1995 年 10 月份以来，李某与华兴食品厂负责人宋某协议筹办固体饮料厂。协议称由厂方提供技术配方，许可使用其厂名、厂址，由李某投资设厂，利益共享。之后，李某从厂方购买了标有"华兴食品厂，厂址：新坪工业区"等字样的 8 种固体饮料商标标识 10 万张，后又印刷了有同样标识的包装箱 4000 余个，租用民房一处作为生产车间，于 1995 年 11 月 24 日，在未办理营业执照、卫生许可证的情况下，雇佣 6 名员工，利用淀粉、白糖、香精等原料生产"强身大补晶""大枣枸杞乳晶""美国花旗参""桂圆西洋参""鸡蛋奶粉""咖啡功夫茶""必饮""珍珠奶" 8 个品种的固体饮料，但其原配方只有一个，其产品的实际配料与标识上的"配料说明"并不相符。至 1995 年 12 月 26 日被查获时，李某共生产 8 个品种的固体饮料 1790 箱，投入市场销售 860 箱。

【分析】 本案中，李某无照经营，违反了《城乡个体工商户管理暂行条例》；其在经营过程中，又在商品上伪造厂名和产地，并作引人误解的虚假标示，其行为是否构成不正当竞争行为？在查处过程中存在不同的认识，即李某是一个无照经营者，是否是《反不正当竞争法》规定的经营者，能否作为不正当竞争行为的主体予以处罚？

对此有两种截然不同的意见：一是主张不正当竞争行为的主体必须是经营

---
① 2017 年 12 月 10 日访问 https://wenku.baidu.com/view/da9d42d384254b35eefd3490.html。

者，即具有从事市场经营资格的、被工商行政管理机关核准登记的经营者，而不是没有取得市场准入证的非法经营者，故无照经营者不能作为不正当竞争行为的主体予以处罚；二是主张《反不正当竞争法》第2条第3款并未以是否领有营业执照来界定经营者，只要实际上从事经营活动，不论是否为合法的经营者，都在《反不正当竞争法》的规范之内，对无照经营而又从事不正当竞争行为的，更应严厉查处。工商局采纳了第二种观点。

　　第一种观点的理论基础就是登记效力具有创设主体资格的效力，只有经依法核准登记领取营业执照、具有从事经营活动的资格的单位和个人，才能成为经营者。换句话说，只有依照法律规定具有经营资格的，才可以成为经营者。按照这种说法，无照经营和伪造产地生产固体饮料的李某就不是经营者，就不能依《反不正当竞争法》对其进行处罚。显然，这样的结论不利于处罚不正当竞争行为。

【对企业登记创设效力的思考】

　　从我国现行法律的规定来看，企业登记既是企业与经营者取得法人资格的前提条件，也是不具备法人条件的企业与经营者能够从事商业经营活动的前提，法律禁止经营者未办理登记手续无照经营。但对登记的创设效力还需从以下两个方面进行诠释：

　　（1）企业登记具有创设效力，但不能绝对化，不能将企业登记作为任何企业或商业组织创设的法定必要程序。财产权人有权选择以何种方式行使其财产权，如果选择营业的方式行使财产权，则办理企业登记是财产权人应承担的一项法定义务，如不履行登记义务，则将承担不履行登记义务相应的法律后果。企业登记更多应是对公共秩序的管理、交易安全的维护。企业按照法律规定的程序进行了登记，则可享有对应程序的保护。企业设立人即使未经企业登记，其仍有权以自己名义和风险开展营业，只是其无法享受经登记后法律授予的特殊利益，享有特别待遇。例如：按有限责任规则，股东仅以投资额或认缴股份为限对公司债务承担责任，无需对公司债务承担无限或连带责任，在此意义上，有限责任是法律授予公司股东的特殊利益。财产权人在未获准以有限责任形式开展营业前，若以有限公司或股份有限公司名义开展营业，其就不得享有有限责任的特权，该财产权人应对营业产生的债务承担无限责任。财产权人不享受有限责任的特殊利益，但不影响财产权人以无限责任形式开展营业。

（2）创设效力仅指依法创设特定种类公司的效力，而非泛指创设各种商业组织的效力。财产权利人若要采用有限责任组织形式开展营业，必须事先申请登记，取得特别资格。财产权人若以公司名义、企业法人名义营业却未取得公司登记、企业法人登记，不仅不能享受有限责任的特权，还应认定其无照经营违反了管理性规定。如果财产权人选择以无限责任形式开展营业，未事先进行申请登记，则不会因未进行登记而否认其经营者的主体资格，其虽不享受特别利益，但需承担违反了管理性规定的行政责任。所以，经营者营业前还应履行营业申报义务。

二、企业登记的对抗效力

企业经注册登记后，除了取得企业主体资格外，还具有哪些法律效力，已登记的事项与未登记的事项对第三人各具有何种效力，各国立法不一。企业登记及公告，一方面可以使政府通过企业登记实现调整、监督、控制和保护商业的职能；另一方面使第三人及社会公众通过企业登记了解企业的营业状况、经营状况，以期商业交易之安全。企业登记的效力不仅表现在，通过企业登记授予申请人企业法人或经营者的主体资格，同时也对第三人产生一定的效力。

（一）企业登记公信效力

企业登记公信效力亦称公信力或公信原则，是指企业登记事项一经登记，则应推定内容真实、合法、有效，即便登记事项不实，善意相对人据登记内容所为交易仍然成立且受法律保护，禁止企业以登记不实为由，进行抗辩。公信效力实质在于，通过登记事项真实性推定，维护企业、善意交易相对人间既有的信赖关系，不因实质虚假被击破。企业登记公信效力旨在维护交易相对人的登记信赖。

登记时载明登记事项，含有向他人公示企业营业信息的意思，应受"外观法理"规制。企业登记审查归属行政行为，登记事项经行政行为的行政确认，当然具有"行政行为公定力"。在"外观法理"与"行政行为公定力"共同作用下，企业登记当然具有公信效力。外观法理，又称外观主义、外观优越。禁反言，是指以登记外观表象即登记事项所承载的信息为标准确定其法律效果，即便外观表象与内在真实不符，亦推定其内容真实、合法、有效，他人信赖该登记与之交易，受法律保护。通过"外观法理"赋予所有登记事项，与实质真实同样的效力，有助于化解登记不实与交易相对人利益保护之间的矛盾。赋予登记事项公信效力，其目的是通过尊重行为外观表象，以形式真实代替实质真实，谋求商事交易动态安全。相反，如不依"外观法理"推定登记具有公信效力，抛却"形式真实"，盲目追求"实质真实"，商事交易就极可能被"实质真实"击破，出现商事交易不稳定结果。行政行为公定力，是指行政行为做出后，未经有权机关撤销前，应推定其为正确、适法，行政相对人应尊重和履行该行政行为的效力及相关规制，不得以其不适法为由加以拒绝。

2014年，我国进行企业登记制度改革，对《企业法人登记管理条例》《公司登记管理条例》《个人独资企业登记管理办法》和《合伙企业登记管理办法》就登记公示问题进行了统一的修改，规定登记机关应当将企业法人、公司、合伙企业、个人独资企业登记、备案信息通过企业信用信息公示系统向社会公示。企业法人、公司、合伙企业、个人独资企业应当于每年1月1日至6月30日，通过企业信用信息公示系统向登记机关报送上一年度年度报告，并向社会公示。年度报告公示的内容以及监督检查办法由国务院制定。[①] 现行企业的登记法律规范，虽对登记公示做了相应规定，但对登记事项的公信力没有直接进行规定。2017年10月1日实施的《民法总则》则对登记事项的公信力做了原则性规定，即"法人的实际情况与登记的事项不一致的，不得对抗善意相对人。"[②]

（二）企业登记对抗效力

企业登记对抗效力，是指企业设立人依企业登记制度规定，基于诚信原则为适法登记、公告并获有企业资格后，该企业可据设立登记事项对抗交易相对人的效力。登记载明的事项对第三人具有对抗效力，应具备以下要件：

1. 登记事项已为登记。只有依法定的程序将应登记事项载于登记簿册，获准成立的企业方可据登记事项对抗交易相对人。

2. 登记事项适法登记。规定的登记事项已基于诚信原则真实、适法登记。

---

① 参见《企业法人登记管理条例》第23条、第24条，《公司登记管理条例》第55条、第57条，《个人独资企业登记管理办法》第29条、第30条，《合伙企业登记管理办法》第31条、第32条。

② 参见《民法总则》第65条。

强调以诚信、真实、适法登记为适用要件的原因在于，与公信效力主要维护善意交易相对人权益不同，对抗效力主要用于维护企业权益。当企业不实登记侵犯公权力或他人权益时，如再以不实登记内容对抗他人，无疑构成对施诈者的不当庇护，使施诈者因违法行为获益，导致登记价值失衡，背离公平、正义，有损效率、安全。例如：《日本商法典》第14条规定："因故意或过失登记不实事项者，不得以该事项的不实对抗善意第三人。"需要注意的是，经不实登记创设的企业虽无权据不实登记事项抗辩善意交易相对人，但相对人若信赖不实登记事项与之交易，则该设立登记事项对善意交易相对人仍具有与推定真实同样的效力。换言之，不实设立登记虽无对抗效力，但善意交易相对人仍受登记公信效力庇护，经不实登记创设的企业仍负有与登记簿册所载事项一致的责任。

3. 登记事项已为公告。登记、公告均是设立登记事项的公示方式，强调将"已为公告"作为对抗效力适用要件，目的在于通过登记、公告共同作用，使登记事项内容广而告之，方便交易相对人知悉其情事。虽然登记与公告都是公司登记的公示方式，但比较而言，登记是消极的公示方式，公司登记簿只有公众申请查阅时才予以公开。因此，仅在企业登记簿上记载而未公告，即要求善意交易相对人负担登记抗辩的不利后果，是有失公允的。鉴于此，各国企业登记法规定，要求诚信、真实、适法登记外，亦要求公告设立登记事项，将登记与公告一并作为设立登记对抗效力的适用要件。例如：《日本商法典》第12条规定："应当登记的事项，非经登记及公告后，不得据此对抗善意第三人。"

【示例2.1】A公司由甲、乙、丙、丁四个股东出资设立，公司法定代表人为甲，公司设立登记时记载的法定代表人为乙。乙以公司法定代表人名义与B公司交易，B公司基于设立登记信赖与之达成交易，后B公司要求A公司履行合同义务。A公司可否以登记不实进行抗辩，拒绝履行合同？

【分析】受设立登记公信效力保护，不实登记事项不能用于对抗善意第三人，A公司无权以设立登记不实、实际代表人是甲为由进行抗辩，B公司有权要求A公司履行合同。

（三）善意交易相对人可否"反言"

第三人信赖该"不实登记事项"，与企业进行交易，可能产生两种后果：对自己有利和对自己不利。当信赖不实登记对第三人有利之时，则基于"信赖原则"产生法律效果。当实质真实对善意交易相对人更为有利,其可否"反言",以与登记表象不同的实质真实主张双方权利义务?实践中有两种观点:一种观点认为,如果不实登记对善意第三人不利,善意第三人可据该登记不实而主张交易行为无效。允许善意第三人在不实登记和真实情况之间作出选择,选择对自己最有利的企业信息主张权利。另外一种观点认为,不实登记时,善意交易相对人仅受公信效力保护,无权"反言"。

如允许"反言",善意交易相对人必将在形式真实与实质真实间,权衡何者对己更为有益:如形式真实有益,其将主张登记具有公信效力,使交易继续生效;如实质真实更加有益,其将行使"反言"权利,主张自己因登记欺诈作出的交易行为无效。

给予相对人"反言"的选择权,对交易相对人较为有利,但对商事安全、经济秩序负面影响较大,极易使交易关系受不可预期的因素困扰,始终居于不稳定状态,既有的交易链条,极可能因交易相对人的利己选择遭到破坏。因此,作者主张,不实登记时,善意交易相对人无权"反言"。强调善意交易相对人无权"反言"的主要原因是:登记公信效力实质是通过舍弃实质真实,实现善意交易相对人的信赖利益保护,进而确保交易的效率、安全、稳定、有序。

【示例2.2】A公司由甲、乙、丙、丁四个股东出资设立,公司法定代表人为甲,公司设立登记时记载的法定代表人为乙。乙以公司法定代表人名义与B公司交易,B公司基于设立登记信赖与之达成交易,后B公司发现A公司代表人实际为甲,主张因信赖不实设立登记致己意思表示不真实,主张交易无效。B公司的主张是否可以得到支持?

【分析】据善意交易相对人无权"反言"原则,B公司此项主张不成立,交易仍然有效,双方权利、义务仍须履行。

第三章

企业名称

第一节 企业名称概述

一、企业名称的概念

企业名称这一概念在我国的立法规范中，通常还会称作：字号、商号、个体工商户名称、商业名称、公司名称、厂商名称、企业标志等。我国现行法对个体工商户和个人合伙组织的名称，沿用"字号"称谓。我国原《民法通则》规定，个体工商户、个人合伙用"字号"[①]，企业法人作为法人的一种类型，用"名称"这个称谓。[②] 公司出现后，多使用"公司名称"，我国公司法中也使用"公司名称"。《民法总则》沿袭了原来的立法原则，规定个体工商户可以起字号，法人、非法人组织享有名称权。[③] 除此之外，法律规范中还有以下多种表述：（1）直接使用"商号"的表述，认为"商号"与"企业名称"或"厂名"为相同的概念。最高人民法院《民事案件案由规定》（法〔2011〕41号第一次修正）在第五部分知识产权中将第138类案由定名为"企业名称（商号）合同纠纷"、第147类定名为"侵害企业名称（商号）权纠纷"。《四川省反不正当竞争条例》第10条第6款"伪造厂名（含商号）、厂址、产地（含农副产品的生长地、养殖地等）"的

---

① 参见《民法通则》第26条、第33条。
② 参见《民法通则》第37条、第99条。
③ 参见《民法总则》第54条、第110条。

规定，是将厂名和商号等同，意指企业名称。(2)法律规范中直接使用"商号"的表述，但将"商号""企业名称"与"字号"作为不同概念并列使用。《福建省著名商标认定、管理和保护办法》第15条第2款规定：擅自将与福建省著名商标相同或者近似的文字、图形或者其组合作为商品或者服务名称、企业名称、商号、字号、包装、装潢、未注册商标使用，且可能引起相关公众误认或者混淆的行为，属于侵犯福建省著名商标权的行为。《湖北省实施〈中华人民共和国国家通用语言文字法〉办法》第17条第2款规定："商号、店名、企业名称及其他公共场所的用字不符合国家规范的，由有关行政管理部门责令改正。"

从现有的法律规定中可以看出，在国家立法层面上，不仅未对"企业名称""商号"等概念给出明确的定义，还出现了"厂商名称""商业名称""字号""厂名"等近似概念。法律上的混乱，也导致了理论界和实务部门对"企业名称"这一概念认识上的不统一。我国现有立法中，多数场合将企业名称作为商号的上位概念。笔者认为，正确理解企业名称，应确定商号和企业名称的关系，应明确规定商号是企业名称的上位概念。因为，商号是一个国际通用的概念，也是一个比企业名称更加科学的概念。我们认为，商号是位阶高于企业名称的一个上位概念，包括企业名称和非企业形式的其他商事主体的商业名称。原《民法通则》中，字号与企业名称属于平行地位；《企业名称登记管理规定》中，字号等同于商号，属企业名称的下位概念，这反映了立法的混乱。重新界定商号后，字号应是商号的下位概念，相当于商号的核心部分，商号的财产权性质源于此。本书对企业名称的研究是在上述观点基础上展开的，企业名称是商号在企业法律制度框架内的称谓。

所谓企业名称，是企业在从事生产经营活动时用以表彰自己营业的特定名称。企业名称是代表企业的文字符号，是一个企业区别于另一个企业的标志符号，是企业法律制度的重要组成部分。正确识别企业名称可以从两个层面理解：一是形式意义上的企业名称，强调企业名称的全称，如：登记、起诉、应诉时，使用的往往是企业名称全称。作为企业名称全称登记时，是强调国家对企业的管理和调控，这是市场主体准入制度的一部分内容。这个层面上的企业名称一般需要公示企业的组织形式、责任方式、活动的地域范围，该要求有利于保护善意第三人，也有利于交易安全与交易秩序的维护。二是实质意义上的企业名称，强调企业名称的核心构成（即惯性简称），如：日常经营活动中，更多的是使用企业名称的核心构成部分，或是名称构成中最具识别力的部分，即相当于企业的习惯性简称，它不仅有识别作用，还积淀着企业的商业价值，这时的企业名称大致相当于日常生活中的字号。企业名称在使用时，无论是企业名称的全称，还是经营活动中的习惯性简称，各国法律都强调不能引起混淆、误认。

在实际使用时，企业名称的核心构成一般指字号，不包括行政区划、行业、组织形式等公用部分。企业名称的全称与其核心构成都应属于企业名称的范畴，不必把它们割裂开来，其理由是：（1）从企业开展活动的需要看，无论是签名，还是起诉、应诉，主体使用的都应该是全称，如果仅指其中的一个组成部分，将无法发挥企业名称的全部功能和作用。（2）尽管企业名称全称包含了不同的构成要素，但其中真正有识别力的，仍然是企业名称中除公用部分之外的特有内容，只有这部分具有显著性特征，可以真正起到区分作用。在许多非正规场合，企业通常会以企业名称中的核心构成作为自己的企业名称加以简化使用。所以，凡是企业进行营业时使用的名称，无论是全称还是习惯性简称，但凡能够起到标识自己并区分其他企业的功能的，都属于企业名称的范畴。将企业名称的范围仅仅界定为企业名称的核心词汇"字号"，或仅仅死板地等同于企业名称，都会失之偏颇。所以，只要是企业在商事交易行为中使用的与其他企业相区分的专属名称，就可以归入企业名称。

实务问题

【**案例 3.1**】 某市第七建筑总公司南京分公司（以下简称南京分公司）起诉南京市某物资公司（以下简称物资公司），要求物资公司支付尚欠工程款 50 万元。法院在受理时发现，双方签订建筑工程施工合同时，承包方合同盖章：某市第七建筑安装工程总公司南京分公司，其提供的工商登记机关登记资料显示的名称为：某市第七建筑安装工程总公司南京工程处。因无法证明南京分公司与南京工程处是同一个主体，法院以主体不适格为由，驳回了起诉。

【**分析**】 企业名称，是企业在从事生产经营活动时用以表征自己营业的特定名称，在交易中使用的用以署名的文字符号。本案中南京分公司在签订合同时，未使用其登记注册的名称，无法证明自己是合同主体，因名称不符，造成起诉被驳回。

二、企业名称的法律特征

（一）企业名称具有人身属性

企业名称是企业用于代表自己的特定名称，它依附于企业，是企业之间相互区别的重要外在标志。一旦企业名称经登记后用于经营活动时，则与企业的营业活动紧紧相连。人身属性是企业名称与同属于识别性标识的商标的最主要区别。

（二）企业名称具有特定性

企业名称是企业在营业活动中必须使用的名称或标识，从总体上或营业上代表企业。企业在长期的实践中会形成一定的业务关系和一定的信誉，而这些信誉在一定程度上又直接和企业的名称有牵连关系，企业名称是企业的特定经营对象和信誉表现。

（三）企业名称具有区分性、可识别性

企业名称是企业所使用的独立于其设立人的特定名称，也是区分不同企业的主要符号，企业名称是企业用以表征自己营业的名称。自然人从事营业（独资或合伙），必须以其企业名称表征自己的营业活动。如果独资企业的业主或合伙企业的合伙人以自己姓名作为企业名称，应当添加表明其营业性质的字样，以及标明组织形式的字样，如：用"独资企业""普通合伙""有限合伙"等以示区别。

（四）企业名称具有地域性

企业名称登记后，享有专有权，其专有权的范围，一般应限于其登记的行政区划范围内，但对一些知名度较高的字号，其权利范围就不应只限于该登记区域，而应予以相应的扩大。

（五）企业名称权没有时间性

企业名称的使用不受时间限制，只要主体存在，其企业名称就可以存续。只要企业的良好经营信誉依然存在，只要主体没有提出变更或注销请求，那么，它对企业名称所享有的专有权利就会一直存在。没有时间限制的特点是企业名称与同属于识别性标识的商标的又一区别。

（六）企业名称具有公开性

企业名称必须登记注册，登记的目的之一便是使企业名称公之于世，为人所知。日本等国家和地区规定，企业名称变更、废止、转让、继承等，未及时办理登记者，不得对抗善意第三人。我国有关法律规定，企业的印章、银行账户、文件、会计报表、审计报表、所订立的合同、所开出的票据、票证等，都应公开载明自己的企业名称，不得故意隐瞒或使用未经登记的企业名称，给人造成误解。

第二节　企业名称的选用

一、企业名称的构成

企业名称的组成及其构成顺序应符合法律规定。根据我国的有关规定，企业名称一般应由以下四部分组成，其构成顺序依次为：行政区划名称、字号、行业或经营特点、组织形式，如：北京玲珑服装有限责任公司。

1. 行政区划的名称。行政区划的名称是企业所在地省（包括自治区、直辖市）或市（包括州）或县（包括市辖区）行政区划名称，企业名称中冠以的行政区划名称在一定程度上，决定了企业名称权受保护的范围。但是经国家工商行政管理局核准的企业，企业名称中可以不冠以企业所在地行政区划名称。

2. 字号。字号是构成企业名称的核心部分，是区别不同企业名称的最显著的标识。比如："同仁堂"（药业）、"盛锡福"（帽子店）、"全聚德"（烤鸭店）。在企业名称的构成要素中，除字号可以依法自由选定外，其他部分必须反映企业的相关真实情况，在发生变化时，则要依照一定的程序进行变更登记，如：南京金陵药业有限公司。"南京""药业""有限公司"这几个要素企业无权随便使用，也不具有排他性、垄断性；企业名称中的"字号"即"金陵"这个要素，当事人可依法自主选用，是体现企业法律人格特定化的标记，但字号仅是企业名称的一个组成要素，企业不享有独占的权利。

3. 行业或经营特点。企业应当根据其主营业务，依照国家行业分类标准划分的类别，在企业名称中标明所属行业或者经营特点，如：咨询服务、服装加工、交通运输、电机制造等。

4. 企业的组织形式。企业应当根据其组织结构或者责任形式，在企业名称中标明组织形式。所标明的组织形式必须明确易懂。企业的组织形式应真实反映企业的法律形式，如：有限责任公司、股份有限公司、普通合伙、有限合伙、店、经营部等，企业集团的名称中还可以加上"集团"字样。通过标明组织形式，彰显企业的法律地位、信用基础，以及投资者的风险责任大小等。

二、我国企业名称选定的立法规定

在企业名称选定方面，我国的相关立法予以严格限制，企业名称必须反映企业投资者的真实状况，企业名称应与企业的营业种类、经营范围、投资状况等相一致，不可以给社会公众造成误解，否则，法律将禁止使用。对企业名称的特别要求主要包括：

1. 企业名称经登记主管机关核准登记注册后，受法律保护。企业名称一经合法登记，使用人对该企业名称即取得专有使用权，具有一定的排他效力，在登记的区域内他人不得再以相同或类似的企业名称进行登记或使用。

2. 企业只准使用一个名称，在登记主管机关辖区内不得与已登记注册的同行业企业名称相同或者近似。为了维护商事交易的正常秩序，企业原则上仅能使用一个企业名称。但是，确有特殊需要的，经省级以上工商行政管理局核准，企业可以在规定的范围内使用一个从属的企业名称。

3. 企业名称应当冠以企业所在地行政区划的名称。企业名称中的行政区划是本企业所在地县级以上行政区划的名称。市辖区的名称不能单独用作企业名称中的行政区划。经国家工商行政管理局核准的下列企业的企业名称中可以不冠以企业所在地行政区划名称：（1）经申请并获同意在企业名称中使用"中国""中华"或者冠以"国际"字样的企业；（2）历史悠久、字号驰名的企业；（3）外商投资的企业。

根据《企业名称登记管理规定》可以申请在企业名称中使用"中国""中华"或者冠以"国际"字词的企业包括：（1）全国性公司；（2）国务院或其授权的机关批准的大型进出口企业；（3）国务院或者授权的机关批准的大型企业集团；

（4）国家工商行政管理局规定的其他企业。[①]

《企业名称禁限用规则》第 20 条规定，符合以下条件之一、经工商总局核准的，下列企业名称可以不含企业所在地行政区划：（1）国务院批准的；（2）工商总局登记注册的；（3）注册资本（或注册资金）不少于 5000 万元人民币的；（4）工商总局另有规定的。

符合所在地相关法律规定的企业可以冠以企业所在省、自治区、直辖市名称。如，江苏省工商局《冠"江苏"行政区划的企业名称登记工作规定》第 3 条规定，"冠省名"的企业名称由江苏省工商局负责核准，"江苏"与市、县行政区划连用的企业，由最低行政区划所在地的工商局负责核准。符合下列条件之一的企业法人，经江苏省工商局核准，名称中可以使用"江苏"字样：（1）注册资本（金）不少于 1000 万元人民币。（2）投资人为跨 3 个（含）以上省辖市登记的企业，且注册资本（金）不少于 500 万元人民币。（3）由获江苏省或各省辖市的著名、知名字（商）号称号的企业控股，且注册资本（金）不少于 500 万元人民币。母公司注册资本 3000 万元人民币以上，并拥有 4 个以上控股子公司，且母子公司注册资本合计 5000 万元人民币以上的集团名称可以使用"江苏"字样。符合下列条件之一的企业法人，其分支机构可缀以"江苏"字样：（1）隶属企业法人的名称是经国家工商总局核准的；（2）冠以其他省、自治区、直辖市行政区划名称。

4. 企业名称应与企业的种类、性质相符。企业应当根据其主营业务，依照国家行业分类标准划分的类别，在企业名称中标明所属行业或者经营特点。国家法律、法规以及国务院决定等对企业名称中的行业有特殊要求的，应当在企业名称中标明。不得在企业名称中标示国家法律、法规以及国务院决定等禁止经营的行业。

企业应当根据其组织结构或者责任形式在名称中标明符合国家法律、法规以及国务院决定规定的组织形式，不得使用与其组织结构或者责任形式不一致的组织形式。依照《公司法》设立的公司，必须在公司名称中标明有限责任公司、股份有限公司字样。依特别法设立的公司，企业名称的标示应依特别法的规定，如

[①] 参见《企业名称登记管理规定》第 13 条。

商业银行、保险公司、证券公司的名称中，应分别有银行、保险、证券的字样。独资企业、合伙企业（除有限合伙企业可以在其名称中使用"有限"外）的名称中不得使用"有限""公司""有限公司""有限责任公司""股份""股份有限"等字样。

5. 联营企业的名称可以使用联营成员的字号，但不能使用联营成员的企业名称。联营企业应当在其名称中标明"联营"或者"联合"字样。

6. 在企业名称中使用"总"字的，必须下设三个以上分支机构。不能独立承担民事责任的分支机构，其名称应当冠以其所从属的企业的名称，并缀以"分公司""分厂""分店"等字样，并标明该分支机构的行业和所在地行政区划名称或者地名，但其行业与其所从属的企业一致的，可以从略。能够独立承担民事责任的分支机构，应当使用独立的名称，并可以使用其所属企业的企业名称中的字号。能够独立承担民事责任的分支机构再设立分支机构，所设立的分支机构不得在其名称中使用总机构的名称。

7. 企业名称不得含有下列内容和文字：（1）有损于国家、社会公共利益的；（2）可能对公众造成欺骗或者误解的；（3）外国国家（地区）名称、国际组织名称；（4）政党名称、党政军机关名称、群众组织名称、社会团体名称及部队番号；（5）汉语拼音字母（外文名称中使用的除外）、数字；（6）其他法律、行政法规规定禁止的。①

企业名称不得含有有损于国家、社会公共利益的内容和文字，具体指不得含有以下的内容和文字：（1）有消极或不良政治影响的，如"支那""黑太阳""大地主"等。（2）宣扬恐怖主义、分裂主义和极端主义的，如"九一一""东突""占中"等。（3）带有殖民文化色彩，有损民族尊严和伤害人民感情的，如"大东亚""大和""福尔摩萨"等。（4）带有种族、民族、性别等歧视倾向的，如"黑鬼"等。（5）含有封建文化糟粕、违背社会良好风尚或不尊重民族风俗习惯的，如"鬼都""妻妾成群"等。（6）涉及毒品、淫秽、色情、暴力、赌博的，如"海洛因""推牌九"等。②

企业名称不得含有可能对公众造成欺骗或者误解的内容和文字，具体指不得含

---

① 参见《企业名称登记管理规定》第 9 条。
② 参见《企业名称禁限用规则》第 5 条。

有以下的内容和文字：(1)含有党和国家领导人、老一辈革命家、知名烈士和知名模范的姓名的，如"董存瑞""雷锋"等。(2)含有非法组织名称或者反动政治人物、公众熟知的反面人物的姓名的，如"法轮功""汪精卫""秦桧"等。(3)含有宗教组织名称或带有显著宗教色彩的，如"基督教""佛教""伊斯兰教"等。[1]

8. 两个以上企业向同一登记主管机关申请相同的符合规定的企业名称，登记主管机关依照申请在先原则核定。属于同一天申请的，应当由企业协商解决；协商不成的，由登记主管机关作出裁决。两个以上企业向不同登记主管机关申请相同的企业名称，登记主管机关依照受理在先原则核定。属于同一天受理的，应当由企业协商解决；协商不成的，由各自登记主管机关报共同的上级登记主管机关作出裁决。

9. 两个以上的企业因已登记注册的企业名称相同或者近似而发生争议时，登记主管机关依照注册在先原则处理。中国企业的企业名称与外国（地区）企业的企业名称在中国境内发生争议并向登记主管机关申请裁决时，由国家工商行政管理局依据我国缔结或者参加的国际条约所规定的原则或者《企业名称登记管理规定》处理。

10. 企业名称不得与同一企业登记机关已登记注册、核准的同行业企业名称近似，但有投资关系的除外。企业法人名称中不得含有其他非营利法人的名称，但有投资关系或者经该法人授权，且使用该法人简称或者特定称谓的除外。该法人的简称或者特定称谓有其他含义或者指向不确定的，可以不经授权。企业名称中不得含有另一个企业名称，但有投资关系或者经该企业授权，且使用该企业的简称或者特定称谓的除外。该企业的简称或者特定称谓有其他含义或者指向不确定的，可以不经授权。企业名称不得明示或者暗示为非营利组织或者超出企业设立的目的，但有其他含义或者法律、法规以及国务院决定另有规定的除外。

三、企业名称选定与商标权的保护

企业名称是区别不同市场主体的标志，由行政区划、字号、行业或者经营特

---

[1] 参见《企业名称禁限用规则》第6条。

点、组织形式构成，其中字号是区别不同企业的主要标志；商标是区别不同商品或者服务来源的标志，由文字、图形或者其组合构成，商标经注册后，获得商标权。企业名称权和商标权均是经法定程序确认的权利，分别受企业名称登记管理法律、法规和商标法律、法规保护。商标专用权和企业名称权的取得，应当遵循《民法总则》《商标法》和《反不正当竞争法》中的诚实信用原则，不得利用他人注册商标、企业名称的信誉进行不正当竞争。

实践中，有企业选择与已经注册的商标中相同或近似的文字作为企业名称中的字号进行登记注册，从而引起相关公众误认，构成不正当竞争。当然，也有将已经登记注册的企业名称中的字号作为商标的文字进行商标注册的。企业名称中的字号与商标中的文字相同或者近似，使他人对市场主体及其商品或者服务的来源产生混淆或有混淆的可能性，是一种不正当竞争的行为，严重影响了企业和商标权人的信誉，应当依法予以制止。构成混淆的情形主要包括：（1）将与他人企业名称中的字号相同或者近似的文字注册为商标，引起相关公众对企业名称所有人与商标注册人的误认或者误解的。（2）将与他人注册商标相同或者近似的文字登记为企业名称中的字号，引起相关公众对商标注册人与企业名称所有人的误认或者误解的。[1]

处理商标与企业名称的混淆，应当适用维护公平竞争和保护在先合法权利人利益的原则。商标与企业名称混淆的案件，应当符合下列条件：（1）商标与企业名称产生混淆，损害在先权利人的合法权益；（2）商标已注册和企业名称已登记；（3）自商标注册之日或者企业名称登记之日起五年内提出请求（含已提出请求但尚未处理的），但恶意注册或者恶意登记的不受此限。

商标注册人或者企业名称所有人认为自己的权益受到损害的，可以书面形式向国家工商行政管理局或者省级工商行政管理局投诉，并附送其权益被损害的相关证据材料。商标与企业名称混淆的案件，发生在同一省级行政区域内的，由省级工商行政管理局处理；跨省级行政区域的，由国家工商行政管理局处理。

对要求保护企业名称权的案件，由省级以上工商行政管理局的商标管理部门承办；对应当撤销注册商标的，由承办部门提出意见后报请国家工商行政管理局

---

[1] 参见《国家工商行政管理局关于解决商标与企业名称中若干问题的意见》。

商标局决定，国家工商行政管理局商标局会同企业注册局根据《商标法》及《商标法实施细则》的有关规定予以处理。对要求保护商标专用权的案件，由省级以上工商行政管理局的企业登记部门承办；对应当变更企业名称的，承办部门会同商标管理部门根据企业名称核准机关执行，并报国家工商行政管理局商标局和企业注册局备案。违反商标管理和企业名称登记有关规定使用商标或者企业名称产生混淆的，由有管辖权的工商行政管理机关依法予以查处。

实务问题

【案例 3.2】 原告中国标准缝纫机公司上海惠工缝纫机三厂（以下简称惠工厂）诉被告上海海菱缝纫设备制造有限公司（以下简称海菱公司）、东阳市华联衣车有限公司（以下简称华联公司）、上海多菱缝纫设备制造有限公司（以下简称多菱公司）、上海宏真缝制设备有限公司（以下简称宏真公司）不正当竞争纠纷一案，法院认定，被告华联公司曾向原告惠工厂购买过原告的工业用缝纫机产品，作为同业竞争者，并基于双方有业务往来的事实，被告华联公司应当知晓原告的"惠工"字号及"海菱"注册商标。在此情况下，被告华联公司向国家商标局申请注册了与原告字号相同的"惠工"商标，其法定代表人又成立了字号与原告注册商标相同的海菱公司，并将其"惠工"商标许可被告海菱公司使用，由此形成了两被告生产、销售的产品及印制、散发的宣传资料上同时出现了分别与原告"惠工"字号、"海菱"商标相同的"惠工"商标和"海菱"字号。因此，两被告的上述行为明显具有对原告进行不正当竞争的恶意，其目的在于使消费者对原、被告的产品产生混淆。事实上，已有消费者和经销商对原、被告的产品产生了混淆。因此两被告在其生产、销售的产品及印制、散发的宣传资料上同时使用与原告字号相同的商标及与原告商标相同的字号的行为构成对原告的不正当竞争。①

【分析】 本案其实质是企业名称权之于商标权的交叉侵权。由于企业名称权和商标权都具有无形性，都有依靠文字呈现的可能性与必要性，使得其在表现形

---

① 具体案情详见：上海市第二中级人民法院（2001）沪二中知初字第 216 号民事判决书。

式上可能出现混同和重复。企业无法通过有形的占有,来对企业名称和注册商标实施保护,两者作为商业标记的作用日渐渗透。这种渗透与混同的趋势,促使我们不得不考虑企业名称权制度与商标权制度的衔接问题。我们对企业名称权需要全方位、立体的保护。

第三节 企业名称权

一、企业名称权的概念

企业名称权,是企业名称合法使用人基于企业登记而对其使用的名称所享有的排他性专有使用权。在我国,企业名称权是通过企业登记而取得的法定权利。企业名称权的取得必须履行登记注册手续,即只有经过依法登记注册后,企业才取得对该名称的专有使用权。未经登记的企业名称一般不受法律保护。企业名称权是企业对企业名称享有的专有使用权,主要包括专有权和使用权。专有权是企业排除他人使用与其企业名称相同或类似的权利。使用权则是企业不受他人妨碍使用其企业名称的权利。企业名称一经登记,企业即成为企业名称的权利人。企业名称权人对于以不正当竞争为目的而使用与其相同或近似的企业名称的第三人,可以请求其停止使用、规范使用,并可以请求其赔偿因此而给自己造成的损失。

二、企业名称权的特征

(一)企业名称权具有区域性

企业名称一经登记即具有排他效力和救济效力。但企业名称权的排他效力和救济效力具有严格的地域限制。现有立法将企业名称权的权利范围,严格地限定于企业名称所登记的行政区域,没有顾及商品销售或服务的范围,在很多情况下企业产品销售或服务范围与该行政区域范围并不一致,甚至远远超出登记行政区域范围。因此,需要完善相关的规定,根据企业名称的知名度高低、营业活动的范围大小等因素,给予相对应的扩大地域范围保护。

（二）企业名称权具有可转让性

企业名称权具有财产性，可以转让或继承。但各国立法对如何转让所持态度不一。多数国家规定企业名称权不能单独转让，企业名称权只能和企业一起转让。当然，在营业终止的情况下企业名称是可以单独转让的。而法国商法规定企业名称权可以单独转让，如果单独转让企业名称权，在名称转让后转让人不得再用于营业中的签名。我国实践中，企业名称权的所有人通常采取联营、加盟连锁、许可使用的方式变相地转让自己的名称权。

实务问题

【案例3.3】 杭州张小泉剪刀厂起诉南京张小泉刀具厂侵犯其商标权和企业名称权。杭州张小泉剪刀厂于1963年在杭州市工商行政管理局注册登记了"杭州张小泉剪刀厂"企业名称。被告南京张小泉刀具厂于1992年8月24日在江宁县工商行政管理局注册登记了"南京张小泉刀具厂"企业名称。杭州张小泉剪刀厂生产的菜刀商标为"张小泉"牌，1989年1月经国家工商行政管理局商标局注册登记，取得"张小泉"商标专用权。南京张小泉刀具厂开办后，未申请使用注册商标，在其菜刀产品上使用非注册商标"银光"牌，同时，被告在该产品及其包装盒上刻印有"南京张小泉"和"张小泉"字样。为此，原告曾与被告交涉处理此事未果。1993年2月，原告向南京市中级人民法院起诉，要求判令被告立即停止侵权行为，并赔偿企业名称侵权损失10万元，商标侵权损失1万元。

根据《商标法》的规定，被告南京张小泉刀具厂自成立后在同类产品及其外包装上刻印"张小泉"和"南京张小泉"标识，足以造成消费者误认，这种行为已构成"张小泉"注册商标专用权的侵犯。问题是，"南京张小泉刀具厂"企业名称是否构成对杭州张小泉剪刀厂企业名称权的侵害？

【分析】"杭州张小泉剪刀厂"是在杭州市工商局注册登记取得企业名称，在杭州地区"杭州张小泉剪刀厂"享有名称专用权。南京市中级人民法院审理后，认为原告杭州张小泉剪刀厂和被告南京张小泉刀具厂分别在当地工商行政管理机关核准登记注册，其企业名称在各自行政区划范围内享有专用权，被告南京张小泉刀具厂所用企业名称，不构成对原告杭州张小泉剪刀厂企业名称的侵犯。

此案发生时，我国《反不正当竞争法》尚未出台。1993年我国《反不正当竞争法》颁布实施后①，对该类型的案件，一般可以选择适用《反不正当竞争法》的规定，保护企业名称权。如果经营者擅自使用他人有一定影响的企业名称（包括简称、字号等）、社会组织名称（包括简称等）、姓名（包括笔名、艺名、译名等），引人误认为是他人商品或者与他人存在特定联系的，属于混淆行为，构成不正当竞争。②

三、企业名称权的内容

我国现行法律、法规对企业名称权内容的规定不够全面、明确，在借鉴国外立法规定的基础上，企业名称权的权利内容可以概括为以下几个方面：

（一）企业名称的使用权

企业名称的使用权，是指企业对自己的名称享有依法使用的权利，其他任何人不得妨碍。企业在营业活动中为法律行为时均应以企业名称来署名、标示。实践中，企业使用名称的方式、场合多种多样，具体表现形式有：悬挂企业名称牌匾；在自己的办公机构标明；在商事信笺上使用；在自己生产经营的产品或提供的服务上标明、在商品包装与广告上使用、以自己的企业名称刻制印章、以自己的企业名称在银行设立账户、与第三人从事交易订立合同时使用等等。

（二）企业名称的专用权

企业名称的专用权即排他权，是指未经企业的同意，他人不得使用企业名称。企业名称专用权具有排斥他人使用易混同企业名称的作用。他人盗用企业名称而使权利人权利受到侵害的，可以请求停止使用，并可请求赔偿所造成的损失。

（三）企业名称的转让权

企业名称的转让权，是指企业将自己的企业名称全部让与受让人的行为。企业名称转让的效力是转让人丧失企业名称权，而受让人成为该企业名称权的主体。鉴于企业名称权兼具人身权和财产权的双重性质，并且，随着企业名称的财产权性质的日益凸显，企业名称的转让被各国立法所肯定。各国立法对于企业名

---

① 《反不正当竞争法》，1993年9月2日第八届全国人民代表大会常务委员会第三次会议通过，2017年11月4日第十二届全国人民代表大会常务委员会第三十次会议修订。
② 参见《反不正当竞争法》第6条。

称转让方式规定了两种原则：

1. 绝对转让主义

实行绝对转让主义的国家，在立法上奉行企业名称转让应当连同营业一起转让，不得单独转让的原则，即企业名称不得与使用该企业的营业相分离，要么与营业一起转让，要么在营业废止时转让。奉行该原则的国家有德国、日本、韩国等。德国商法规定，商号不得与使用此商号之营业分离而让与。日本商法规定，商号只能和营业一起转让或在废止营业时转让。韩国商法规定，商号只有在废止营业时，或者和营业一并进行转让时，方可转让。意大利《民法典》第2565条规定："商号不得与企业相分离地转让。"美国与英国的判例也普遍认为，不附带营业转让商号的做法等于没有转让任何权利给受让人。他们也主张商号一般要与营业或商誉一起转让。①

2. 相对转让主义

实行相对转让主义的国家，在立法上奉行企业名称可单独转让的原则，即企业名称不一定要连同营业一起转让，可以与营业分离而转让。法国是采用这一原则的主要国家之一。奉行该原则的国家一般规定，企业名称转让后不得再用作签名，仍用作签名的企业名称不得转让。法国商法认为：商号是商事营业资产的重要构成部分，商人既可自己利用，也可转让或许可第三人使用。企业名称是企业保有客户、维持市场的主要手段之一，当企业营业转让时，其企业名称原则上往往应一并转让。但如果转让人与受让人明确约定，转让人在转让自己的营业资产时不转移企业名称，则受让人不得使用转让人的企业名称，尤其是含有自然人姓氏的企业名称会有这种考虑。

比较这两种模式，二者各有利弊。绝对转让主义，主要以保护社会公众利益和善意第三人的利益为出发点，强调的是交易安全，但企业的自由意志受到一定程度的限制。相对转让主义更多地体现了合同自由的民商法精神，其立论基础是把企业名称作为企业的一种财产形式，企业当然有权决定是否转让以及是否单独转让。相对转让主义有可能会被人利用，通过转让企业名称逃避债务，规避法律，损害债权人的利益。总的看来，采取绝对转让主义的国家较多。企业法虽

---

① 在这些国家，商号的含义基本是指我国的企业名称之意。

属私法，但公法化趋向日益强化，立法上也越来越重视保证交易安全，维护社会公共利益、善意第三人的利益，绝对转让主义可以较好地达到此目的。加之企业名称本身就是主体营业时使用的一个标记，如果允许只转让企业名称而不转让营业，受让人只是徒有企业名称之形式，没有企业名称代表的实质营业信用之内涵，会对社会公众产生误导。

我国《企业名称登记管理规定》第23条第1款的规定："企业名称可以随企业或者企业的一部分一并转让。""企业或企业的一部分"中的"企业"的意思实为"营业"之意，但从这条规定可以推出一个结论，即允许企业名称可以随企业或者企业的一部分一并转让，未明确禁止企业名称的单独转让，与相对转让主义原则接近。对于企业名称转让的法律后果，还没有具体立法规定。

（四）企业名称的许可权

1. 企业名称许可权的含义

企业名称的许可权，是指企业将企业名称的使用权部分或全部让与他人使用的权利。企业名称许可的现象，在现实生活中普遍存在，提法各异，如"名义出借""名义挂靠""连锁经营""特许经营"等。之所以发生这种情况的原因在于，企业名称权不只是一种人身权，它还包含财产权的属性，许可他人使用企业名称是一举两得的事：对许可人而言可以扩大其知名度，收取许可使用费，发挥企业名称的经济功能；对被许可人而言，既可利用他人企业名称较好的商誉迅速打开市场，为以后发展奠定基础，也可以扩大经营范围，有助于减免税收。鉴于此，多数国家承认企业名称许可的合法性，并根据权利外观原则，对企业名称许可的法律效力与相关责任作出了明确规定。

2. 我国现行立法对企业名称许可权的规定

我国现行立法对企业名称许可的规定不统一，既有允许许可使用的规定，又有禁止许可使用的规定。

（1）禁止企业名称许可的规定。《企业名称登记管理规定》第26条第3款规定："擅自转让或者出租自己的企业名称的，没收非法所得，并处以1000元以上、10000元以下罚款。"在这里，"出租"实际上就是许可使用的意思，因此，依据上述规定，企业名称的许可使用是被禁止的。2002年2月27日，国家工商行政管理总局在《关于企业名称许可使用有关问题的答复》中明确规定禁止名许可使用，答复的内容是：鉴于《民法通则》将企业名称列在人身权范畴，企业不得许可他人使用自己的企业名称，更不得许可他人使用第三方的企业名称或者未经核准登记的企业名称。企业许可他人使用自己的企业名称从事经营活动的行为属于出租自己的企业名称。登记机关应按照《企业名称登记管理规定》第26条第3项的规定对许可人予以处罚。

（2）允许企业名称许可使用的规定。1997年5月30日国家工商行政管理总局、国内贸易部《关于连锁店登记管理有关问题的通知》中做出了在一定情形下允许使用企业名称的规定。该通知第2条、第4条和第5条分别规定：由总部参股设立或与总部无资产关系的门店，通过与总部签订合同，采取联营的方式或者取得使用总部商标、字号、经营技术及销售总部商品的特许权，按照合同的约定共同经营；连锁经营合同应规定双方的权利与义务，并包括下列事项：授权使用总部商标、字号的内容；配送中心及由总部全资或控股、参股设立的门店，其名称中可以使用总部名称中的字号；与总部没有资产关系的门店，经总部同意，也可以使用总部名称中的字号。

商务部于2007年5月1日开始实施的《商业特许经营管理条例》关于特许经营的规定中，有与企业名称使用许可有关的条款。该条例第3条规定："本条例所称商业特许经营（以下简称特许经营），是指拥有注册商标、企业标志、专利、专有技术等经营资源的企业（以下称特许人），以合同形式将其拥有的经营资源许可其他经营者（以下称被特许人）使用，被特许人按照合同约定在统一的经营模式下开展经营，并向特许人支付特许经营费用的经营活动。"企业名称作为一种企业标志，应该属于许可他人使用的经营资源。第8条规定："特许人应当自首次订立特许经营合同之日起15天内，依照本条例规定向商务主管部门备案。在省、自治区、直辖市范围内从事特许经营活动的，应当向所在地省、自治区、直辖市人民政府商务主管部门备案；跨省、自治区、直辖市范围从事特许经营活动的，应当向国务院商务主管部门备案。"备案制度，既方便了国家管理，又使社会公众得以知晓企业名称使用许可的情况，避免混淆，有利于保护消费者的利益。

现行立法规定的矛盾与原《民法通则》将企业名称权定性为人身权有直接关系。虽然原《民法通则》给企业名称赋予了一定意义的财产性，并规定可以转让企业名称，但是因受到人身权性质的限制，并未规定企业名称的许可使用权。这是相关文件一直禁止许可使用的根本原因。

3. 企业名称许可使用的法律责任

实践中，企业名称的许可使用广泛地存在着，不仅有一般的借用，特别是在特许经营中，企业名称、商标这些商业标识对建立特许经营体系的统一经营、扩展市场有着不可替代的作用。《商业特许经营管理条例》虽然允许对企业名称的许可使用，但未明确规定相关的法律责任。而在企业名称许可使用过程中，这又是一个特别需要明确的问题。

企业名称许可使用后，许可人与被许可人使用同样的企业名称对外发生法律关系，产生的法律责任由谁承担呢？在企业名称许可使用的情况下，导致的法律责任一般有以下情形：

（1）自己责任原则。被许可人与许可人是相互独立的法律主体，主体资格可以相互区分，此种情形下，如无特别规定，应当贯彻自己责任原则，各自对自己的行为独立承担责任。

（2）连带责任原则。由于企业名称的许可，许可人与被许可人各自独立的人格被掩盖在了相同的企业名称之下，这使得第三人往往很难区分，甚至可能产生错误认识，造成客观上的混淆。为了保护善意第三人的利益，维护交易安全，应明确规定许可人对被许可人使用许可人企业名称期间产生的债务负连带清偿责任。被许可人在使用被许可的企业名称时即使增加了附加语，也不能免除许可人对使用其企业名称的责任，许可人应对被许可人的经营行为负连带责任。

（五）企业名称的变更权

作为企业的人格标识，企业名称经登记后一般不得擅自变更。如果确实需要进行变更，应按照规定的程序履行变更登记手续。企业名称如果未经登记机关变更登记，企业不得以变更后的企业名称对抗善意第三人。

四、企业名称权的保护

实践中，最常见的侵害企业名称权的行为是，营业活动相同或相近的企业使用在先取得企业名称权的知名企业名称中相同或近似的字号即核心要素，如：杭州张小泉剪刀厂诉上海张小泉剪刀总店侵权案、杭州张小泉剪刀厂诉南京江宁张小泉刀具厂案等。这些案件，最终以原告败诉终结。导致原告败诉的主要原因是现行立法中，企业名称实行分级登记管理体制，企业名称的专用权效力仅局限在登记的区域内及同行业内，若超出该地域范围或行业范围，便不受保护。这样的结果就是：企业名称经登记注册后，仅在一定的区域及行业内具有排他效力，而名称中具有价值的核心要素"字号"无法获得特别保护。这就使得在不同的登记行政区划内或者在类似或不同的行业内，完全可能存在与异地知名企业名称中的字号相同的新的企业名称，或者字号被当作其他商业标识使用，使得各种商业标识间的权利冲突不断，如南京、上海地区会出现南京张小泉刀具厂、上海张小泉刀具厂等。因此，对企业名称权的保护，除依据企业法律、法规外，还应结合《民法总则》《反不正当竞争法》《商标法》等进行综合保护。华联超市股份有限公司在与金湖世纪华联超市连锁有限公司反不正当竞争一案中成功运用《反不正当竞争法》保护了自己的企业名称权。

实务问题

【案例 3.4】 2007 年，原告华联超市股份有限公司（以下称华联超市公司）诉被告金湖世纪华联超市连锁有限公司上海松江第一分公司（以下称金湖松江分公司）、金湖世纪华联超市管理有限公司上海第一分公司（以下称金湖上海分公司）、金湖世纪华联超市连锁有限公司（以下称金湖公司）擅自使用他人企业名称及其他不正当竞争纠纷一案中[1]，原告认为三被告企业名称中的字号与原告在先登记的企业字号相似，容易引起公众的误认和混淆，其行为违反了《反不正当竞争法》第 5 条第（3）款的规定，应停止侵权，赔偿损失。

原告、被告主体资格的相关信息：原告于 1992 年 11 月 11 日成立，注册资本诉讼时为 3 亿元，经营范围包括服装鞋帽、服饰系列配套商品、日用百货、超市管理等。被告金湖公司原名金湖世纪华联超市管理有限公司，于 2005 年 6 月 15 日经江苏省淮安市金湖工商行政管理局核准成立。2006 年 1 月 11 日，该公司的企业名称变更为金湖世纪华联超市连锁有限公司（即现名）。被告金湖松江分

---

[1] 具体案情详见：上海市第一中级人民法院民事判决书（2007）沪一中民五（知）初字第 403 号。以下该案简称华联超市公司诉金湖公司案。

公司为被告金湖公司的直营店，于2005年11月30日成立。被告金湖上海分公司为被告金湖公司的加盟店，于2005年12月6日成立。金湖公司与金湖上海分公司的负责人签订了《特许加盟连锁经营合同》。

金湖松江分公司、金湖公司认为，自己使用的是经过合法批准的企业名称，不存在擅自使用他人企业名称或突出使用的情况，原告未证明其在全国范围内具有知名度，原告的业绩持续衰退，知名度大幅下降；两公司系合法经营，其与原告在企业名称、门店外观等方面均有显著区别，不会与原告混淆，不构成对原告的不正当竞争；金湖上海分公司认为，其使用的企业名称和店招源自与被告金湖公司的加盟合同，且经工商部门的认可，不存在违法行为。

法院经审理认为：1. 原告对"华联"文字使用在先，三被告成立于2005年，其对"华联"文字的使用晚于原告。2. 原告的"华联"字号具有一定知名度。原告经过十几年的发展已具有一定的经营规模，截至2007年6月底，其在全国各地拥有1947家直营或加盟超市门店，在超市行业拥有一定的市场占有率。在被告企业名称登记之前，原告及其"华联"品牌就已经获得了较多的荣誉。3. 被告对企业名称的登记具有主观恶意。（1）被告的企业字号与原告的企业字号构成近似。被告的企业字号为"世纪华联"，"世纪"为汉语常用词，显著性和可识别性较弱，其中，"华联"为无固定含义的臆造词，在被告的企业字号中"华联"起主要识别作用，"华联"的字号与原告的企业字号构成近似。（2）被告在成立时应该知晓原告及其"华联"字号。被告金湖世纪华联公司的法定代表人、主要发起人张晓雨曾在原告的子公司担任过管理岗位的职务，其对原告的经营规模、经营模式非常清楚，也应该知道原告及其"华联"品牌在上海乃至全国享有一定的知名度，其从原告子公司辞职后在短短数日内就成立了与原告有同业竞争关系的被告金湖世纪华联公司，在公司及其分支机构的企业名称中使用与原告"华联"字号相近似的字号，并采用与原告相同的经营模式，具有明显搭乘原告便车的故意。原告及其"华联超市"在上海有着较高的知名度，已为公众所知悉，金湖上海分公司不可能不知道原告"华联超市"在消费者中的影响力，但其仍然与被告金湖世纪华联公司签订加盟合同，在企业名称中使用与原企业字号相近似的字号，其主观上亦具有恶意。（3）被告在企业名称中使用"华联"文字无合法依据。（4）被告企业名称的使用已经造成了相关公众的混淆或误认。被告在经营活动中在其店招、营业员工衣、购物袋、标价签、吊旗等处以其企业字号"世纪华联"或企业字号加行业通用名称"世纪华联超市"作为被告企业名称的简称使用，由于被告的企业字号与原告的企业字号构成近似，且原、被告都从事超市连锁经营，具有同业竞争关系，这在客观上会使相关公众将"世纪华联超市"与原告的"华联超市"发生混淆或误认为原、被告之间存在某种关联关系。结合原告提供的几篇新闻报道及对相关公众所作的问卷调查，本院足以认定被告的行为已经造成了消费者的混淆或误认。

综上所述，原告对"华联"字号使用在先，且原告的"华联"字号已具有一定的知名度，根据最高人民法院《关于审理不正当竞争民事案件应用法律若干问题的解释》第6条的规定："具有一定市场知名度、为相关公众所知悉的企业名称中的字号，可以认定为《反不正当竞争法》第5条第（3）项规定的企业名称。"被告未经许可，擅自使用与原告"华联"字号相近似的"世纪华联"企业字号，已经造成了相关公众的混淆或误认，被告的行为违反了公平竞争和诚实信用原则，侵犯了原告的企业名称权，对原告构成了不正当竞争。①

【分析】 本案的争议焦点之一是三被告在企业名称中使用"华联"文字是否侵犯了原告的企业名称权。从形式上看，金湖松江分公司、金湖公司使用的是经过合法批准的企业名称，金湖上海分公司使用的企业名称和店招源自与被告金湖公司的加盟合同，且是经工商部门认可的，也不存在违法行为。正如杭州张小泉诉南京张小泉案，南京张小泉使用的名称是经过合法批准的企业名称，杭州张小泉的企业名称权在一定的地域范围内享有名称专用权，最终，在杭州张小泉诉南京张小泉案中杭州张小泉败诉。张小泉案发生时，我国《反不正当竞争法》尚

---

① 1993年《反不正当竞争法》第5条规定，经营者不得采用下列不正当手段从事市场交易，损害竞争对手：（3）擅自使用他人的企业名称或者姓名，引人误认为是他人的商品。
该法在2017年进行修订，第6条规定，经营者不得实施下列混淆行为，引人误认为是他人商品或者与他人存在特定联系：（2）擅自使用他人有一定影响的企业名称（包括简称、字号等）、社会组织名称（包括简称等）、姓名（包括笔名、艺名、译名等）。
最高人民法院《关于审理不正当竞争民事案件应用法律若干问题的解释》第6条规定，企业登记主管机关依法登记注册的企业名称，以及在中国境内进行商业使用的外国（地区）企业名称，应当认定为《反不正当竞争法》第5条第（3）项规定的"企业名称"。具有一定的市场知名度、为相关公众所知悉的企业名称中的字号，可以认定为《反不正当竞争法》第5条第（3）项规定的"企业名称"。

未出台。华联超市公司诉金湖公司案中，原告则充分利用《反不正当竞争法》中对企业名称权的保护，主张金湖公司等三被告的行为，属于"擅自使用他人的企业名称或者姓名，引人误认为是他人的商品的不正当竞争行为"，是运用《反不正当竞争法》成功保护企业名称权成功的案例。当然，该案中，除存在使用与上海华联超市公司名称中字号相同和近似的行为，还有大量的混淆行为，被告在店招、营业员工衣、购物袋、标价签、吊旗等处不当地简化使用其企业名称，突显其名称中核心要素"世纪华联""华联"字样，使消费者造成误认、产生混淆。

上述这些企业名称中字号被不当使用的原因之一，是由我国目前企业名称分级登记管理体制造成的。针对该体制的弊端，我们可以采取以下方案进行适度修改：允许企业根据其经营活动的地域，自主选择企业名称登记机关的级别；改分级登记管理体制为统一查询企业名称、分级登记管理模式；完善企业名称的预先登记制度；完善企业名称的登记公告程序及争议处理程序；规范企业名称的简称使用。

第四章

个人独资企业法律制度

改革开放以来,个人独资企业在我国得到了迅猛发展,现已成为我国市场经济活动中不可缺少的重要主体。继《公司法》《合伙企业法》出台之后,1999年8月30日,第九届全国人民代表大会常务委员会第十一次会议又通过了《个人独资企业法》,这标志着我国市场经济三大基本企业形态均已确立,现代企业制度的法律框架初具规模。

第一节 个人独资企业的设立

一、个人独资企业的概念及特征

个人独资企业是指依照《个人独资企业法》在中国境内设立的,由一个自然人投资,财产为投资人个人所有,投资人以其个人财产对企业债务承担无限责任的经营实体。该定义是我国《个人独资企业法》明确规定的。独资企业产生于人类社会的第一次社会大分工时期,是企业形式中最简单、最古老的一种形式,独资企业除具有企业一般特征外,个人独资企业与合伙企业、个体工商户、公司制企业相比较具有以下法律特征:

1. 个人独资企业的投资主体具有单一性、排他性

个人独资企业的投资者为一人,而且只能是自然人,排除了法人、其他经济

组织和社会团体作为个人独资企业的投资人。与此不同，合伙企业的投资人必须有两个以上，他们依据合伙协议共同投资、共同经营、共担风险、共享收益。国有独资公司投资主体虽然具有单一性，但与个人独资企业不同的是，投资者身份具有特殊性，国有独资公司的投资人只能是国家，由国务院或者地方人民政府委托本级人民政府国有资产监督管理机构履行出资人的职责。一人有限责任公司，股东虽仅为一人，但一人有限责任公司的投资人既可以是一个自然人，也可以是一个法人。而个人独资企业的投资人只能是一个自然人。

2. 个人独资企业投资人的投资以及企业所得的财产为投资人所有

个人独资企业由一人投资设立，企业的财产也由投资人个人享有所有权，即产权自有，不存在企业财产共有、资本联合的问题，在法律上也不对企业财产与投资者个人财产进行严格区分。个人独资企业的投资人是企业财产（包括企业成立时投资人投入的初始出资财产与企业存续期间积累的财产）的唯一所有者。

3. 个人独资企业事务由投资人直接管理控制

个人独资企业的投资人是企业财产的唯一所有者，产权自有的特点决定了投资人享有完全不受限制的企业经营决策权。

4. 个人独资企业投资人以其个人财产对企业债务承担无限责任

个人独资企业的投资人是一个自然人，因此，对企业出资多少、是否追加投资或减少投资、如何对企业进行经营等均由投资者一人决定，企业的经营活动实质上是投资者个人的经营活动，企业对外发生的债务，理应是投资者个人的债务。由于个人独资企业的财产属于投资人所有，在实践中也不能严格区分企业财产与投资人的财产，所以，个人独资企业的投资人要以其全部财产对企业债务承担无限责任，即清偿企业债务不限于投资人投资的财产，也不限于企业财产，还应包括投资人的其他个人财产。倘若投资人享有企业所得，但不对企业的债务承担无限责任，那么，从市场交易安全这个角度来说，就会大大增加市场交易风险，会损害交易相对人的合法权益。

5. 个人独资企业是非法人企业

个人独资企业是一个经营实体，属于企业的一种形式，有企业名称，有固定的生产经营场所和必要的生产经营条件，有必要的资金和从业人员，但企业的财产归投资人个人所有，投资人以其个人财产对企业债务承担无限责任，自然人的属性比较突出，不具有社团的性质，所以，它没有独立的法律人格，不能独立地承担民事责任，不是法人组织。个人独资企业虽然不具有法人资格，但却是独立的民事主体，可以以企业自己的名义从事经营行为、参加诉讼活动，其是自然人进行商业活动的一种特殊形态。

个人独资企业虽然不具有法人资格，但作为一个经营实体，法律对其有设立条件的要求，这些条件将个人独资企业与自然人经登记取得营业执照从事工商业经营的个体工商户区别开来。对于那些资金雄厚，颇具规模，已经摆脱了摆摊设点、流动销售经营方式的个体工商户，如果符合个人独资企业条件的，应当允许他们转为个人独资企业。

二、个人独资企业的设立条件

根据《个人独资企业法》第8条规定，设立个人独资企业应具备以下条件：

1. 投资人为一个自然人

投资人只能是一个人并且是自然人。如果投资人为两人或两人以上，那便是共同投资，在法律形式上则可能是合伙或者是公司，而不是独资；如果投资人不是自然人而是法人，那投资设立的企业，也不能算作是个人独资企业。

个人独资企业的投资人（自然人）还应当具有中华人民共和国国籍。如果外国自然人单独投资在我国境内设立企业，应当适用《外资企业法》，属于外商独资企业。依据我国《外资企业法实施细则》，港、澳、台同胞在我国境内设立个人独资企业，也不适用个人独资企业法，而是参照有关外商独资企业法的规定办理。

关于投资人的资格，《私营企业暂行条例》直接规定了投资人的积极资格，即有权申请开办私营企业的人包括：农村农民、城市待业人员、个体工商户；辞职、退职人员；国家法律、法规和政策允许的离休、退休和其他人员。《个人独资企业法》不同于《私营企业暂行条例》的规定，仅对投资人作了消极限制，并没有直接规定投资人的积极资格。该法第16条规定："法律、行政法规禁止从事营利性活动的人，不得作为投资人申请设立个人独资企业。"根据《公务员法》《法官法》《检察官法》等法律的规定，禁止从事营利性活动的人主要包括：国家公务员、党政机关领导干部、法官、检察官及现役军人等。根据禁止竞业的原则，特定身份的人员投资设立个人独资企业也受到约束。《公司法》第69条规定："国有独资公司的董事长、副董事长、董事、高级管理人员，未经国有资产监督管理机构同意，不得在其他有限责任公司、股份有限公司或者其他经济组织兼职。"

尽管我国已先后颁布了《公司法》《合伙企业法》和《个人独资企业法》，但这些法律的实施并不意味着《私营企业暂行条例》的当然废止。在企业登记实践中，部分工商行政管理机关仍然沿用该条例的相关规定，要求投资人在申请设立个人独资企业时，提供相应的待业证明、辞职、退职证明、离退休证明等身份证明，限制除农村村民等5类人员以外的人设立企业，这极大地制约了我国民营经济的发展，也违背了促进竞争、鼓励投资的市场经济理念。因此，工商登记机关对于个人独资企业设立登记，应按照《个人独资企业法》规定办理。

2. 有合法的企业名称

个人独资企业的名称应当与其责任形式及从事的营业相符合，而且只准使用一个名称。由于独资企业的业主须对企业的债务承担无限责任，故企业的名称中不得使用"有限""有限责任"的字样。2000年1月13日公布，2014年2月20日修订的《个人独资企业登记管理规定》第6条规定，个人独资企业的名称中不得使用"公司"的字样，不允许个人独资企业称作"公司"。在我国，依据《公司法》规定和一般的实践，名称中使用"公司"字样的，一定是具有法人资格且投资人承担有限责任的企业，故在登记时，个人独资企业在其名称中不可以使用"公司"二字，以体现企业名称和其责任形式的一致性。个人独资企业可以叫厂、店、部、中心、工作室等。

3. 有投资人申报的出资

在企业设立这一环节上，资本制度的主要内容是有关企业最低资本额的要求、出资形式等方面的规定。一定的资本是任何企业得以存在的物质基础，独资企业也不例外。由于投资人对独资企业的债务承担无限责任，因此《个人独资企业法》对出资的最低数额未作强制性规定。法定最低出资额的规定一定程度上是为了保护交易相对人的安全与利益，个人独资企业的重要特征是投资人以其个人财产对企业债务承担无限责任，从制度和理论上已保证了交易相对人债权的实现和利益的保护，因此，规定法定最低出资额已无必要。另外，不设最低出资额，可以最大限度地刺激投资者设立个人独资企业，以实现促进投资的价值目标。

根据国家工商行政管理总局《关于实施〈个人独资企业法〉有关问题的通知》的规定，设立个人独资企业可以用货币出资，也可以用实物、土地使用权、知识产权或者其他财产权利出资。采取实物、土地使用权、知识产权或者其他财产权利出资的，应将其折算成货币数额。

投资人申报的出资额应当与企业的生产经营规模相适应。个人独资企业投资人以个人财产出资或者以其家庭共有财产作为个人出资的，投资人应当在设立登记申请书上予以注明。以家庭共有财产作为个人出资的，那么投资人的家庭共有财产就要对个人独资企业的债务承担无限责任。申请书未注明是个人出资还是家庭共有财产出资的，视为个人财产出资。家庭共有财产与家庭财产的范围不同，用家庭共有财产偿还企业债务的，应注意财产范围。家庭共有财产，是指家庭成员在家庭共同生活关系存续期间，共同创造、共同所得的财产。例如，家庭成员交给家庭的财产，家庭成员共同受赠的财产，以及在此基础上购置和积累起来的财产等。而家庭财产，是指家庭成员共同所有和各自所有的财产的总和，包括家庭成员共同所有的财产、夫妻共有财产和夫妻个人财产、成年子女个人所有的财产、其他家庭成员各自所有的财产等。家庭财产范围大于家庭共有财产范围。

4. 有固定的生产经营场所和必要的生产经营条件

生产经营场所是个人独资企业从事生产经营活动的所在地。生产经营场所对于确定债务履行地、诉讼管辖地、法律文书送达地等均有重要的法律意义。从事经营的必要条件是指根据企业的业务性质、规模等因素而需具备的设施、设备、人员等方面的条件。将必要的生产经营条件作为企业设立的条件之一是我国传统企业立法的通行做法。[①]1999 年颁布的《个人独资企业法》要求设立企业时有必要的生产经营条件显然也是这些企业立法思路的延续。

---

① 参见《全民所有制工业企业法》第 17 条、《城镇集体所有制企业条例》第 12 条、1993 年颁布的《公司法》第 19 条。

我们认为,《个人独资企业法》将必要的生产经营条件作为企业设立的法定条件,实质上是将企业的设立条件与企业的生产经营条件混为一谈。企业的设立条件,一般指一国法律规定的能够取得某类企业主体资格的必要条件;企业的生产经营条件,则应指一个企业成立后所具备的能够具体生产某种产品或者提供某种服务的能力。前者是法律规定的强制性条件,投资人在设立申请时即应具备,并由登记机关审查核准;后者是企业从事生产经营活动的自然条件,可由成立后的企业或投资人根据企业的实力和需要慢慢自行筹办。企业设立申请被核准后,首先获得的是市场主体资格,凭此资格,企业可以从事生产经营活动,但并不意味着此时企业已经具备具体的生产经营能力。从本质来看,企业是否具备生产经营条件是一个商业判断,只有企业自己最清楚如何达到生产经营条件以及确定生产经营规模。登记机关无法对此进行判断并作出决定。可见,立法不应将企业的生产经营条件作为企业设立的前提条件。2005年修改《公司法》时,已经将公司设立的条件由原来的"有固定的生产经营场所和必要的生产经营条件"改为"有公司住所"[①]。2014年修订的《个人独资企业登记管理办法》已经放弃了原来提交生产经营场所证明的要求,改为:投资人申请设立登记,应当向登记机关提交企业住所证明即可。[②]

5. 有必要的从业人员

根据《个人独资企业法》的规定,个人独资企业需要一定的从业人员。所谓从业人员是在企业中从事生产、经营业务的人员。没有从业人员是不可能有企业活动的,而且只有有了与生产经营业务相适应素质的从业人员,才能保证企业所提供的产品、服务达到合格的要求。问题是,"必要的从业人员"应否作为企业设立的必备条件?

将"有必要的从业人员"作为个人独资企业的法定设立条件,同样体现了我国传统企业立法思路。无论是设立城镇集体企业还是私营企业,这些企业的立法都要求有与生产经营和服务规模相适应的从业人员,其中对私营企业更是直接要求有雇工8人以上。实际上,企业的从业人员同样属于企业的生产经营条件范

---

① 参见《公司法》第23条、第76条。
② 参见《个人独资企业登记管理办法》第9条。

畴，有必要的从业人员，属于企业的生产经营条件而非企业的设立条件。个人独资企业是否需要从业人员，需要多少从业人员，完全是投资人的意思自治范围，可由投资人在企业成立后根据企业自身的发展状况自由选择决定。如果立法强行要求投资人在提交企业设立申请时即"有必要的从业人员"，实质上是要求投资人在申报企业登记前已经招聘好了职工甚至与之订立了劳动合同，这无疑会加大企业设立的成本，不利于企业的迅速设立，进而影响投资人设立企业的积极性。

立法不要求设立企业"有必要的从业人员"，会不会导致企业成立后成为"皮包企业"，从而损害交易安全？事实上，个人独资企业经登记取得营业执照后，如果投资人不积极采购生产设备、招聘员工等，企业也无法正常运作，由此造成的不利后果直接由投资人自行承担。如果个人独资企业成立后无正当理由超过6个月未开业的，或者开业后自行停业连续6个月以上的，登记机关可以吊销其营业执照。可见，立法不应在企业的设立门槛上限制过多，而应强化对企业成立后行为的监督，实现对债权人的动态保护。

【示例4.1】某个人独资企业投资人在申请企业设立登记时明确以其家庭共有财产作为个人出资，在偿还企业债务时，投资人主张，为维持其他家庭成员的基本生活条件，仅以其个人财产对企业债务承担无限责任。

【分析】个人独资企业投资人在申请企业设立登记时明确以家庭共有财产作为个人出资的，应当依法以家庭共有财产对企业债务承担无限责任。

三、个人独资企业的设立登记

设立独资企业，须经工商登记。个人独资企业申请设立登记，应当向登记机关提交下列文件：（1）投资人签署的个人独资企业设立申请书。设立申请书应当载明企业的名称和住所；投资人的姓名和居所；投资人的出资额和投资方式；企业的经营范围及方式。投资人以个人财产出资或者以其家庭共有财产作为个人出资，应当在《个人独资企业设立申请书》予以明确。（2）投资人身份证明。（3）企业住所证明。（4）国家工商行政管理局规定提交的其他文件。（5）从事法律、行政法规规定必须报经有关部门审批业务的，应当提交有关部门的批准文件。（6）委托代理人申请设立登记时，应当出具投资人的委托书和代理人的合法证明。

登记机关应当在收到设立申请文件之日起 15 日内,对符合《个人独资企业法》规定条件的,予以登记,发给个人独资企业营业执照。个人独资企业的营业执照签发日期,为个人独资企业成立日期。在领取个人独资企业营业执照前,投资人不得以个人独资企业名义从事经营活动。

个人独资企业设立分支机构,应当由投资人或者其委托的代理人向分支机构所在地的登记机关申请登记,领取个人独资企业分支机构营业执照。分支机构经核准登记后,应将登记情况报该分支机构隶属的个人独资企业的登记机关备案。分支机构的民事责任由设立该分支机构的个人独资企业承担。

第二节 个人独资企业投资人的权利与事务管理

一、独资企业业主的权利与义务

个人独资企业业主对企业的权利主要体现在以下几个方面:投资人对企业的财产依法享有所有权,即可以依法占有、使用、收益、处分;对企业的生产经营活动有完全的决策权、指挥权、管理权;有权销售企业生产的产品和提供商业性服务;有权依据国家法律规定,申请获得政府对中小企业的各种优惠鼓励措施的资助;有权将企业的全部营业及财产转让、赠送、以遗嘱的方式处分;有投资权,可以收购、并入其他企业,设立分支机构;有权以独资企业的名义取得土地使用权;为维护其合法权益,有权以自己的名义或企业的名义提起诉讼,获得司法救济。

独资企业业主的主要义务:依法开展经营活动;为企业建立财务、会计制度;按期缴纳税款;保障职工权益,做好环境保护工作。

二、独资企业的运营管理

个人独资企业的投资人可以自行管理企业事务,也可以委托或者聘用其他具有民事行为能力的人管理企业的事务。

投资人委托或者聘用他人管理个人独资企业事务，应当与受托人或被聘用人签订书面合同，明确委托的具体内容和授予的权利范围。受托人或者被聘用的人员应当履行忠实、勤勉义务，按照与投资人订立的合同负责管理个人独资企业的事务。投资人委托或者聘用的人员管理独资企业事务时违反双方订立的合同，给投资人造成损害的，应承担民事赔偿责任。

受托人或者被聘用的人员应当根据委托权限执行事务。《个人独资企业法》规定，独资企业的投资人对受托人或者被聘用的人员职权的限制，不得对抗善意第三人。所谓善意第三人，指在与个人独资企业的交易中，没有与个人独资企业的受托管理人或者被聘用的人员串通，进行损害委托人利益的行为，或者不明知受托人或被聘用的人员超越权限范围执行事务仍与之交易的人。如果受托人或被聘用的人员超越委托权限与不知情的第三人进行交易，投资人及其企业不得以此为由拒绝承担因此产生的后果。当然，投资人及其企业由此造成的损失，可以要求受托人或者被聘用人员承担赔偿责任。如果第三人在有关经济业务交往中，与受托人或者被聘用的人员串通，出现故意损害投资人利益的行为，则不属于"善意"第三人。

【示例4.2】甲自然人投资设立乙个人独资企业，委托丙管理企业事务，授权丙可以决定5万元以下的交易。丙以乙企业的名义向丁购买20万元的商品。丁不知甲对丙的授权限制，依约供货。乙企业拒收货物，认为丙超过授权限制进行交易的行为对乙没有约束力。由此发生争议。

【分析】根据个人独资企业法律制度的规定，投资人对受托人或者被聘用的人员职权的限制，不得对抗善意第三人。丁不知甲对丙的授权限制，属于善意第三人，乙企业不得对丁进行抗辩。乙企业向丁购买商品的行为有效，应收货付款。如果该合同履行给乙个人独资企业造成损失，则应由丙予以赔偿。

根据《个人独资企业法》第20条的规定，投资人委托或者聘用的管理个人独资企业事务的人员不得有下列行为：（1）利用职务上的便利，索取或者收受贿赂；（2）利用职务或者工作上的便利侵占企业财产；（3）挪用企业的资金归个人使用或者借贷给他人；（4）擅自将企业资金以个人名义或者以他人名义开立账户储存；（5）擅自以企业财产提供担保；（6）未经投资人同意，从事与本企业相竞争的业务；（7）未经投资人同意，同本企业订立合同或者进行交易；（8）未经投资人同意，擅自将企业商标或者其他知识产权转让给他人使用；（9）泄露本企业的商业秘密；（10）法律、行政法规禁止的其他行为。投资人委托或者聘用的人员违反上述规定，侵犯个人独资企业财产权益的，责令其退还侵占的财产；给企业造成损失的，依法承担赔偿责任；有违法所得的，没收违法所得；构成犯罪的，依法追究刑事责任。

三、独资企业的营业转让

《个人独资企业法》关于独资企业转让的规定体现在第17条："个人独资企业投资人对本企业的财产依法享有所有权，其有关权利可以依法进行转让或继承。"企业转让涉及的问题较为复杂，不仅涉及企业名称（商号）、知识产权等无形资产，而且还涉及债权债务。《个人独资企业法》只是笼统地作了规定，对转让时的债权债务处理没有明示，须进一步探讨。

企业名称是企业在营业中表征自己的称谓，企业如果一边继续营业，一边将自己的企业名称转让，或者转让营业而又自己保留原有企业名称，就会在营业主的问题上，使公众产生严重的误解，不利于交易活动的正常进行。由于独资企业业主与独资企业的混同，对其企业名称的转让应与营业转让同时进行，或在营业废止时进行。独资企业以企业名义经营，所形成的债权、债务事实上是属于原业主之个人债务。当企业脱离业主时，债权债务并未发生消灭之事实，业主仍可享有企业存在前以企业名义形成的债权，同时也应承担以企业名义形成的债务的清偿责任。

独资企业债权债务如要转移，应当符合法律规定的条件：独资企业业主转让企业债权，不需要征得债务人的同意，只需履行通知义务即可，未经通知，该转让对债务人不生效。因为，债权转移不会影响到转让人的债务人的利益。但是独资企业业主转让债务，必须经债权人同意。因为债务的转让会影响到原独资企业债权人之债权的安全保障，若非经该债权人同意不得转让。

为了防止企业的恶意转让，损害到债权人的利益，法律应明确规定，转让企业时应办理企业变更登记，进行公告和通知。转让人、受让人和债权人应就债务承担形式进行协商，以合同的形式予以确认。为了督促转让人、受让人履行公告和通知义务，不履行公告通知义务的，则转让人与受让人应承担连带责任。之所以规定为连带责任,是因为在债权人不知道的情况下,这种承担方式最有利于保护债权人的利益。

第三节 个人独资企业的解散与清算

一、个人独资企业的解散

个人独资企业的解散,是指个人独资企业终止活动,使其民事主体资格消灭的行为。我国《个人独资企业法》规定,个人独资企业有下列原因之一时,应当解散:投资人决定解散;投资人死亡或者被宣告死亡,无继承人或者继承人决定放弃继承;被依法吊销营业执照;法律、行政法规规定的其他情形。

二、个人独资企业的清算

个人独资企业解散,应当进行清算。《个人独资企业法》规定,个人独资企业解散由投资人自行清算或由债权人申请人民法院指定清算人进行清算。

投资人自行清算的,应当在清算前15日内书面通知债权人,无法通知的,应当予以公告。债权人应当在接到通知之日起30日内,未接到通知的应当在公告之日起60日内,向投资人申报其债权。

在清算期间,个人独资企业不得开展与清算目的无关的经营活动。在清偿债务前,投资人不得转移、隐匿财产。个人独资企业及其投资人在清算前或清算期间隐匿或转移财产,逃避债务的,依法追回其财产,并按照有关规定予以处罚;构成犯罪的,依法追究刑事责任。

个人独资企业解散的,财产应当按照下列顺序清偿:(1)所欠职工工资和社会保险费用;(2)所欠税款;(3)其他债务。个人独资企业财产不足以清偿债务的,投资人应当以其个人的其他财产予以清偿。

个人独资企业清算结束后,投资人或人民法院指定的清算人应当编制清算报告,并于15日内到登记机关办理注销登记。注销登记一旦完成,个人独资企业即告消灭。个人独资企业办理注销登记时,应当交回营业执照。

个人独资企业解散后，原投资人对个人独资企业存续期间的债务仍应承担偿还责任，但债权人在 5 年内未向债务人提出偿还请求的，该责任消灭。在企业的解散和清算过程中有关责任的规定，体现了投资人对企业债务承担无限责任的规则。

第五章

合伙企业法律制度

合伙企业是一种古老的企业组织形式,与独资企业、公司企业构成了企业的三种主要形态。企业合伙在科技、文化、教育、卫生等各行各业都发挥着重要作用。2007年6月1实施的修订的《合伙企业法》,增加规定了有限合伙企业,从法律体系上完善了合伙企业的形式,使合伙企业从普通合伙到有限合伙,跨越了从无限责任到有限责任的屏障。在当前社会主义市场经济的新时期,合伙企业以其多样的形态,适应了商业多样化的需求。

第一节 合伙企业法律制度概述

一、合伙企业的概念及分类

合伙企业是古老而传统的企业组织形式,通常认为,它源于罗马时期。一般而言,合伙企业是由两个或两个以上合伙人订立合伙协议,共同出资、合伙经营、共享收益,共担风险,至少有一个以上的合伙人对企业债务承担无限责任的营利性经济组织。合伙企业是组织体,它是合伙存在的形式之一,不具备组织体的合伙不构成合伙企业。

合伙企业设立简便、出资自由、经营灵活、结构简单、便于管理,是适合中小型经营规模的企业组织形式之一,在市场经济中发挥着其特有的作用。

从世界范围看，早期的合伙人对合伙企业债务均承担无限连带责任，但这种形式合伙人风险大。为了降低合伙人的投资风险，吸引更多的资金投资合伙企业，很多国家逐步允许部分合伙人在一定条件下，承担有限责任。我国的原《民法通则》、《合伙企业法》(1997年)只允许设立合伙人承担无限连带责任的普通合伙企业。2006年对《合伙企业法》进行了修订[1]，增加了有限合伙企业形式。根据《合伙企业法》第2条规定，适用《合伙企业法》的合伙企业，是指自然人、法人和其他组织依照《合伙企业法》在中国境内设立的普通合伙企业和有限合伙企业。

我国的合伙企业有普通合伙企业和有限合伙企业两种形式。普通合伙企业由普通合伙人组成，合伙人对合伙企业债务承担无限连带责任。《合伙企业法》对普通合伙人承担责任的形式有特别规定的，从其规定，如特殊的普通合伙企业。有限合伙企业由普通合伙人和有限合伙人组成：普通合伙人对合伙企业债务承担无限连带责任，有限合伙人以其认缴的出资额为限对合伙企业债务承担有限责任。无限连带责任有两层意思：一方面，无限责任，是指当合伙企业的全部财产不足以清偿到期债务时，各个合伙人不是以其出资额为限偿还合伙企业的债务，而是要以其自有全部财产来清偿合伙企业的债务；另一方面，连带责任，指当合伙企业的全部财产不足以清偿到期债务时，合伙人承担责任时无先后顺序，债权人可以要求普通合伙人中的一人、数人、全体承担全部或部分企业未能清偿的债务。有限责任是指合伙人对合伙企业的债务以其认缴的出资额为限承担责任。

二、合伙企业的特征

与其他种类的企业相比，合伙企业的法律特征主要体现在以下几个方面：

（一）合伙企业应有两个或两个以上的合伙人共同投资

合伙企业是由多数人出资组成的企业，其中，至少有一个对合伙企业债务承担无限责任的普通合伙人。在合伙企业中普通合伙人全权代表合伙企业，负责企业的经营，执行企业事务。

---

[1] 中华人民共和国第十届全国人民代表大会常务委员会第二十三次会议于2006年8月27日修订通过《合伙企业法》，修订后的《合伙企业法》自2007年6月1日起施行。

(二)合伙企业的设立和内部管理以合伙协议为基础

合伙协议依法由全体合伙人在协商一致的基础上以书面形式订立。在合伙协议中,各合伙人就出资方式、利润分配方式、分配比例和亏损分担方式等事项做出约定。与公司章程相比,合伙协议有更大的自治空间,法律对合伙协议内容的强制性规定更少。

(三)合伙企业是人合性组织

合伙企业是基于合伙人之间的相互信任而成立并维系的,其信用基础和经营状况取决于合伙人的信用、能力和健康状况等,具有典型的人合性。

(四)合伙企业不具有法人资格

合伙企业的人格与合伙人的人格不完全分离。依《合伙企业法》的规定,合伙企业可以有自己的企业名称,并以该名义从事经营活动。任何一个合伙人对外都可以代表合伙企业,以企业的名义从事活动,单纯投资的有限合伙人除外。合伙企业由于没有完全独立的财产,所以不能完全独立承担民事责任。合伙企业的债权人可以向承担无限连带责任的合伙人直接追索合伙企业的债务。

(五)合伙企业不是单独的纳税主体

合伙企业的生产经营所得,按照国家有关税收规定,以每一个合伙人为纳税义务人分别缴纳所得税。2000年9月财政部、国家税务总局发布的《关于个人独资企业和合伙企业投资者征收个人所得税的规定》明确规定,合伙企业每一纳税年度的收入总额减除成本、费用以及损失后的余额,作为合伙人的生产经营所得,比照《个人所得税法》中的"个体工商户的生产经营所得"应税项目,适用5%～35%的五级超额累进税率,计算征收个人所得税。

三、合伙企业与民事合伙的区别

合伙企业与民事合伙两者有很多的相似之处。两者都需要由两个或两个以上自然人、法人或其他组织组成;设立基础都是合伙协议,且都根据合伙协议确定彼此间的权利和义务等。但两者也存在很大差异,主要表现在以下方面:

(一)设立的目的不同

合伙企业的设立是以营利为目的,以组建一个组织体作为共同进行营业活动为目的。民事合伙的设立仅仅是为了确定并维持合伙人相互之间的特定关系,其宗旨在于合伙人相互之间的互助协作，没有组建组织体之目的。

（二）成立的基础不同

合伙企业的成立除需要合作人订立合伙协议外，还需要选择企业名称、经营场所以及办理企业登记等。民事合伙的成立仅以合伙人缔结合伙协议为依据。

（三）合伙协议的内容不同

合伙企业的合伙协议除有关于合伙人权利义务关系的规定，还有关于合伙事务执行，合伙企业名称、场所、解散、清算等与企业对外经营活动有关事项的约定。而民事合伙的内容主要体现合伙人之间内部的权利义务关系，几乎不涉及对外业务。

（四）外观表象不同

合伙企业具有团体资格，它是一种经济组织。合伙企业有企业名称、组织规范、营业资本、营业场所、会计账簿、银行账户等要求，在民事诉讼中合伙企业可以合伙企业的名义参与诉讼活动，合伙企业为诉讼当事人。而民事合伙则不具有团体资格，不是经济组织，仅仅通过合伙协议联合起来，就某一个项目或某一目的采取一致行动。在民事诉讼中民事合伙不是以合伙的名义参与诉讼活动，全体合伙人为诉讼当事人。

（五）解决争议的依据不同

合伙企业合伙人之间发生争议，以合伙协议为依据，适用《合伙企业法》。民事合伙合伙人之间发生争议，以合伙协议为依据，适用《民法总则》《合同法》等法律。

四、合伙企业法的概念及基本原则

（一）合伙企业法的概念

合伙企业法有广义和狭义之分。狭义的合伙企业法，是指国家立法机关依法制定的，规范合伙企业合伙关系的专门法律，即《合伙企业法》。该法于1997年2月23日由第八届全国人民代表大会常务委员会第24次会议通过。2006年8月27日第十届全国人民代表大会常务委员会第23次会议修订。广义的合伙企业法，是指国家立法机关或者其他有权机关依法制定的、调整合伙企业合伙关系的各种法律规范的总称。与《合伙企业法》配套的专门的法规有《合伙企业登记管理办法》[1]，其他有关调整企业名称、企业税收等相关法律、法规，同样适用于合伙企业。

根据《合伙企业法》的规定，在理解我国《合伙企业法》的适用范围时，需要注意以下问题：

1. 外国企业或个人在中国境内设立合伙企业的管理问题

《合伙企业法》未禁止外国企业或者个人在中国境内设立合伙企业，但规定，外国企业或者个人在中国境内设立合伙企业的管理办法由国务院规定。目前，外国企业或个人在中国境内投资设立的普通合伙企业和有限合伙企业，主要参照国务院2009年8月19日通过的《外国企业或者个人在中国境内设立合伙企业管理办法》，有关登记管理的制度主要依据国家工商行政管理总局2010年1月29日公布，2014年2月20日修订的《外商投资合伙企业登记管理规定》。除上述两个法律规范有特殊规定的外，外国企业或个人设立的合伙企业适用《合伙企业法》的规定。

2. 采取合伙制的非企业专业服务机构的责任形式问题

非企业专业服务机构，主要指不采取企业（公司制）形式成立的、以自己的专业知识、专业技能提供特定咨询等方面服务的组织，如律师事务所、会计师事务所等专业服务机构。2006年《合伙企业法》修订时，增加了一种特殊的普通合伙企业形式，规定以专门知识和专业技能提供社会服务的机构，依据有关法律规定采取合伙制的，其合伙人承担责任的方式可以适用《合伙企业法》关于特殊的普通合伙企业承担责任的规定。

（二）合伙企业法的基本原则

1. 协商原则

合伙协议是合伙企业成立的法律基础。《合伙企业法》要求合伙协议应依法由全体合伙人协商一致、以书面形式订立。在《合伙企业法》中，除法律规定不得协商的事项外，其他有关合伙事务的执行、利益的分配、亏损的分担等均可由全体合伙人协商确定，充分体现了协商的原则，且通过协商达成的合伙协议优先

---

[1] 《合伙企业登记管理办法》，1997年11月19日国务院发布，2007年5月9日、2014年2月19日国务院修订。

于法律适用。

2. 自愿、公平、诚实信用原则

合伙人设立合伙企业，订立合伙协议，确定合伙人权利义务关系，充分遵循自愿、公平、诚实信用原则。

3. 依法纳税原则

合伙企业是非法人营利性组织。合伙企业的生产经营所得和其他所得，不必由合伙企业缴纳所得税，而是按照国家有关税收法律、法规的规定，由合伙人分别缴纳所得税。

4. 合法权益受法律保护原则

合伙企业及其合伙人的合法财产及其权益受法律保护。

5. 守法原则

合伙企业及其合伙人必须遵守法律、行政法规，遵守社会公德、商业道德，承担社会责任。

第二节　普通合伙企业

一、普通合伙企业的概念

(一) 普通合伙企业

普通合伙企业是由普通合伙人组成，合伙人对合伙企业债务依照《合伙企业法》规定承担无限连带责任的一种合伙企业。

普通合伙企业具有以下法律特征：

(1) 普通合伙企业由两个以上的普通合伙人共同合作组建。这里的普通合伙人是指在合伙企业中对合伙企业债务依法承担无限连带责任的自然人、法人和其他组织。

(2) 普通合伙企业是建立在合伙协议基础上的。合伙协议是当事人不对社会公开的文件。合伙协议作为合同，应当由全体合伙人协商一致，以书面形式订立。这与公司企业建立的基础不同。公司建立在章程基础上，而公司章程是对社会公开的文件。新股东加入公司属于参加行为，需在承认原公司章程的前提下进行。

（3）普通合伙人对企业债务承担无限连带清偿责任，但法律另有规定的除外。所谓无限连带清偿责任，是指合伙企业对外承担债务清偿责任不以合伙人在企业中的投资以及企业积累的财产为限，当企业无力清偿债务时，债权人有权向任何一个或全体合伙人要求清偿全部债务。清偿了全部合伙企业债务的合伙人有权要求其他合伙人按照合伙协议约定的比例向其予以清偿。

（4）合伙企业无法人资格，不具有完全独立的法律地位。合伙企业可以有自己的名称，以企业的名义享有一定的权利、承担一定的义务，包括以企业名义起诉和应诉，但由于合伙企业的人格、财产与合伙人的人格、财产不能完全分离，合伙企业没有完全独立的财产，不能完全独立承担民事责任。

（二）特殊的普通合伙企业

1. 特殊的普通合伙企业的适用范围

特殊的普通合伙企业是指合伙人依照《合伙企业法》第 57 条的规定承担责任的普通合伙企业。特殊的普通合伙企业适用《合伙企业法》第二章第 6 节的规定，第 6 节未作规定的，适用《合伙企业法》第二章第 1 节至第 5 节的规定。

特殊的普通合伙企业主要适用于以专业知识和专门技能为客户提供有偿服务、注册为企业的专业服务机构。如律师事务所、会计师事务所、医师事务所、设计师事务所、破产清算事务所等，这些机构可以依法设立为特殊的普通合伙企业。它的特殊性是：在这些专业人员执业过程中，如果某个或者几个合伙人，因为故意或重大过失给合伙企业造成债务时，这些责任人要承担无限连带责任，而其他没有责任的合伙人，仅以其在合伙企业中的财产份额为限来承担责任。这种责任形式有助于采取合伙制的专业服务机构不断地扩大规模，更好地推动专业服务机构的发展，优化内部分配制度。

由于特殊的普通合伙企业合伙人承担责任形式不同，采用这种形式必须在其企业名称中标明"特殊普通合伙"字样，以区别于普通合伙企业。

2. 特殊的普通合伙企业的责任形式

为了保证特殊普通合伙企业的健康发展，必须对合伙人的责任形式予以特别规定，否则，以专业知识和专业技能为客户提供服务的机构难以存续。

（1）责任承担。《合伙企业法》规定，普通合伙企业的合伙人对企业债务承担无限连带清偿责任，但法律另有规定的除外。所谓法律另有规定的除外，是指《合伙企业法》规定的，在特殊情形下，部分合伙人可以不承担无限连带责任。《合伙企业法》第57条、第58条规定，一个合伙人或者数个合伙人在执业活动中因故意或者重大过失造成合伙企业债务的，应当承担无限责任或者无限连带责任，其他合伙人以其在合伙企业中的财产份额为限承担责任。合伙人在执业活动中非因故意或者重大过失造成的合伙企业债务以及合伙企业的其他债务，由全体合伙人承担无限连带责任。合伙人执业活动中因故意或者重大过失造成的合伙企业债务，以合伙企业财产对外承担责任后，该合伙人应当按照合伙协议的约定对给合伙企业造成的损失承担赔偿责任。

根据《合伙企业法》的上述规定，我们可以以合伙人在执业活动中的主观过错情况为基础，把特殊的普通合伙企业合伙人的民事责任分为以下两种形式：

第一，有限责任与无限连带责任相结合。此为合伙人在执业活动中因故意或者重大过失造成合伙企业债务的责任承担方式。在特殊的普通合伙企业中，一个合伙人或数个合伙人在执业活动中因故意或者重大过失造成合伙企业债务的，应当承担无限责任或者无限连带责任，其他合伙人则仅以其在合伙企业中的财产份额为限承担责任。这与普通合伙企业不同，在普通合伙企业中，合伙人即使是基于故意或者重大过失而给合伙企业造成债务，在对外责任的承担上依然是由全体合伙人承担无限连带责任，尽管对内其他合伙人可以追索有过错的合伙人。而在特殊的普通合伙企业中，出现由于个别合伙人执业行为中的故意或者重大过失而导致的合伙企业债务时，没有过错的其他合伙人是不需要对外承担无限连带责任的，债权人也只能追索有过错的合伙人。

【示例5.1】 甲、乙、丙三人成立一特殊普通合伙制会计师事务所。甲在为一客户提供会计业务服务的过程中，因重大过失给客户造成损失100万元。对该损失甲承担无限责任，乙、丙以其在会计师事务所中的财产份额为限承担责任。

第二，无限连带责任。此为合伙人在执业活动中非因故意或者重大过失造成合伙企业债务以及合伙企业的其他债务责任承担方式。若特殊普通合伙企业的合伙人并非因为执业活动中故意或者重大过失而导致合伙企业的债务以及合伙企业的其他债务，此种情形下与普通合伙企业一样，应当由全体合伙人承担无限连带责任。

【示例5.2】 甲、乙、丙三人成立一特殊普通合伙制会计师事务所。购置事务所办公楼所欠银行贷款，甲、乙、丙负无限连带责任。

（2）责任追偿。特殊的普通合伙企业的合伙人在执业行为中因故意或者重大过失而造成合伙企业债务时，首先以合伙企业的财产承担对外清偿责任，不足清偿时由有过错的合伙人承担无限责任或者无限连带责任，没有过错的合伙人不再承担责任。当以合伙企业的财产承担对外责任后，有过错的合伙人应当按照合伙协议的约定赔偿给合伙企业造成的损失。

【示例5.3】 甲、乙、丙三人成立一特殊普通合伙制会计师事务所。甲在为一客户提供会计业务服务的过程中，因重大过失给客户造成损失100万元。事务所现有全部财产40万元偿还债务后，甲对剩余60万元的债务承担无限责任。合伙企业有权要求合伙人甲对执业行为中因重大过失给合伙企业造成的40万元损失承担赔偿责任。

3. 特殊的普通合伙企业的职业风险防范

由于在特殊的普通合伙企业中，合伙人执业活动中因故意或者重大过失造成合伙企业债务的，除执业人承担无限责任或者无限连带责任外，其他合伙人以其在合伙企业中财产份额为限承担责任。该风险责任无疑只能由执业合伙人和债权人承担，为了保护执业合伙人和债权人的利益，提高合伙企业的赔偿能力，《合伙企业法》规定，特殊的普通合伙企业应当建立执业风险基金，用于偿付由执业责任形成的债务，执业合伙人应办理职业责任保险。执业风险基金，主要是指为了化解经营风险，特殊普通合伙企业从其经营收益中提取相应比例的资金留存或者根据规定上缴至指定机构所形成的资金。执业风险基金应当单独立户管理，专款专用。职业保险，又称职业责任保险，是指承保各种专业人员（如医生、药剂师、律师、会计师、建筑师、设计师等）因工作上的疏忽或过失而致他人遭受人身损害或者财产损失的赔偿责任的保险。

二、合伙企业的设立

（一）合伙企业设立的条件

根据《合伙企业法》的规定，设立合伙企业，应当具备以下条件：

1. 有两个或两个以上合伙人，合伙人为自然人的，应当具有完全民事行为能力

（1）关于合伙人的人数。合伙企业是多数人共同投资形成的经济组织，两人是合伙人的下限。对于普通合伙企业来说，合伙人数的上限，法律未作限制。实践中，由于普通合伙人对合伙企业承担无限连带责任，合伙人对企业经营管理的参与程度高，人数过多往往不利于合伙事务的执行及合伙人之间关系的处理，因此，合伙人数一般不宜太多。

（2）关于合伙人的资格，《合伙企业法》作了如下规定：合伙人可以是自然人、法人和其他组织；合伙人为自然人的，应当具有完全民事行为能力；国有独资公司、国有企业、上市公司以及公益性的事业单位、社会团体不得成为普通合伙人。另外，法律、法规、国务院决定禁止从事商业活动的人不得成为合伙人，限制的对象主要是立法机关、行政机关、司法机关的工作人员及现役军人等，如国家公务员、法官、检察官、警察不能成为合伙人。

2. 有书面合伙协议

合伙企业建立在合伙协议基础上，所以，设立合伙企业必须由全体合伙人协商一致，以书面形式订立合伙协议。合伙协议是处理合伙企业事务的基本行为准则。

合伙协议不同于一般民事合同，二者之间有以下区别：

（1）缔约目的不同。当事人订立合伙协议的目的是为了建立一个有利于各合伙人的组织体，订约人之间有着共同的利害关系。普通民事合同仅涉及合同双方当事人，具有相对性，一方的权利往往是对方的义务，如买卖合同，支付货款是买方的义务，对卖方来说，请求支付货款则是其权利。

（2）产生的后果不同。合伙协议是设立合伙企业的前提条件和必要条件，合伙企业是合伙协议的预计后果，协议的履行具有长期性。普通民事合同订立，不会形成新的组织体，合同的履行一般是一次性的。

（3）合同履行适用的规则不同。合伙协议在履行过程中不适用抗辩权和不可抗力制度的规定，合伙人不得以其他合伙人未履行出资义务而拒绝履行自己的出资义务。普通民事合同在履行过程中可以适用抗辩权规则和不可抗力制度的规定。

（4）合同形式的要求不同。合伙协议应当采用书面形式。任何口头形式的合

伙协议可能会形成民事合伙，但绝不可能注册成立合伙企业。普通民事合同既可以采用书面形式，也可以采用口头形式或其他形式。

3. 有合伙人认缴或者实际缴付的出资

合伙人可以用货币、实物、知识产权、土地使用权或者其他财产权利出资，也可以用劳务出资。合伙人以实物、知识产权、土地使用权或者其他财产权利出资，需要评估作价的，可以由全体合伙人协商确定，也可以由全体合伙人委托法定评估机构评估。合伙人以劳务出资的，其评估办法由全体合伙人协商确定，并在合伙协议中载明。合伙人应当按照合伙协议约定的出资方式、数额和缴付期限，履行出资义务。以非货币财产出资的，依照法律、行政法规的规定，需要办理财产权转移手续的，应当依法办理。

4. 有合伙企业的名称和生产经营场所

由于合伙企业之合伙人之间对企业债务承担无限连带责任，因此，法律禁止在合伙企业名称中出现"有限""有限责任""股份"等字样。在我国特定的法律环境下，"公司"一词仅限于具有法人资格的企业使用，因此，合伙企业名称中也不可以使用"公司"二字，以体现企业名称和其责任形式的一致性。普通合伙企业应当在其名称中标明"普通合伙"字样，其中特殊的普通合伙企业，应当在其名称中标明"特殊普通合伙"字样。生产经营场所主要指企业的主要办事机构所在地。

5. 法律、行政法规规定的其他条件

《合伙企业法》第9条规定，合伙企业的经营范围中有属于法律、行政法规规定在登记前须经批准的项目的，该项经营业务应当依法经过批准，并在登记时提交批准文件。如果合伙企业的经营活动涉及国家行业管理有特殊规定的，还需要符合这些行业规范规定的特殊条件。

（二）合伙企业的设立登记

申请设立合伙企业，由全体合伙人共同签署设立登记申请书，具体申请事宜可以由全体合伙人共同办理或由他们指定的合伙人代表办理，还可以委托专业服务机构代理办理。申请时，除要提交全体合伙人签署的申请书外，还应提交全体合伙人签名、盖章的合伙协议，各合伙人的身份证明，全体合伙人对各合伙人认缴或者实际缴付出资的确认书，主要经营场所证明，全体合伙人指定代表或共同委托代理人的委托书，国务院工商行政管理部门规定提交的其他文件。合伙企业的经营范围中有属于法律、行政法规规定在登记前须经批准的项目的，该项经营业务应当依法经过批准，并在登记时提交批准文件。

申请人提交的登记申请材料齐全、符合法定形式，企业登记机关能够当场登记的，应予当场登记，发给营业执照。如果申请人提交的登记申请材料不齐全，也不符合法定形式，需要补充有关材料，才能达到法定情形的，或者企业登记机关认为当场难以发给营业执照，对有关材料需要进一步核实等情况的，企业登记机关可以不予当场登记，但应当自受理申请之日起20日内，作出是否登记的决定。予以登记的，发给营业执照；不予登记的，应当给予书面答复，并说明理由。合伙企业的营业执照签发日期，为合伙企业成立日期。合伙企业领取营业执照前，合伙人不得以合伙企业名义从事营业活动。

合伙企业的登记事项应当包括：（1）名称；（2）主要经营场所；（3）执行事务合伙人；（4）经营范围；（5）合伙企业类型；（6）合伙人姓名或者名称及住所、承担责任方式、认缴或者实际缴付的出资数额、缴付期限、出资方式和评估方式。合伙协议约定合伙期限的，登记事项还应当包括合伙期限。执行事务合伙人是法人或者其他组织的，登记事项还应当包括法人或者其他组织委派的代表。

合伙企业设立分支机构，应当向分支机构所在地的企业登记机关申请登记，领取营业执照。

三、合伙协议

合伙协议是合伙企业建立的法律基础，是合伙企业最重要的法律文件，也是确定合伙人之间权利义务关系的基本依据。合伙协议是由各合伙人通过协商，共同决定相互间的权利义务，据此达成的具有法律约束力的协议。合伙协议必须采用书面形式。合伙协议经全体合伙人签名、盖章后生效，对全体合伙人均具有法律约束力。

合伙协议的内容一般应当记载下列事项：合伙企业的名称和主要经营场所的地点；合伙目的和合伙经营范围；合伙人的姓名或者名称、住所；合伙人的出资方式、数额和缴付出资的期限；利润分配和亏损分担方式；合伙企业事务的执行；入伙与退伙；争议解决办法；合伙企业的解散与清算；违约责任等。

合伙协议未约定或者约定不明确的事项，由合伙人协商决定；协商不成的，依照《合伙企业法》和其他有关法律、行政法规的规定处理。

经全体合伙人一致同意，合伙人可以修改或者补充合伙协议，但是，合伙协议另有约定的除外。

合伙人按照合伙协议享有权利，履行义务。合伙人通过协议达成的亏损分担办法或比例，仅具有对内的效力。合伙人的内部协议不能对抗合伙企业债权人清偿全部债权的请求。合伙人对合伙企业债务承担无限连带责任，是合伙人的法定义务，合伙协议的约定不得改变这一强制性的法律规定。

四、合伙企业的财产

（一）合伙企业的财产构成

合伙企业存续期间，合伙人的出资和所有以合伙企业名义取得的收益及依法取得的其他财产均为合伙企业的财产。

1. 合伙人的出资

《合伙企业法》规定，合伙人可以用货币、实物、知识产权、土地使用权或者其他财产权利出资，也可以用劳务出资。这些出资形成了合伙企业的原始财产。需要特别强调的是，普通合伙企业的原始财产是全体合伙人"认缴"的出资财产总和，而不是各合伙人"实际缴纳"的财产。合伙人的出资还应包括，合伙企业存续期间合伙人依照合伙协议的约定或者合伙人决定增加的出资以及新合伙人入伙缴付的出资。

2. 以合伙企业名义取得的收益

合伙企业作为一个独立的组织体，有自己独立的经济利益，因此，合伙企业以自己的名义取得的收益作为合伙企业获得的财产，当然应当归入合伙企业，成为合伙企业财产的一个组成部分。以合伙企业名义取得的收益包括，营业收入、以企业的名义购置的财产、公共积累的资金、未分配的盈余、合伙企业的债权、获得的赔偿、合伙企业取得的知识产权及非专利技术等财产权利。

3. 依法取得的其他财产

这是指根据法律、行政法规的规定合法取得的其他财产，如合法接受的赠与财产等。

(二) 合伙企业财产的性质

合伙企业的财产具有独立性和完整性两个方面的特点。所谓独立性，是指合伙企业的财产独立于合伙人，合伙人一旦出资后，一般来说，就丧失了对其作为出资部分的财产所有权或持有权、占有权，合伙企业的财产主体是合伙企业，而不是单独的某一个合伙人。所谓完整性，是指合伙企业的财产作为一个完整的统一体存在，合伙人对合伙企业的财产权益的表现形式仅是依照合伙协议约定的比例享有财产权益的份额。

根据《合伙企业法》的规定，合伙人在合伙企业清算前，不得请求分割合伙企业的财产，但是，法律另有规定的除外，如退伙。合伙人在合伙企业清算前私自转移或者处分合伙企业财产的，合伙企业不得以此对抗善意第三人。这是因为法律规定每一个合伙人都可以执行合伙企业事务，包括转移或者处分合伙企业财产的行为。这种行为是否经过合伙企业同意，或经过全体合伙人同意，或该合伙人有无代表合伙企业处分财产的权利，善意第三人并不知晓。在确认善意取得的情况下，合伙企业的损失只能向合伙人进行追索，而不能向善意第三人追索。

(三) 合伙人财产份额

合伙人的财产份额，是指全体合伙人依照出资比例或合伙协议的约定比例，按份对合伙企业财产享有的份额。其类似于股东对公司主张的股份。在股份上可以设定股东的权利义务，那么在财产份额上同样也可以设定合伙人的权利和义务。[1] 财产份额依法可以转让和出质，也可以作为确定合伙人利益分配和风险分担比例的依据。

1. 合伙人财产份额的转让

（1）合伙人财产份额的外部转让。所谓合伙人财产份额的外部转让，是指合伙人把其在合伙企业中的全部或者部分财产份额转让给合伙人以外的第三人的行为。在合伙企业存续期间，合伙人向合伙人以外的第三人转让其在合伙企业中的全部或者部分财产份额时，须经其他合伙人一致同意，但合伙协议另有约定的除外。合伙人财产份额的外部转让，只有经过其他合伙人一致同意，才表明其他

---

[1] 甘培忠著：《企业与公司法学》，北京大学出版社2014年5月第7版，第64页。

合伙人与受让人愿意共同维系原合伙企业，合伙企业才能继续维持下去。当然，《合伙企业法》"合伙人向合伙人以外的人转让其在合伙企业中的全部或者部分财产份额时，须经其他合伙人一致同意"的这个规定，只有在合伙协议中没有规定的情况下才发生法律效力。如果合伙协议对合伙人财产份额的外部转让问题有约定的，则按照合伙协议的约定进行，合伙人向合伙人以外的第三人转让财产份额，就不一定需要其他合伙人一致同意。比如：合伙协议约定 2/3 以上合伙人同意，或者 3/4 以上合伙人同意，或者过半数的合伙人同意即可进行外部转让，则就应执行合伙协议的规定。如果合伙协议没有规定，则依据上述法律规定，对外转让，须经其他合伙人一致同意。

（2）合伙人财产份额的内部转让。所谓合伙人财产份额的内部转让，是指合伙人将其在合伙企业中的全部或部分财产份额转让给其他合伙人的行为。合伙人之间转让在合伙企业中的全部或者部分财产份额时，应当通知其他合伙人，但无需得到其他合伙人的同意。合伙人财产份额的内部转让，因不涉及合伙人以外的人参与合伙企业，合伙企业存续的基础并未发生实质性的变化，因此，不需要经过其他合伙人一致同意，只需要通知其他合伙人即可产生法律效力。

（3）合伙人的优先购买权。所谓优先购买权，是指在合伙人转让财产份额时，在多数人接受转让的情况下，其他合伙人基于同等条件可优先于非合伙人购买的权利。除合伙协议另有约定的外，合伙人向合伙人以外的人转让其在合伙企业中的财产份额的，在同等条件下，其他合伙人有优先购买权。优先购买权的发生有两个条件：一是合伙协议对合伙人财产份额的转让没有约定转让条件、转让范围的限制性条款。在合伙协议中对优先购买问题没有不同于法律规定的另外约定。二是优先受让的前提是同等条件。同等条件，主要是指受让财产份额的价格条件、其他条件。这一规定，主要在于维护合伙企业现有合伙人的利益，维护合伙企业现有基础上的稳定。

合伙人以外的人依法受让合伙人在合伙企业中的财产份额的，经修改合伙协议即成为合伙企业的合伙人，依照修改后的合伙协议和《合伙企业法》享有权利，履行义务。未修改合伙协议的，不应算作是法律所称的合伙企业的合伙人。

【链接】 有限责任公司的股东之间可以相互转让其全部或者部分股权。股东向股东以外的人转让股权，应当经其他股东过半数同意。公司章程另有规定的除外。

2. 合伙人财产份额的出质

合伙人财产份额的出质，是指合伙人将其在合伙企业中的财产份额作为质押的标的对债权人债权的实现进行担保的行为。根据《担保法》规定，当被担保人不履行债务时，债权人有权依照担保法规定以该质押的财产份额折价或者以拍卖、变卖该财产份额的价款优先受偿。由于合伙人以财产份额出质可能导致该财产份额依法发生权利移转，《合伙企业法》规定：合伙人可以其在合伙企业中的财产份额为其个人或他人的债务质押担保，但是，必须经其他合伙人一致同意；未经其他合伙人一致同意，合伙人以其在合伙企业中的财产份额出质的，其行为无效，由此给善意第三人造成损失的，由行为人依法承担赔偿责任。《合伙企业法》对合伙人财产份额出质的规定，包括以下内容：一是合伙人可以将其在合伙企业中的财产份额作为质物，与第三人签订质押合同，但必须经其他合伙人一致同意，否则，质押行为无效，即不产生法律上的效力，不受法律保护。二是合伙人未经同意的情况下，以其在合伙企业中的财产份额设定质押给善意第三人造成损失的，依法应承担赔偿责任。

五、合伙企业的事务执行

（一）合伙事务执行的形式

合伙企业是典型的人合企业。合伙企业与合伙人的人格、财产没有完全分离。因此，合伙企业与法人型企业不同，没有专门的意思机构。各合伙人对执行合伙企业事务享有同等的权利，可以由全体合伙人共同执行合伙企业事务，也可以由合伙协议约定或者全体合伙人决定，委托一名或者数名合伙人执行合伙企业事务。合伙协议未约定或者全体合伙人未决定委托执行合伙事务执行人的，全体合伙人均为执行事务合伙人。作为合伙人的法人、其他组织执行合伙事务的，由其委派的代表执行。这里的"执行合伙事务"，不是对合伙企业做出决定的简单执行，而是指对营业事务享有决定权。凡是委托一名或数名合伙人执行合伙企业事务的，其他合伙人一般就不再执行合伙企业事务。执行合伙企业事务的合伙人，简称执行合伙人，对外代表合伙企业即代表全体合伙人。执行合伙人执行合伙企业事务，仅限于一般性的经营事务，法律规定的合伙企业的重大事务，仍然必须由全体合伙人决定。

合伙企业虽然可以委托一名或者数名合伙人执行合伙企业事务，但并不是所有的合伙事务都可以委托部分合伙人决定。根据《合伙企业法》第31条的规定，除合伙协议另有约定外，合伙企业的下列事项应当经全体合伙人一致同意：（1）改变合伙企业的名称；（2）改变合伙企业的经营范围、主要经营场所的地点；（3）处分合伙企业的不动产；（4）转让或者处分合伙企业的知识产权和其他财产权利；（5）以合伙企业名义为他人提供担保；（6）聘任合伙人以外的人担任合伙企业的经营管理人员。

合伙企业还可以聘请合伙人以外的人担任企业负责人，管理合伙企业事务。被聘任的经营管理人员属于"非合伙人"，无需对企业债务承担无限连带责任。被聘任的合伙企业的经营管理人员应当在合伙企业授权范围内履行职务。被聘任的合伙企业的经营管理人员，超越合伙企业授权范围履行职务，或者在履行职务过程中因故意或者重大过失给合伙企业造成损失的，依法承担赔偿责任。合伙企业虽然可以限制被聘任的经营管理人员履行职务的权限，但该限制不得对抗善意第三人。

（二）合伙人执行合伙事务的权利

根据《合伙企业法》的规定，合伙人在执行合伙事务中的权利主要包括以下内容：

1. 合伙人对执行合伙事务享有同等的权利

合伙企业的最主要特征是合伙人共同投资、共同经营，各合伙人无论出资多少，都有权平等享有执行合伙企业事务的权利。这一点与公司股东按照出资比例享有管理公司的权利不同。

2. 执行合伙事务的合伙人对外代表合伙企业

合伙人在代表合伙企业执行合伙事务时，不是以合伙人个人名义进行民事活动，而是以合伙企业事务执行人的身份组织实施合伙企业的经营活动。合伙企业事务执行人与代理人不同：代理人是以被代理人名义为法律行为，代理权来源于被代理人的授权；而合伙事务执行人虽以合伙企业的名义进行活动，但其权利来源于法律的直接规定。合伙企业事务执行人与法定代表人也不同：法定代表人是法律规定的并经过一定程序产生的法人或非法人组织的负责人，法定代表人不一定是该法人或非法人组织的出资者；而合伙事务的执行人则是因其出资行为取得合伙人身份，并可以代表合伙企业的人。考虑到法人和其他组织可以参与合伙，成为合伙企业合伙人，《合伙企业法》规定，作为合伙人的法人、其他组织执行合伙企业事务的，由其委派的代表执行。

3. 不执行合伙事务的合伙人有监督权利

《合伙企业法》规定，合伙企业委托一个或者数个合伙人执行合伙事务的，其他合伙人不再执行合伙事务。不执行合伙事务的合伙人虽不再执行合伙事务，但有权监督执行事务合伙人执行合伙事务的情况。合伙事务是合伙企业的公共事务，事务的执行涉及每一个合伙人的利益，每一个合伙人都有权利关心合伙企业的利益，赋予不执行事务合伙人的监督权，有利于促进合伙事务执行人认真履行职责，谨慎处理合伙事务，有利于维护合伙企业的共同利益。

4. 合伙人有查阅合伙企业会计账簿等财务资料的权利

合伙人为了了解企业的经营状况和财产状况，有权查阅企业会计账簿等财务资料。查阅企业会计账簿等财务资料，是合伙人了解企业经营状况和财务状况的最有效的手段，是合伙人的一项重要权利。

5. 合伙人有提出异议的权利和撤销委托的权利

合伙企业委托一个或者数个合伙人执行合伙事务的，执行事务合伙人以外的合伙人有权听取执行事务合伙人对执行情况以及合伙企业的经营和财务状况的报告。合伙人分别执行合伙事务的，执行事务合伙人可以对其他执行事务合伙人执行的事务提出异议。提出异议时，应当暂停该项事务的执行。受委托执行合伙事务的合伙人不按照合伙协议或者全体合伙人的决定执行事务的，其他合伙人可以决定撤销该委托。

6. 合伙人对合伙企业重大事务可单独行使否决权

合伙企业中合伙人处在平等的地位，连带责任的制度设计将合伙人牢牢地绑在一起。《合伙企业法》规定，合伙人对合伙企业的重大事项作出决定必须经全体合伙人一致同意，合伙协议另有约定的除外。

（三）合伙人执行合伙事务的义务

根据《合伙企业法》的规定，合伙人在执行合伙事务中的义务主要包括以下内容：

1. 合伙事务执行人向其他合伙人报告企业经营状况和财务状况

合伙企业委托一个或者数个合伙人执行合伙事务的，执行事务合伙人应当定期向其他合伙人报告事务执行情况以及合伙企业的经营和财务状况。由一个或者数个合伙人执行合伙事务的，其执行合伙事务所产生的收益归合伙企业，所产生的费用和亏损由合伙企业承担。

2. 合伙人不得自营或者同他人合作经营与本合伙企业相竞争的业务

这是合伙人的一项法定义务，不允许合伙协议另行约定。合伙人组建合伙企业的基础是共同出资，共享利益，共担风险。如果其中有合伙人自己或与他人从事与合伙企业相竞争的营业活动，势必影响合伙企业的利益，损害其他合伙人的利益，形成不正当的竞争。因此，《合伙企业法》规定，合伙人不得自营或者同他人合作经营与本合伙企业相竞争的业务。

【链接】 个人独资企业的事务管理人未经投资人同意，不得从事与本企业相竞争的业务。

3. 合伙人不得同本合伙企业进行交易

这是合伙人的一项法定义务，但允许合伙协议另行约定。合伙企业中每一个合伙人都是合伙企业的投资者，如果自己与合伙企业进行交易，就包含了与自己进行交易，与其他合伙人进行交易，而这种交易，极有可能损害合伙人或他人的利益，因此，《合伙企业法》规定，除合伙协议另有约定或经全体合伙人一致同意外，合伙人不得同本合伙企业进行交易。合伙人欲与合伙企业进行交易，必须履行告知义务，且经全体合伙人一致同意或合伙协议有约定允许同本合伙企业进行交易。

【链接】 个人独资企业的事务管理人未经投资人同意，不得同本企业订立合同或进行交易。

六、合伙企业运行的几个特别规则

（一）多数通过规则

《合伙企业法》第30条对有关合伙事务的决议方法做了规定："合伙人对合伙企业有关事项作出决议，按照合伙协议约定的表决办法办理。合伙协议未约定或者约定不明确的，实行合伙人一人一票并经全体合伙人过半数通过的表决办法。本法对合伙企业的表决办法另有规定的，从其规定。"在合伙协议中，可以约定按照出资比例行使表决权，也可以按照一人一票的原则行使表决权。合伙协议有约定的，优先依据合伙协议；如果合伙协议没有约定，则由全体合伙人按照一人一票进行表决，一般事项，由全体合伙人过半数通过，重大事项由全体合伙人一致通过。

根据《合伙企业法》规定，以下事项属于重大事项：改变合伙企业的名称；改变合伙企业的经营范围、主要经营场所的地点；处分合伙企业的不动产；转让或者处分合伙企业的知识产权和其他财产权利；以合伙企业名义为他人提供担保；聘任合伙人以外的人担任合伙企业的经营管理人员；合伙协议的改变或者重新签订补充合伙协议；合伙人同本合伙企业进行交易；增加或者减少对合伙企业的出资；新合伙人入伙；合伙人声明退伙；将普通合伙人除名；普通合伙人死亡或被依法宣告死亡，继承人具备完全民事行为能力的，取得普通合伙人资格；普通合伙人死亡，继承人为无民事行为能力人或者限制民事行为能力人的，取得有限合伙人资格；普通合伙人转变为有限合伙人，或者有限合伙人转变为普通合伙人；合伙人向合伙人以外的人转让其在合伙企业中的全部或者部分财产份额；普通合伙人以其财产份额出质；合伙企业的解散；合伙协议约定的其他事项。

（二）利润分配和亏损负担的规则

《合伙企业法》第33条规定："合伙企业的利润分配、亏损分担，按照合伙协议的约定办理；合伙协议未约定或者约定不明确的，由合伙人协商决定；协商不成的，由合伙人按照实缴出资比例分配、分担；无法确定出资比例的，由合伙人平均分配、分担。合伙协议不得约定将全部利润分配给部分合伙人或者由部分合伙人承担全部亏损。"该条规定，体现了合伙企业的人合性质。在实践中，合伙企业的利润和亏损分担有多种方式：一是按照出资比例分配或分担；二是按照人数平均分配或分担；三是按照经营贡献大小分配或分担；四是上述几种方式综合使用。由于合伙人对合伙企业债务承担无限连带责任，在企业亏损时，任何一个合伙人无论对合伙企业投资多少都有义务并可能先行偿还合伙企业的全部债务，风险对于每一个合伙人来说，都是一样存在的，对第三人来说，合伙人承担责任不存在出资比例的区别，合伙企业的债权人请求合伙人连带偿还时根本不考虑出资比例，只要认定其为某合伙企业的合伙人就可以了。因此，对于合伙协议中没有约定利润分配比例和亏损分担比例的，原《合伙企业法》和《民法通则》规定的按照出资比例确定责任的规则显然是不公平的。[①] 如果企业盈利，出资多的可以多分，没有出资只提供劳务的合伙人就不能分；反之，如果企业亏损，则出资多的多承担，未出资的则不承担，显然与合伙企业的利润共享、风险共担的原则不符。现行《合伙企业法》平均分配利润和平均分担亏损的规则充分地体现了合伙人之相互信任、一致行动、共同投资、共同经营、利益共享、风险共担的精神。

需要强调，合伙协议盈亏比例的约定，以及没有约定情况下的平均分配和分担的法律规定，仅具有内部效力，不具有对抗第三人的效力。合伙人对合伙企业的债务承担的无限连带责任，是法定的责任，这种责任方式不因合伙协议的约定而发生改变。

【示例5.4】 甲、乙、丙设立一普通合伙企业，合伙协议约定损益的分配和分担比例为3∶3∶4。该企业欠丁15万元，无力清偿。债权人丁要求甲清偿15万元，甲主张按照合伙协议约定的比例只偿还4.5万元。甲的主张是否正确？

【分析】 合伙人承担无限连带责任，债权人可以请求全体合伙人中的一人或者数人承担全部清偿责任。合伙协议约定亏损分担比例，仅具有内部效力，不具有对抗第三人的效力。

（三）竞业禁止规则

《合伙企业法》第32条规定："合伙人不得自营或者同他人合作经营与本合伙企业相竞争的业务。除合伙协议另有约定或者经全体合伙人一致同意外，合伙人不得同本合伙企业进行交易。合伙人不得从事损害本合伙企业利益的活动。"竞业禁止的目的是为了防止合伙人利用其在合伙企业中的地位，在上述竞争业务中操纵合伙企业做出有损合伙企业利益的行为，或者剥夺合伙企业的商业机会，谋取私利。《合伙企业法》第99条规定："合伙人违反本法规定或者合伙协议的约定，从事与合伙企业相竞争的业务或者与本合伙企业进行交易的，该收益归合

[①]《民法通则》第35条："合伙的债务，由合伙人按照出资比例或者协议的约定，以各自的财产承担清偿责任。"

1997年《合伙企业法》第32条："合伙企业的利润和亏损，由合伙人依照合伙协议约定的比例分配和分担；合伙协议未约定利润分配和亏损分担比例的，由各合伙人平均分配和分担。合伙协议不得约定将全部利润分配给部分合伙人或者由部分合伙人承担全部亏损。"

伙企业所有；给合伙企业或者其他合伙人造成损失的，依法承担赔偿责任。"

合伙人不得自营或者同他人合作经营与本合伙企业相竞争的业务是合伙人的一项法定义务，《合伙企业法》对合伙人的竞业限制是绝对的，不允许合伙人以协议的方式或其他方式进行改变、击破。合伙人不得同本合伙企业进行交易，即通常所说的"自我交易"，这属于相对禁止，可以通过合伙协议的约定或者经全体合伙人一致同意突破《合伙企业法》的限制，在合伙协议允许合伙人同本合伙企业进行交易或全体合伙人一致同意的情况下，合伙人可以同本合伙企业进行交易。

【示例5.5】 甲是某普通合伙企业的合伙人，该合伙企业需要购买一批经营用餐具，甲正好有一批这样的餐具想要出售，甲在其他合伙人一致同意的情况下，可以进行该笔交易。

七、合伙企业与第三人的关系

合伙企业与第三人的关系，实际上是指有关合伙企业的对外关系，涉及合伙企业对外代表权的效力、合伙企业和合伙人的债务清偿等问题。

（一）合伙企业与第三人的关系

《合伙企业法》处理合伙企业与善意第三人的关系的基本原则是：合伙企业对合伙人执行合伙事务以及对外代表合伙企业权利的限制，不得对抗善意第三人。换言之，合伙企业中的每一个合伙人均有权代表合伙企业，经合伙人协商一致，可以由一名或数名合伙人为执行合伙人，而执行合伙人以外的其他合伙人依法不应再执行合伙企业事务，也无权代表合伙企业。但是，这种约定只是合伙人内部的限制，在第三人不知情的状况下，非执行合伙人越权代表合伙企业与第三人为商业交易时，其他合伙人及执行合伙人不得以越权合伙人越权而主张交易无效。但依据具体业务的性质和规模，第三人应当知道合伙人越权，或者越权合伙人与第三人恶意串通损害合伙企业利益的除外。该规则也适用于执行合伙人超越合伙企业授权与第三人进行交易的情况。

【示例5.6】 甲、乙、丙设立一普通合伙企业，合伙协议约定，甲为合伙事务执行人，乙、丙不执行合伙事务。合伙企业在存续期间，丙擅自以合伙企业的名义与善意第三人丁公司签订了采购合同。甲、乙合伙人获知后，认为该合同不符合合伙企业利益，且违反了合伙协议的约定，即向丁公司主张采购合同无效。

【分析】合伙企业对合伙人执行合伙企业事务以及对外代表合伙企业权利的限制,不得对抗不知情的第三人。在示例中,尽管合伙人丙超越了合伙企业的内部限制,但丁公司为善意第三人,因此,丙以合伙企业名义与丁公司所签的采购合同有效。

合伙人执行合伙企业事务以及对外代表合伙企业的权利,除受合伙协议及全体合伙人的决定限制外,还受到法律规定的限制。如《合伙企业法》第31条规定的必须经全体合伙人决定的事项,执行合伙人如果违反了,合伙企业是否可以对抗第三人?我们认为,法律规定对合伙人权利的限制与合伙人内部约定的限制不同,前者是公开的限制,与合伙企业交易的第三人应当知道并予以关注,如果第三人应尽而未尽此义务,合伙企业可以未经全体合伙人同意为由对抗第三人。

【链接】与善意第三人有关的表述

清算前私自转移或者处分合伙企业财产	行为有效 (不得对抗善意第三人)
合伙人执行合伙事务超越限制	
个人独资企业受托人或被聘用人员超越投资人对其职权的限制	
合伙人以其在合伙企业中的财产份额出质未经一致同意	行为无效 (可以对抗善意第三人)

(二)合伙企业的债务清偿与合伙人的关系

《合伙企业法》规定:合伙企业对其债务,应先以其全部财产进行清偿。合伙企业不能清偿到期债务的,合伙人承担无限连带责任。合伙人由于承担无限连带责任,清偿数额超过其亏损分担比例的,有权向其他合伙人追偿。

1. 合伙企业财产优先清偿

合伙企业对其债务承担的是无限责任,即在合伙企业全部财产范围内承担清偿责任。合伙企业的债务,应当先由合伙企业的财产来承担,即在合伙企业有财产时,合伙企业的债权人应首先要求用合伙企业的全部财产偿还,而不应当向合伙人个人直接请求偿还。对合伙企业的债务,合伙企业的财产处于第一清偿顺序,各合伙人的个人财产处于第二清偿顺序。

2. 合伙人的无限连带清偿责任(对外连带)

合伙企业财产不足清偿到期债务的,合伙人应当承担无限责任。所谓无限清偿责任，是指合伙人对合伙企业债务的清偿责任，不以其在合伙企业内的财产为限，其在合伙企业之外的全部个人财产均要用于清偿合伙企业的债务。无限清偿责任确定了每个合伙人个人要替合伙企业偿还债务的原则（它不涉及各个合伙人之间的责任关系）。合伙企业财产不足清偿到期债务，各合伙人在对企业承担无限清偿责任时，相互之间对外承担连带责任，即合伙企业的债权人有权向任何一个合伙人要求其清偿合伙企业财产不足清偿的全部债务，每一个合伙人也均有义务清偿合伙企业财产不足清偿的全部债务。合伙人相互之间的连带责任，解决的不是合伙人应否为合伙企业清偿债务的问题，而是一个合伙人有无义务替其他合伙人还债的问题。这种连带责任是法定的责任，不允许以合伙协议的约定加以改变。各合伙人之间变更连带责任的自行约定，对合伙企业的债权人无效。

【示例5.7】 甲、乙、丙设立一普通合伙企业，约定损益的分配和分担比例为4∶3∶3。该企业欠丁15万元，无力清偿。债权人可以怎样主张自己的权利。

【分析】《合伙企业法》规定，普通合伙人对合伙企业债务承担无限连带责任，所以，债权人可以请求全体合伙人中的一人或者数人承担全部清偿责任，也可以按照自己确定的比例向各合伙人分别追索。债权人丁可以选择以下4种方式中的任何一种：（1）要求甲、乙、丙分别清偿6万元、4.5万元、4.5万元；（2）要求甲、乙、丙分别清偿6万元、6万元、3万元；（3）要求甲、乙分别清偿6万元、9万元；（4）要求甲清偿15万元。

3. 合伙人之间的债务分担和追偿

合伙人内部之间承担按份比例责任。当合伙企业财产不足清偿到期债务时，各合伙人要用其在合伙企业出资以外的财产承担清偿责任。合伙人承担连带责任后，所清偿数额超过其应当承担的数额时，有权向其他合伙人追偿。合伙人内部的清偿原则是：按照合伙协议的约定办理；合伙协议未约定或者约定不明确的，由合伙人协商决定；协商不成的，由合伙人按照实缴出资比例分担；无法确定出资比例的，由合伙人平均分担。

【示例5.8】 甲、乙、丙设立一普通合伙企业，约定损益的分配和分担比例为4∶3∶3。该企业欠丁15万元，无力清偿。债权人要求甲清偿15万元。甲清偿了丁的债务之后，有什么权利？

【分析】 合伙人承担连带责任后，所清偿数额超过其应当承担的数额时，有权向其他合伙人追偿。根据合伙协议，合伙人甲承担亏损的比例为40%，超出其应当承担的数额，可以分别向乙、丙追偿。

（三）合伙人的债务清偿与合伙企业的关系

在合伙企业存续期间，可能发生合伙人个人财产不能清偿其个人债务的情形，此时，这个合伙人的债权人有可能对合伙人在合伙企业的权益主张各种权利。为了保护合伙企业的财产及其他合伙人的权益，《合伙企业法》对合伙人个人的债务清偿问题做出了如下规定：

1. 禁止合伙人的债权人行使代位权

合伙人发生与合伙企业无关的债务，相关债权人不得代位行使合伙人在合伙企业中的权利。[①] 根据《合同法》相关规定，债权人行使代位权时，要求债权人对债务人的债权以及债务人对次债务人的债权均合法有效，以及已到期，且由于债务人怠于行使自己的到期债权给债权人造成损失。这里，债权人对合伙人的债权到期，但合伙人对合伙企业享有的不是债权，两者性质完全不同，因此，根本就不具备代位权行使的条件。再者，合伙企业是基于人身相互信任关系而形成的，如果允许合伙人的债权人代位行使该合伙人在合伙企业中的权利，如管理权、事务执行权等，则有违其他合伙人之意志，不利于合伙关系的稳定和合伙企业的正常运营。

2. 禁止合伙人的债权人行使抵销权

合伙人发生与合伙企业无关的债务，相关债权人不得以其债权抵销其对合伙企业的债务。[②] 因为这两种债权、债务关系的主体不同。该债权人对合伙企业的负债，实质上是对全体合伙人负债；而合伙企业某一合伙人对该债权人的负债，只限于该合伙人个人。《合同法》规定，当事人互负到期债务，该债务的标的物种类、品质相同的，任何一方可以将自己的债务与对方的债务抵销，但依照法律规定或者按照合同性质不得抵销的除外。当事人互负债务，标的物种类、品质不相同的，经双方协商一致，也可以抵销。[③] 民事关系中债权债务的抵销，只能在相同的当事人之间相互负有债务时才可以，而合伙企业与合伙人个人是两个不同

---

① 参见《合伙企业法》第41条。
② 参见《合伙企业法》第41条。
③ 参见《合同法》第99条、第100条。

的民事主体，允许抵销是没有法律依据的。

3. 合伙人的债权人可以依法追索合伙人在合伙企业中的收益和财产份额

《合伙企业法》规定，合伙人的自有财产不足清偿其与合伙企业无关的债务的，该合伙人可以以其从合伙企业中分取的收益用于清偿；债权人也可以依法请求人民法院强制执行该合伙人在合伙企业中的财产份额用于清偿。这种处理方法，既保护了债权人的权益，也不影响合伙企业和其他合伙人的利益。合伙人以自己从合伙企业中分取的收益清偿债权人债权，不影响合伙人在合伙企业中的地位以及其他管理权能的行使，是用其应得的财产收益偿还债务。人民法院强制执行合伙人在合伙企业的财产份额，可能涉及新的受让人成为合伙人或债权人取得财产份额成为合伙人，这实际上属于财产份额转让了。因此，为了维持合伙企业的人合性，要求人民法院强制执行合伙人的财产份额时，应当通知全体合伙人，其他合伙人有优先购买权；其他合伙人未购买，又不同意将该财产份额转让给他人的，依照《合伙企业法》的规定为该合伙人办理退伙结算，或者办理削减该合伙人相应财产份额的结算。

【示例5.9】 甲普通合伙企业的合伙人赵某欠朋友李某 20 万元债务，李某欠甲合伙企业 20 万元债务已到期。赵某的债务到期后一直未清偿。李某的下列做法中，符合《合伙企业法》规定的是（　　）。

　　A. 代位行使赵某在甲合伙企业中的权利

　　B. 请求赵某以其从合伙企业中分取的收益用于清偿

　　C. 请求人民法院强制执行赵某在甲合伙企业中的财产份额用于清偿

　　D. 主张以其债权抵销其对甲合伙企业的债务

【解析】 合伙人发生与合伙企业无关的债务，相关债权人不得以其债权抵销其对合伙企业的债务；也不得代位行使合伙人在合伙企业中的权利。合伙人的自有财产不足清偿其与合伙企业无关的债务的，该合伙人可以以其从合伙企业中分取的收益用于清偿；债权人也可以依法请求人民法院强制执行该合伙人在合伙企业中的财产份额用于清偿。本题选 B、C。

（四）合伙企业债务和合伙人债务并存的清偿原则

在合伙企业的债务与合伙人的个人债务同时并存的情况下，如果合伙企业的财产不足清偿合伙企业的债务，合伙人在合伙企业外的其他个人财产不足清偿合伙人自己的债务时,合伙企业的债权人有权要求合伙人以合伙企业外的其他个人财产对合伙企业债务承担无限责任;而合伙人个人的债权人也有权要求合伙人以其在合伙企业中的财产份额用于清偿个人债务,两种债权人在清偿财产方面必然发生冲突。为了保障清偿公平,必须对这两种不同性质的债务加以区分,分别处理,要明确不同债务的责任财产范围,明确不同的债权人对不同的财产是否享有相应的优先权。

《合伙企业法》规定:合伙企业对其债务,应先以其全部财产进行清偿。合伙企业不能清偿到期债务的,合伙人承担无限连带责任。合伙人的自有财产不足清偿其与合伙企业无关的债务的,该合伙人可以以其从合伙企业中分取的收益用于清偿;债权人也可以依法请求人民法院强制执行该合伙人在合伙企业中的财产份额用于清偿。

由此可见,合伙企业的债务立足于合伙企业财产。合伙企业的财产应当首先偿还合伙企业所负债务,然后各合伙人才能用按比例所分得的财产部分,清偿其个人所负债务。只有在合伙企业的全部财产不足清偿债务时,才可以要求合伙人用合伙企业外的财产进行清偿。合伙人个人债务应当立足于个人财产,包括其在合伙企业中的财产份额。对于其个人债务,合伙人应当首先以其在合伙企业外的个人财产清偿,不足以清偿时,再以其在合伙企业内部的财产份额(包括由此产生收益)清偿债务,包括采用退伙、转让财产份额等方式清偿。债权人也可以依法请求人民法院强制执行该合伙人在合伙企业中的财产份额用于清偿。合伙人以其从合伙企业中分取的收益清偿个人债务时,对合伙企业的营运没有影响;当合伙人以其在合伙企业内的财产份额清偿债务时,就涉及退伙或合伙人财产份额的转让问题。

【示例5.10】甲、乙、丙三个合伙人设立A普通合伙企业。经营若干年后,企业发生亏损,欠外债及银行贷款200万元。在合伙经营过程中,经营收入15万元,各项固定资产价值90万元。甲个人欠外债20万元,乙个人欠外债15万元,丙个人欠外债30万元。此时,合伙企业的债务如何清偿?甲、乙、丙三人的债务如何清偿?

【分析】(1)合伙企业的债务应当首先用于企业的全部财产清偿,合伙企业的财产不足以清偿的95万元的债务,各合伙人承担无限连带责任。(2)甲、乙、丙三合伙人的个人债务，应当先以自己的个人财产来清偿。个人财产清偿各自所欠债务的余额，偿还合伙企业的债务。

八、入伙

入伙，是指在合伙企业存续期间，原来不具有合伙人身份的人经其他合伙人同意加入合伙企业，从而取得合伙人资格的民事法律行为。新合伙人入伙时，除合伙协议另有约定外，应当经全体合伙人同意，并依法订立书面入伙协议。订立入伙协议时，原合伙人应当向新合伙人告知原合伙企业的经营状况和财务状况。

入伙的新合伙人与原合伙人享有同等权利，承担同等责任。但是，如果原合伙人愿意以更优惠的条件吸引新合伙人入伙，或者新合伙人愿意以较为不利的条件入伙，也可以在入伙协议中另行约定。《合伙企业法》规定，入伙的新合伙人对入伙前合伙企业的债务承担连带责任。

九、退伙

退伙，是指已经具有合伙人身份的自然人、法人、其他组织退出合伙企业，从而丧失合伙人资格的法律行为或事实。

（一）退伙的种类及退伙原因

退伙一般包括任意退伙、法定退伙和除名退伙三种：

1. 任意退伙

任意退伙也叫声明退伙，是指基于合伙人自己的退伙意愿退出合伙企业的单方法律行为。其包括协议退伙和通知退伙。

《合伙企业法》规定，合伙协议约定合伙期限的，在合伙企业存续期间，有下列情形之一的，合伙人可以退伙：（1）合伙协议约定的退伙事由出现；（2）经全体合伙人一致同意；（3）发生合伙人难以继续参加合伙的事由；（4）其他合伙人严重违反合伙协议约定的义务。

《合伙企业法》规定，合伙协议未约定合伙期限的，合伙人在不给合伙企业事务执行造成不利影响的情况下，可以退伙，但应当提前30日通知其他合伙人。合伙协议未约定合伙期限的，合伙人声明退伙应具备以下条件：（1）合伙人的退伙不给合伙企业事务执行造成不利影响。如，应避开合伙企业的旺季及繁忙季节，完成合伙企业交办的事务，不损害合伙企业的利益。（2）提前30日通知其他合伙人。退伙之前提前通知合伙人，让其他合伙人有所准备，以维护合伙企业正常运转。如果合伙人违反《合伙企业法》有关退伙的规定，擅自退伙给合伙企业造成损失的应当承担赔偿责任。

2. 法定退伙

法定退伙又称当然退伙，是指合伙人基于法律规定的事由而退伙。《合伙企业法》规定，合伙人有下列情形之一的，当然退伙：（1）作为合伙人的自然人死亡或者被依法宣告死亡；（2）个人丧失偿债能力；（3）作为合伙人的法人或者其他组织依法被吊销营业执照、责令关闭撤销，或者被宣告破产；（4）法律规定或者合伙协议约定合伙人必须具有相关资格而丧失该资格；（5）合伙人在合伙企业中的全部财产份额被人民法院强制执行。

合伙人被依法认定为无民事行为能力人或者限制民事行为能力人的，经其他合伙人一致同意，可以依法转为有限合伙人，普通合伙企业依法转为有限合伙企业。被依法认定为无民事行为能力人或者限制民事行为能力人，不能以自己的意思表示为法律行为、没有经营能力、不能判断风险、无法参与合伙事务，已不具有普通合伙人的资格，经其他合伙人一致同意，可以转为有限合伙人，不参与合伙事务的管理，仅以出资享有合伙企业的利益；其他合伙人未能一致同意的，被认定为无民事行为能力或者限制民事行为能力的合伙人退伙。

《合伙企业法》所列的法定退伙事由中，任一事实的发生都构成退伙，合伙人无论是自然人还是法人，都应退出合伙企业，丧失普通合伙人资格，也不再是合伙协议的当事人。

当然退伙，以退伙事由实际发生之日为退伙生效日。

3. 除名退伙

除名退伙是指合伙人因有严重违反合伙协议约定或有其他重大损害合伙企业利益的行为而被其他合伙人一致决定开除的行为。

《合伙企业法》规定，合伙人有下列情形之一的，经其他合伙人一致同意，可以决议将其除名：（1）未履行出资义务；（2）因故意或者重大过失给合伙企业造成损失；（3）执行合伙事务时有不正当行为；（4）发生合伙协议约定的事由。除名退伙对合伙人来说，是一个重大事件。《合伙企业法》规定，对合伙人的除名决议必须经全体合伙人一致同意，法律未允许合伙协议另行约定除名的其他表决规则，被除名人可以采取补救措施，争取保留合伙人的身份。

对合伙人的除名决议应当书面通知被除名人。被除名人接到除名通知之日，除名生效，被除名人退伙。被除名人对除名决议有异议的，可以自接到除名通知之日起30日内，向人民法院起诉。

（二）退伙的后果

退伙的后果，主要是指退伙时退伙人在合伙企业中的财产份额和民事责任的变动。其分为两类情况：一是财产继承，二是退伙结算。

1. 合伙人在合伙企业中的财产份额的继承

合伙人死亡或者被依法宣告死亡的，对该合伙人在合伙企业中的财产份额享有合法继承权的继承人，按照合伙协议的约定或者经全体合伙人一致同意，从继承开始之日起，取得该合伙企业的合伙人资格。但如果有下列情形之一的，合伙企业应当向合伙人的继承人退还被继承合伙人的财产份额：（1）继承人不愿意成为合伙人；（2）法律规定或者合伙协议约定合伙人必须具有相关资格，而该继承人未取得该资格；（3）合伙协议约定不能成为合伙人的其他情形。

合伙人的继承人为无民事行为能力人或者限制民事行为能力人的，经全体合伙人一致同意，可以依法成为有限合伙人，普通合伙企业依法转为有限合伙企业。全体合伙人未能一致同意的，合伙企业应当将被继承合伙人的财产份额退还该继承人。

2. 退伙的结算

合伙人退伙，其他合伙人应当与该退伙人按照退伙时的合伙企业财产状况进行结算，退还退伙人的财产份额。退伙人对给合伙企业造成的损失负有赔偿责任的，相应扣减其应当赔偿的数额。退伙时有未了结的合伙企业事务的，待该事务了结后进行结算。

退伙人在合伙企业中财产份额的退还办法，由合伙协议约定或者由全体合伙人决定，可以退还货币，也可以退还实物。

合伙人退伙时，合伙企业财产少于合伙企业债务的，退伙人应当依照法律规定分担亏损：如果合伙协议约定亏损分担比例的，按照合伙协议的约定办理；合伙协议未约定或者约定不明确的，由合伙人协商决定；协商不成的，由合伙人按照实缴出资比例分担；无法确定出资比例的，由合伙人平均分担。

合伙人退伙后，并不解除对于合伙企业既往债务的连带责任。《合伙企业法》规定，退伙人对基于其退伙前的原因发生的合伙企业债务，承担无限连带责任。退伙人对其退伙前合伙企业的财产享有权利，对其退伙前已经发生的合伙企业的债务，也应承担相应的连带责任。此项义务为对外的法定责任，但这并不影响合伙人在退伙协议中，约定退伙人在退伙后对合伙企业的债务不承担清偿责任，由其他合伙人承担，但这种约定只是内部责任的划分，不影响退伙人对外法定连带责任的承担。

十、合伙企业的变更

合伙企业登记事项发生变更的，执行合伙事务的合伙人应当自作出变更决定或者发生变更事由之日起 15 日内，向原企业登记机关申请变更登记。合伙企业申请变更登记，应当向原企业登记机关提交下列文件：(1) 执行事务合伙人或者委派代表签署的变更登记申请书；(2) 全体合伙人签署的变更决定书，或者合伙协议约定的人员签署的变更决定书；(3) 国务院工商行政管理部门规定提交的其他文件。法律、行政法规或者国务院规定变更事项须经批准的，还应当提交有关批准文件。

申请人提交的申请材料齐全、符合法定形式，企业登记机关能够当场变更登记的，应予当场变更登记。除上述情形外，企业登记机关应当自受理申请之日起 20 日内，作出是否变更登记的决定。予以变更登记的，应当进行变更登记；不予变更登记的，应当给予书面答复，并说明理由。

合伙企业变更登记事项涉及营业执照变更的，企业登记机关应当换发营业执照。

第三节 有限合伙企业

一、有限合伙企业的概念

有限合伙作为欧洲最古老的企业组织形式，最早起源于欧洲中世纪的康孟达（commenda）契约。我国 2006 年修订《合伙企业法》增加了有限合伙企业这种类型，使得投资者又多了一种选择，有利于促进中小企业的发展。有限合伙企业，是指由普通合伙人和有限合伙人组成，普通合伙人对合伙企业债务承担无限连带责任，有限合伙人以其认缴的出资额为限对合伙企业的债务承担责任的合伙企业。在有限合伙企业中，至少应当有一人或一人以上为普通合伙人，普通合伙人拥有对合伙事务的全面管理权，并对合伙企业的债务承担无限连带责任。

有限合伙企业与普通合伙企业相比较，二者的主要区别是：（1）在经营管理方面，普通合伙企业的合伙人，都有权参与合伙企业的经营管理；而在有限合伙企业中，有限合伙人不执行合伙事务。（2）在风险承担方面，普通合伙企业的合伙人对合伙企业的债务承担无限连带责任；而在有限合伙企业中，有限合伙人以其认缴的出资额为限承担有限责任，普通合伙人承担无限连带责任。可见，有限合伙企业与普通合伙企业的最大差异是合伙企业的内部构造。普通合伙企业的成员均为普通合伙人，有限合伙企业的成员则被划分为有限合伙人和普通合伙人两类。这两部分合伙人在主体资格、权利享有、义务承受和责任承担等方面均存在明显不同。在法律适用上，凡是《合伙企业法》中对有限合伙企业有特殊规定的，应当适用有关的特殊规定；无特殊规定的，适用《合伙企业法》关于普通合伙企业及其普通合伙人的一般规定。

有限合伙企业中的有限合伙人与公司中的股东在承担责任方式上是一致的，都是以其出资额为限对企业的债务负责，即承担有限责任。有限合伙企业相对于公司，具有一定的优势：

（1）有限合伙企业设立程序简单。公司的设立条件非常严格，对股东人数和出资方式等都有严格的要求，而且设立的手续也较为繁琐。相比而言，有限合伙企业的设立和解散的程序比较简单，具有适应性强、灵活多变的特点。

（2）有限合伙企业在出资者责任上有优势。在出资者责任上，公司中的所有股东均以出资额为限对公司债务承担有限责任，这个情形不利于增强管理者的责任感。相比之下，有限合伙企业中，存在两种不同责任形式的合伙人，其中有限合伙人对企业债务承担有限责任，而负责企业经营管理的普通合伙人，必须对合伙企业债务承担无限责任，这种模式能激发普通合伙人的积极性与责任心。

（3）有限合伙企业可以规避"双重"赋税。公司存在着"双重"征税的问题，即企业所得税与个人所得税，这会影响到投资者的投资收益。而有限合伙企业则可以合法地规避"双重"赋税，因为合伙企业并不构成税法上独立的纳税主体，有限合伙企业不需要缴纳企业所得税，有限合伙企业中的合伙人，只需对自己从企业中的所得缴纳个人所得税。

（4）有限合伙企业的经营活动比公司的经营活动更具保密性。公司需要按照公示制度要求，对基本信息进行披露，其中尤以上市公司的信息披露要求最为严格。而有限合伙企业所需遵守的信息披露要求比公司宽松很多，而且此种要求也仅以满足有限合伙企业债权人和政府的监管部门为限。

（5）有限合伙企业具有较强的融资能力。我国目前中小企业所面临的最大难题就是资金短缺，企业筹集资金难已经成为制约中小企业发展的"瓶颈"。有限合伙人没有对合伙企业债务承担无限责任的后顾之忧，为了获得最大化的经营利润，其可能会加大对合伙企业的投资，这比较利于合伙企业解决资金筹措问题。另外，有限合伙企业的设立方式简单、管理方式自由，只要合伙人之间达成协议，投资者就可以成为有限合伙人。相对于有限责任公司与股份有限公司的融资手段，有限合伙企业具有方便、高效的特点。

（6）有限合伙企业在利润分配方面有优势。追逐利润的最大化，是每个经营者永远的目标。因此，企业利润的分配方式必然是投资者关注的焦点。公司实行税后利润分配制，按出资比例分配，不利于调动积极性；而有限合伙企业的利润可立即分配给有限合伙人，普通合伙人可获得比其出资额高出许多倍的利润，这有利于激励风险投资家的管理积极性。

二、有限合伙企业设立的特殊规定

（一）有限合伙企业的人数

《合伙企业法》规定，有限合伙企业由2个以上50个以下合伙人设立，但是法律另有规定的除外。有限合伙企业至少应当有一个普通合伙人。规定有限合伙企业的合伙人不超过50人，主要是考虑有限合伙人一律不执行合伙企业事务，规定最高上限，可以降低有限合伙人的投资风险，避免普通合伙人任意扩大有限合伙人的人数。《合伙企业法》规定普通合伙企业必须2人以上，仅有下限要求，对上限则没有强制性要求。可见，有限合伙企业与普通合伙企业在人数构成上，法律规定不一样。

由于普通合伙人承担无限连带责任,为了防止公共风险,保障社会公益,《合伙企业法》规定,国有独资公司、国有企业、上市公司以及公益性的事业单位、社会团体不得成为普通合伙人,但上述主体可以有限合伙人身份,加入有限合伙企业,实现投资收益,控制投资风险。

在有限合伙企业存续期间,企业必须包括有限合伙人与普通合伙人两部分合伙人,否则,有限合伙企业的形式应进行变更。当有限合伙企业仅剩有限合伙人时,企业应当解散或变更为其他企业形式;有限合伙企业仅剩普通合伙人时,应转为普通合伙企业。

(二)有限合伙企业的名称

按照企业名称登记管理的有关规定,企业名称中应当含有企业的组织形式,为了便于公众和交易相对人对有限合伙企业的了解,有限合伙企业名称中必须标明"有限合伙"字样,不能标明"普通合伙""特殊普通合伙""有限公司""有限责任公司"等字样。

(三)有限合伙企业合伙协议

有限合伙企业合伙协议除符合普通合伙企业合伙协议的规定外,还应当载明下列事项:(1)普通合伙人和有限合伙人的姓名或者名称、住所;(2)执行事务合伙人应具备的条件和选择程序;(3)执行事务合伙人权限与违约处理办法;(4)执行事务合伙人的除名条件和更换程序;(5)有限合伙人入伙、退伙的条件、程序以及相关责任;(6)有限合伙人和普通合伙人相互转变程序。

(四)有限合伙企业的出资

有限合伙人可以用货币、实物、知识产权、土地使用权或者其他财产权利作价出资,但不得以劳务出资。劳务出资是以已经完成的或者即将要完成的一种劳务作为出资。这种出资形式在无限公司或普通合伙企业中是允许的。有限合伙人之所以不能用劳务出资,主要考虑的是劳务出资难以通过市场变现,法律上执行困难,在企业清偿债务的时候,不能够有效地移转给债权人,以用于债务的清偿。

有限合伙企业中两种合伙人均应当按照合伙协议的约定按期足额缴纳出资;未按期足额缴纳的,应当承担补缴义务,并对其他合伙人承担违约责任。按期足额缴纳出资,是有限合伙人的一项重要义务,如果不按合伙协议约定履行出资义务,构成被除名的法定事由。

三、有限合伙企业事务执行的特殊规定

(一)有限合伙企业事务执行人

在有限合伙企业中,普通合伙人承担无限连带责任。因此,《合伙企业法》规定,有限合伙企业由普通合伙人执行合伙事务,法律赋予普通合伙人对有限合伙企业具有绝对的控制、支配权,这种控制管理权的分配与风险分配、责任负担的机制是一致的。执行事务合伙人可以要求在合伙协议中确定执行事务的报酬及报酬提取方式。执行事务合伙人的权利义务与普通合伙企业执行事务合伙人相同。

(二)禁止有限合伙人执行合伙事务

《合伙企业法》第68条规定,有限合伙人不执行合伙事务,不得对外代表有限合伙企业。有限合伙人的下列行为,不视为执行合伙事务:(1)参与决定普通合伙人入伙、退伙;(2)对企业的经营管理提出建议;(3)参与选择承办有限合伙企业审计业务的会计师事务所;(4)获取经审计的有限合伙企业财务会计报告;(5)对涉及自身利益的情况,查阅有限合伙企业财务会计账簿等财务资料;(6)在有限合伙企业中的利益受到侵害时,向有责任的合伙人主张权利或者提起诉讼;(7)执行事务合伙人怠于行使权利时,督促其行使权利或者为了本企业的利益以自己的名义提起诉讼;(8)依法为本企业提供担保。规定有限合伙人享有以上权利,实质是为保护其在合伙企业中的利益而给予的一种监督权、救济权。

有限合伙人不执行合伙事务,不得对外代表有限合伙企业。《合伙企业法》第76条规定,第三人有理由相信有限合伙人为普通合伙人并与其交易的,该有限合伙人对该笔交易承担与普通合伙人同样的责任。有限合伙人未经授权以有限合伙企业名义与他人进行交易,给有限合伙企业或者其他合伙人造成损失的,该有限合伙人应当承担赔偿责任。

(三)有限合伙企业利润分配

《合伙企业法》规定,有限合伙企业不得将全部利润分配给部分合伙人,但是合伙协议另有约定的除外。

【链接】 普通合伙企业的合伙协议不得约定将全部利润分配给部分合伙人。

（四）有限合伙人的权利

1. 有限合伙人可以同本企业进行交易

《合伙企业法》规定，有限合伙人可以同本有限合伙企业进行交易，但是合伙协议另有约定的除外。由于有限合伙人不参与合伙企业事务执行，对有限合伙企业的对外交易行为，无直接或间接的控制权，有限合伙人与本有限合伙企业进行交易时，一般不会损害本有限合伙企业的利益。但合伙协议可以对有限合伙人同本有限合伙企业进行交易进行限定，如果合伙协议另有约定，则必须执行合伙协议的约定。合伙协议如果对有限合伙人同本有限合伙企业进行交易行为没有约定，则按照《合伙企业法》的规定，有限合伙人可以与本有限合伙企业进行交易。

2. 有限合伙人可以经营与本有限合伙企业相竞争的业务

《合伙企业法》规定，有限合伙人可以自营或者同他人合作经营与本有限合伙企业相竞争的业务，但是合伙协议另有约定的除外。与普通合伙人不同，有限合伙人一般不承担竞业禁止义务，普通合伙人如果要禁止有限合伙人自营或者同他人合作经营与本有限合伙企业相竞争的业务，应当在合伙协议中明确予以约定。

【链接】 普通合伙企业合伙人不得自营或者同他人合作经营与本合伙企业相竞争的业务。除合伙协议另有约定或者经全体合伙人一致同意外，合伙人不得同本合伙企业进行交易。

四、有限合伙企业财产出质与转让的特殊规定

《合伙企业法》规定，有限合伙人可以将其在有限合伙企业中的财产份额出质，但是合伙协议另有约定的除外。有限合伙人在企业中的财产份额是有限合伙人的财产权益，在有限合伙企业存续期间，有限合伙人可以对其财产权利进行处分。有限合伙人将其在企业中的财产份额出质，是指有限合伙人以其在合伙企业中的财产份额对外进行权利质押。有限合伙人将其在企业中的财产份额进行出质，仅仅产生有限合伙人发生变更的可能，不会影响到有限合伙企业的财产基础及财产构成，对企业的经营及信用没有任何影响。因此，有限合伙人可以按照法律规定将其在合伙企业中的财产份额进行出质。但是，合伙协议可以对有限合

人的财产份额出质作出限制性约定，如果合伙协议对财产份额出质有特别约定的，合伙人应遵守约定。

同样的道理，有限合伙人向合伙人以外的人转让其在有限合伙企业中的财产份额，既不影响合伙企业的财产状况，也不影响合伙企业的债权人利益，因此，《合伙企业法》规定，有限合伙人可以按照合伙协议的约定向合伙人以外的人转让其在有限合伙企业中的财产份额，但应当提前30日通知其他合伙人。有限合伙人对外转让其在有限合伙企业中的财产份额时，其他合伙人有优先购买权。

【链接】 普通合伙人以其在合伙企业中的财产份额出质的，须经其他合伙人一致同意。普通合伙人向合伙人以外的人转让其在合伙企业中的全部或者部分财产份额时，须经其他合伙人一致同意，合伙协议另有约定的除外。

五、有限合伙人债务清偿的特殊规定

《合伙企业法》规定，有限合伙人的自有财产不足清偿其与合伙企业无关的债务的，该合伙人可以以其从有限合伙企业中分取的收益用于清偿；债权人也可以依法请求人民法院强制执行该合伙人在有限合伙企业中的财产份额用于清偿。人民法院强制执行有限合伙人的财产份额时，应当通知全体合伙人。在同等条件下，其他合伙人有优先购买权。

【链接】 普通合伙人的自有财产不足清偿其与合伙企业无关的债务的，该合伙人可以以其从合伙企业中分取的收益用于清偿；债权人也可以依法请求人民法院强制执行该合伙人在合伙企业中的财产份额用于清偿。人民法院强制执行合伙人的财产份额时，应当通知全体合伙人，其他合伙人有优先购买权；其他合伙人未购买，又不同意将该财产份额转让给他人的，依照《合伙企业法》第51条的规定为该合伙人办理退伙结算，或者办理削减该合伙人相应财产份额的结算。

六、有限合伙企业入伙与退伙的特殊规定

（一）入伙

与普通合伙企业新入伙的合伙人对入伙前合伙企业的债务承担连带责任不同的是，有限合伙企业中新入伙的有限合伙人对入伙前有限合伙企业的债务，以其认缴的出资额为限承担责任。

【链接】 普通合伙企业入伙的新合伙人对入伙前合伙企业的债务承担无限连带责任。

（二）退伙

1. 有限合伙人的当然退伙

《合伙企业法》规定，有限合伙人有下列情形之一的，当然退伙：作为合伙人的自然人死亡或者被依法宣告死亡；作为合伙人的法人或者其他组织依法被吊销营业执照、责令关闭、撤销，或者被宣告破产；法律规定或者合伙协议约定合伙人必须具有相关资格而丧失该资格；合伙人在合伙企业中的全部财产份额被人民法院强制执行。

2. 有限合伙人丧失民事行为能力的处理

作为有限合伙人的自然人在有限合伙企业存续期间丧失民事行为能力的，其他合伙人不得因此要求其退伙。有限合伙人在合伙企业中只进行投资，不参与经营管理，不执行合伙事务，其民事行为能力的有无对合伙企业的存续几乎没有影响，作为有限合伙人的自然人在有限合伙企业存续期间丧失民事行为能力的，并不影响有限合伙企业的正常生产经营活动，因此，其他合伙人不得要求其退伙。

3. 有限合伙人退伙后的责任承担

有限合伙人退伙后，对基于其退伙前的原因发生的有限合伙企业债务，以其退伙时从有限合伙企业中取回的财产承担责任。

4. 有限合伙人继承人的权利

作为有限合伙人的自然人死亡、被依法宣告死亡或者作为有限合伙人的法人及其他组织终止时，其继承人或者权利承受人可以依法取得该有限合伙人在有限合伙企业中的资格。

【链接】 退伙的普通合伙人对基于退伙前原因发生的合伙企业债务，承担无限连带责任。

七、有限合伙企业合伙人性质转变的特殊规定

合伙人的身份转换是指因为某些法律事实的出现或者按照合伙协议的约定而导致的普通合伙人向有限合伙人的变更或者有限合伙人向普通合伙人的变更。

《合伙企业法》规定，除合伙协议另有约定外，普通合伙人转变为有限合伙人，或者有限合伙人转变为普通合伙人，应当经全体合伙人一致同意。有限合伙人转变为普通合伙人的，对其作为有限合伙人期间有限合伙企业发生的债务承担无限连带责任。普通合伙人转变为有限合伙人的，对其作为普通合伙人期间合伙企业发生的债务承担无限连带责任。

第四节　合伙企业的解散与清算

一、合伙企业的解散

合伙企业的解散，是指各合伙人解除合伙协议，终止合伙企业的行为或程序。

《合伙企业法》规定，合伙企业有下列情形之一的，应当解散：（1）合伙期限届满，合伙人决定不再经营；（2）合伙协议约定的解散事由出现；（3）全体合伙人决定解散；（4）合伙人已不具备法定人数满30天；（5）合伙协议约定的合伙目的已经实现或者无法实现；（6）依法被吊销营业执照、责令关闭或者撤销；（7）法律、行政法规规定的其他原因。

二、合伙企业的清算

合伙企业解散，应当由清算人进行清算。清算期间，合伙企业存续，但不得开展与清算无关的经营活动。《合伙企业法》对合伙企业的清算程序规定如下：

（一）确定清算人

合伙企业解散的，清算人由全体合伙人担任；经全体合伙人过半数同意，可以自合伙企业解散事由出现后15日内指定一个或者数个合伙人，或者委托第三人，担任清算人。自合伙企业解散事由出现之日起15日内未确定清算人的，合伙人或者其他利害关系人可以申请人民法院指定清算人。

清算人在清算期间的职责有：（1）清理合伙企业财产，分别编制资产负债表和财产清单；（2）处理与清算有关的合伙企业未了结事务；（3）清缴所欠税款；

（4）清理债权、债务；（5）处理合伙企业清偿债务后的剩余财产；（6）代表合伙企业参加诉讼或者仲裁活动。

（二）通知和公告

清算人自被确定之日起10日内将合伙企业解散事项通知债权人，并于60日内在报纸上公告。债权人应当自接到通知书之日起30日内，未接到通知书的自公告之日起45日内，向清算人申报债权。债权人申报债权，应当说明债权的有关事项，并提供证明材料。清算人应当对债权进行登记。

（三）财产清偿顺序

在清算时，合伙企业财产应在支付清算费用后，按照下列顺序清偿：（1）职工工资、社会保险费用、法定补偿金；（2）企业所欠税款；（3）合伙企业的债务。

合伙企业的财产按照上述顺序清偿后如果还有剩余财产，按照合伙协议约定的分配比例进行分配，合伙协议没有约定或约定不明确的，由合伙人协商决定；协商不成的，由合伙人按照实缴出资比例分配；无法确定出资比例的，由合伙人平均分配。

（四）注销登记

清算结束，清算人应当编制清算报告，经全体合伙人签名、盖章后，在15日内向企业登记机关报送清算报告，申请办理合伙企业注销登记。合伙企业注销后，原普通合伙人对合伙企业存续期间的债务仍应承担无限连带责任。

合伙企业清算过程中，如果发现合伙企业不能清偿到期债务的，债权人可以依法向人民法院提出破产清算申请，也可以要求普通合伙人清偿。合伙企业依法被宣告破产的，普通合伙人对合伙企业债务仍应承担无限连带责任。

第五节 违反合伙企业法的法律责任

一、合伙企业与合伙人违法行为及其法律责任

违反《合伙企业法》的规定，提交虚假文件或者采取其他欺骗手段，取得合伙企业登记的，由企业登记机关责令改正，处以5000元以上5万元以下的罚款；

情节严重的，撤销企业登记，并处以 5 万元以上 20 万元以下的罚款。

违反《合伙企业法》的规定，合伙企业未在其名称中标明"普通合伙""特殊普通合伙"或者"有限合伙"字样的，由企业登记机关责令限期改正，处以 2000 元以上 1 万元以下的罚款。

违反《合伙企业法》的规定，未领取营业执照，而以合伙企业或者合伙企业分支机构名义从事合伙业务的，由企业登记机关责令停止，处以 5000 元以上 5 万元以下的罚款。

合伙企业涂改、出售、出租、出借或者以其他方式转让营业执照的，由企业登记机关责令改正，处 2000 元以上 1 万元以下的罚款；情节严重的，吊销营业执照。

合伙企业登记事项发生变更时，未依照《合伙企业法》规定办理变更登记的，由企业登记机关责令限期登记；逾期不登记的，处以 2000 元以上 2 万元以下的罚款。合伙企业登记事项发生变更，执行合伙事务的合伙人未按期申请办理变更登记的，应当赔偿由此给合伙企业、其他合伙人或者善意第三人造成的损失。

合伙人执行合伙事务，或者合伙企业从业人员利用职务上的便利，将应当归合伙企业的利益据为己有的，或者采取其他手段侵占合伙企业财产的，应当将该利益和财产退还合伙企业；给合伙企业或者其他合伙人造成损失的，依法承担赔偿责任。

合伙人对《合伙企业法》规定或者合伙协议约定必须经全体合伙人一致同意始得执行的事务擅自处理，给合伙企业或者其他合伙人造成损失的，依法承担赔偿责任。

不具有事务执行权的合伙人擅自执行合伙事务，给合伙企业或者其他合伙人造成损失的，依法承担赔偿责任。

合伙人违反《合伙企业法》规定或者合伙协议的约定，从事与本合伙企业相竞争的业务或者与本合伙企业进行交易的，该收益归合伙企业所有；给合伙企业或者其他合伙人造成损失的，依法承担赔偿责任。

合伙人违反合伙协议的，应当依法承担违约责任。合伙人履行合伙协议发生争议的，合伙人可以通过协商或者调解解决。不愿通过协商、调解解决或者协商、调解不成的,可以按照合伙协议约定的仲裁条款或者事后达成的书面仲裁协议,向仲裁机构申请仲裁。合伙协议中未订立仲裁条款,事后又没有达成书面仲裁协议的,可以向人民法院起诉。

二、合伙企业清算人违法行为及其法律责任

清算人未依照《合伙企业法》规定向企业登记机关报送清算报告,或者报送清算报告隐瞒重要事实,或者有重大遗漏的,由企业登记机关责令改正。由此产生的费用和损失,由清算人承担和赔偿。

清算人执行清算事务,牟取非法收入或者侵占合伙企业财产的,应当将该收入和侵占的财产退还合伙企业;给合伙企业或者其他合伙人造成损失的,依法承担赔偿责任。

清算人违反《合伙企业法》规定,隐匿、转移合伙企业财产,对资产负债表或者财产清单作虚假记载,或者在未清偿债务前分配财产,损害债权人利益的,依法承担赔偿责任。

合伙企业未依照《合伙企业登记管理条例》规定办理清算人成员名单备案的,由企业登记机关责令限期办理;逾期未办理的,处2000元以下的罚款。

三、其他有关违法行为及其法律责任

有关行政管理机关的工作人员违反《合伙企业法》规定,滥用职权、徇私舞弊、收受贿赂、侵害合伙企业合法权益的,依法给予行政处分。

违反《合伙企业法》规定,构成犯罪的,依法追究刑事责任。

违反《合伙企业法》规定,应当承担民事赔偿责任和缴纳罚款、罚金,其财产不足以同时支付的,先承担民事赔偿责任。

第六章

公司与公司法概述

第一节 公司的概念及种类

一、公司的概念

由于各国公司立法对公司种类规定不同,不同类型的公司法律特征也有着较大区别,即使是同一类型的公司在不同的国家、地区的法律中具体规定也有差异,因此,很难给公司下一个统一的定义。即便如此,分析总结各国法律关于公司的规定,可以发现,对公司定义一般都包含以下要素:第一个要素是,公司设立与法律的关系,对公司的定义都有"依法设立"的要素,有的立法表述为"依公司法",有的立法表述为"依商法"。第二个要素是,公司的设立目的,有的表述为公司以从事商行为为目的,有的直接表述为公司具有营利目的。第三个要素是,公司的法律地位。除美国外,其他国家都将公司界定为法人。日本《商法典》规定公司是社团法人。允许设立一人有限责任公司的国家,一般都没有社团性的规定,如德国、法国未明确公司的社团性。据此,我们可以将公司定义概括为:公司是依照公司法(或商法)规定登记成立的以营利为目的的法人。

我国《公司法》第2条规定:"本法所称公司是指依照本法在中国境内设立的有限责任公司和股份有限公司。"第3条规定:"公司是企业法人。有独立的法人财产,享有法人财产权。公司以其全部财产对公司债务承担责任。有限责任公司的股东以其认缴的出资额为限对公司承担责任;股份有限公司的股东以其认购股份为限对公司承担责任。"《公司法》没有直接规定公司的概念，而是将公司的内容和特征融入有限责任公司和股份有限公司这两类公司的规定之中。根据我国《公司法》的规定，公司可以定义为：公司是依《公司法》设立的，股东以其认缴的出资额或以其认购股份为限对公司承担责任，公司以其全部财产对公司债务承担责任的企业法人。简言之，公司是依《公司法》设立的，以有限责任公司和股份有限公司为表现形式的企业法人。

二、公司的特征

传统学理上认为公司的特征是：依法设立、营利目的、社团法人。由于许多国家在现代公司法中承认一人有限责任公司，传统公司法所规定的公司社团性已经发生变化，不是所有的公司都是社团法人。我国公司法现允许设立一人有限责任公司、国有独资公司，除这两种公司形式外，其他公司仍具有社团性这一特征。从法律层面上讲，我国公司具有以下特征：

（一）公司必须依法设立

公司必须依法定条件、法定程序设立。一方面，要求公司的章程、资本、组织机构、活动原则等必须合法；另一方面，要求公司设立必须经过工商登记注册等必要的设立程序。通常，公司是依《公司法》设立的，但有时其设立还须符合其他法律的规定，如国家对设立特殊行业的公司的特别规定、市场准入规则、公司登记管理法规等。

（二）公司以营利为目的

《民法总则》规定，以取得利润并分配给股东等出资人为目的成立的法人，为营利法人。营利法人包括有限责任公司、股份有限公司和其他企业法人等。所谓营利，从公司层面上看，是指经营一定事业，谋求利益（利润、货币增值），而且将所得利益分配于其成员；从股东层面上看，是指股东即出资者出资设立公司的目的是为了营利，即从公司经营中获取经济利益。因此，公司的营利性不仅要求公司本身为营利而经营，而且要求公司有盈余时应分配给股东[①]。但公司的营利性，不以有实际获利的结果为条件。公司通过其对外的营业活动而取得利

[①] 王欣新著：《企业和公司法》，中国人民大学出版社2003版，第23页。

益；如不是从事对外营业而只从团体的内部活动取得利益并将之分配于成员，例如互助保险社、互助储金会等则不属公司。只获取利益而不把所得利益分配于成员的组织也不是公司，如某些公益社团法人（如救济院）、某些财团法人（如医院）、某些公法人（如监狱、管教所）等均不是公司。合作社虽在社员间分配利益，但合作社不是以营利为唯一的和主要的目的，合作社系以共同经营的方式，谋求社员生活的提高、改善，而且其利益的分配也不完全以出资多少为标准，所以也不属于公司。公司从事营业性活动，也是公司的商事特征，使其区别于不以营利为目的的公益法人和以行政管理为目的的国家机关。

公司的营利性活动一般来说要有连续性，将资金、劳务、能源、技术、土地等因素结合起来，通过有效的管理进行生产或提供商业服务。公司可以有期限地存在，也可以是永久存在。

（三）公司具有法人资格

《公司法》第 3 条规定："公司是企业法人，有独立的法人财产，享有法人财产权。公司以其全部财产对公司的债务承担责任。"企业的形态在法律上有两种，即法人企业和非法人企业。所谓法人，是指具有民事权利能力和民事行为能力，依法独立享有民事权利和承担民事义务的组织。[①] 其基本要求是：法人应当有自己的名称、组织机构、住所、必要的财产或者经费，能够以其全部财产独立承担民事责任。法人成立的具体条件和程序，须依照法律、行政法规的规定；设立法人，法律、行政法规规定须经有关机关批准的，依照其规定。《公司法》之所以赋予公司以法人资格，最根本的原因就是公司满足了成为企业法人的各项要求。

公司作为一个社会组织，具有与公司投资者人格不同的独立人格。公司的存续一般不受其成员变化的影响，所以，具有"永久存续"的特性。作为独立法人，公司有自己独立的财产。公司的财产来源于股东的出资，股东一旦将财产投入到公司，便丧失了对该财产的直接支配权利，转由公司享有对该财产的支配权利，即法人财产权，作为对价，公司赋予股东股权；因此，公司法要求股东投资于公司的财产，要记载于公司章程、登记在工商登记簿，使其与股东的其他财

[①] 参见《民法总则》第 57 条。

产明确分开,在公司存续期间股东无权抽回出资的财产,也不允许占有公司的资金、财产。除此之外,《公司法》还要求一些特殊类型的公司要达到法定的最低资本要求。公司还必须以其全部财产对经营活动(包括它的法定代表人、工作人员、代理人的经营活动)承担民事责任。公司对债权人的责任是无限的,即以其全部财产还债,而不是限定在股东出资或注册资本的数额范围内。当公司不能清偿到期债务时,依法宣告破产。而股东承担的则是有限责任,仅以其对公司的出资额为限对公司负责。

(四)公司以股东投资行为为基础设立

公司是由股东的投资行为设立的。股东投资行为形成的权利就是股权,即资本权。股东只有将自己出资的财产变成公司资本才能产生股权,且只有经过这种权利置换,公司才具有自己独立的财产,才对股东投资的财产享有法人财产权。股权是一种特殊的权利,不同于所有权,也不同于经营权,更不同于债权。依据《公司法》的规定,公司股东依法享有资产收益、参与重大决策和选择管理者等权利,这就是股权的内容。

三、公司的分类

关于公司的分类,从不同的角度,按照不同的标准,有多种分类。其中,常见的分类有以下几种:

(一)按股东承担责任的形式分

按照股东承担责任的形式这一标准,公司可以分为无限责任公司、两合公司、股份有限公司、股份两合公司、有限责任公司。这是公司最主要的分类,也是许多国家公司立法上的公司分类。

(1)无限责任公司,是指由两个以上的股东组成,全体股东对公司的债务承担无限连带责任的公司。无限责任公司的优点是:设立条件简单,组建程序简便,有利于实现资智合作,出资人经营努力,公司信用磐厚。缺点是:由于股东对公司债务承担无限连带责任,股东所负责任过重,公司发展规模受限,股东出资转让有一定困难。无限责任公司股东之间有较强的人身关系,以成员相互间的信赖为基础,有些国家则不将其视为法人,而适用合伙的相关规定。有些国家视无限公司为独立法人。我国目前没有针对无限责任公司的法律规定。

（2）两合公司，是由无限责任股东与有限责任股东两种成员组成的公司。无限责任股东对公司的债务承担无限连带责任，有限责任股东以其对公司的出资额为限对公司债务承担责任。其中无限责任股东是公司的经营管理者，有限责任股东则不参与公司的经营管理。这种公司类似于合伙关系中的隐名合伙或有限合伙。两合公司与无限公司相比，由于有限股东承担有限责任，因此，有利于筹集资本和扩大规模；与有限责任公司比，由于无限股东承担连带责任，使得其偿债保障机制更为健全，对债权人利益保障更大。两合公司中由于存在两种责任形式的股东，股东承担责任形式不同，经营目标不尽一致，致使公司组织机构和财务基础不如无限公司稳固；有限股东一般不参与公司管理，公司业务由无限股东执行，容易造成后者操纵公司事务而损害前者利益的现象。这类公司在世界范围内已不多见。我国《公司法》没有规定这种公司。

（3）股份有限公司，是指全部公司资本划分为均等的股份，股东以其认购的股份为限对公司债务承担责任，公司以其全部财产对公司的债务承担责任的公司。股份有限公司是现代企业的典型形式，是我国现行《公司法》规定的重要公司形式。

（4）有限责任公司，是指由一定数量的股东组成，股东以其认缴的出资额为限对公司债务承担责任，公司以其全部财产对公司的债务承担责任的公司。股东责任的有限性是其基本特性。有限责任公司是我国《公司法》规定的一种公司形式。

（5）股份两合公司，是由一个或一个以上的无限责任股东与一个或一个以上的有限责任股东组成，公司的资本分为等额股份的公司。它是股份有限公司和两合公司的混合，既吸收了股份有限公司招募资本的优点，又保留着两合公司强调个人信誉的特点。它的基本要求和这两类公司一样，但它在实际运用中使用较少。我国《公司法》不承认该类公司。

（二）按公司信用基础分

按照公司信用基础这一标准，公司可以分为人合公司、资合公司、人合兼资合公司。

（1）凡以股东个人的信用为公司信用基础的公司称为人合公司。无限责任公司是典型的人合公司。

（2）凡公司的经济活动以资本信用为基础的公司，称为资合公司。典型的资合公司是股份有限公司。

（3）兼取个人信用与资本信用的公司是人合兼资合公司，如两合公司、有限责任公司等。

（三）按公司的国籍分

按照公司的国籍这一标准，公司可以分为本国公司、外国公司、跨国公司。各国公司法关于公司国籍的划分采取以下不同的标准和原则：住所地标准、设立登记国标准、设立人国籍标准、公司资本控制人国籍标准等。多数国家公司法采用复合标准，以设立准据法标准和设立行为地标准来确定公司的国籍，区分本国公司及外国公司。凡是依据本国公司法在本国境内登记设立的公司，即为本国公司，公司的股东可以是本国国籍，也可以是外国国籍。依据外国法在外国设立的公司，针对本国而言，就是外国公司。跨国公司，也称多国公司、国际公司，在法律上并没有特别的含义，它自身并不是一个国际性的商业组织，主要是指在一国依据该国法律成立，在其他多个国家通过设立其分支机构、子公司或者其他参股性投资公司，从事国际性生产和经营及服务活动的大型经济组织。

我国《公司法》第2条规定："本法所称公司是指依照本法在中国境内设立的有限责任公司和股份有限公司。"第191条规定："本法所称外国公司是指依照外国法律在中国境外设立的公司。"依照公司法规定，我国划分国籍采用的也是复合标准，即准据法和登记地标准，本国公司（即中国籍公司）一定是依据中国的法律，在中国境内设立的企业法人。

（四）按公司的外部组织关系分

按照公司的外部组织关系这一标准，公司分为母公司与子公司。在不同公司之间的控制与被控制、依附与被依附的关系中，处于控制和被依附地位的公司是母公司，处于被控制和依附地位的则是子公司。

（1）母公司，又称控股公司，或者控制公司，是指拥有其他公司一定数额股份或者根据协议能够控制、支配其他公司人事、财务、业务等事项的公司。母公司通常是指任何拥有特定公司大部分股份的公司，严格地来说，母公司仅指持有其他公司一定股份或者股权的公司，自己不生产产品或提供服务，纯粹以持股营运为目的。在以母公司方式取得其他公司所有权及控制权时，这种方式可以有效地降低风险。

（2）子公司又称附属公司，是指一定比例以上的股份受其他公司控制或者根据协议被另一个公司实际控制、支配的公司。母公司或控制公司与子公司或附属公司之间虽然有控制与被控制的组织关系，但它们在参与外部的交易和管理关系时，都具有法人资格。《公司法》第14条第2款规定："公司可以设立子公司，子公司具有法人资格，依法独立承担民事责任。"

【示例6.1】 星海制衣有限公司（以下简称星海公司）是兴盛集团有限责任公司（以下简称兴盛集团）的全资子公司。万利棉纺厂与星海公司签订棉布购销合同供应棉布共计400包，价款200万元。合同约定，货到2个月后付款。发货后3个月过去了，星海公司以种种借口搪塞，不付万利棉纺厂的货款，万利棉纺厂遂以兴盛集团为被告向法院起诉，要求其承担全资子公司星海公司的经济责任。

【分析】 星海公司为独立法人，应独立承担民事责任。《公司法》第14条第2款规定："公司可以设立子公司，子公司具有法人资格，依法独立承担民事责任。"

（五）按公司的内部管辖关系分

按照公司的内部管辖关系这一标准，公司分为总公司与分公司。总公司与分公司是从公司内部组织关系上划分的，它们之间的关系并不是公司之间的关系。

总公司又称本公司，是指依法设立的管辖公司全部组织、支配控制整个公司经营活动的具有法人资格的公司。总公司在公司内部管理系统中，处于中心地位，全部控制公司的业务、资金、人事任免等。总公司一般先于分公司设立，也可以在设立总公司的同时，设立分公司。

分公司是依法设立的，在业务、资金、人事等方面受总公司管辖，不具有法人资格的分支机构。分公司在公司成立后或者与公司同时设立，从事本公司特定的业务活动，其法律后果由本公司承担，分公司不具有法律上、经济上的独立地位。《公司法》第14条第1款规定：公司可以设立分公司，分公司不具有法人资格，其民事责任由公司承担。分公司实质上并非真正意义上的公司，而只是公司的分支机构。分公司没有独立的公司名称、公司章程，没有独立的财产，不具有企业法人资格，不能独立承担民事责任，但其可以办理工商登记手续，领取营业执照，以自己的名义进行经营活动，实施法律行为，有相应的民事权利能力和行为能力，如，商业银行和保险公司等的分支机构享有独立的诉讼地位。《最高人民法院关于适用〈中华人民共和国民事诉讼法〉的解释》第 52 条规定，《民事诉讼法》第 48 条规定的其他组织是指合法成立、有一定的组织机构和财产，但又不具备法人资格的组织，其中包括：依法设立并领取营业执照的法人的分支机构；依法设立并领取营业执照的商业银行、政策性银行和非银行金融机构的分支机构。

【示例 6.2】 甲公司的分公司在其经营范围内以自己的名义对外签订了一份货物买卖合同。根据《公司法》的规定，下列关于该合同的效力及其责任承担的表述中，正确的是（　）。

A. 该合同有效，其民事责任由甲公司承担
B. 该合同有效，其民事责任由分公司独立承担
C. 该合同有效，其民事责任由分公司承担，甲公司负补充责任
D. 该合同无效，甲公司和分公司均不承担民事责任

【分析】 正确选项是 A。分公司可以自己的名义进行经营活动，分公司不具有法人资格，所以，分公司民事责任由公司承担。

四、《公司法》对公司的分类

我国《公司法》规定了有限责任公司和股份有限公司。

（一）有限责任公司

有限责任公司，是指依照公司法规定由 50 个以下的股东组成，股东以其认缴的出资为限对公司的债务承担责任，公司以其全部财产对公司的债务承担责任的企业法人。有限责任公司中除一般的有限责任公司外，还有两种特殊形式：一人有限公司和国有独资公司。

1. 有限责任公司的法律特征

（1）股东的人数有上限，最多为 50 个。我国《公司法》第 24 条规定"有限责任公司由 50 个以下股东出资设立"。2005 年修订的《公司法》，取消了之前公司立法对设立有限公司至少 2 个以上的股东的要求，仍保留对有限公司的股东最高人数的限制即不得超过 50 个股东。

（2）股东对公司的债务承担有限责任。股东仅以出资额为限对公司债务承担责任，股东个人的其他财产与公司的债务无关，股东仅对公司负出资责任，不对公司的债权人负责。

（3）公司不能发行股票，不能公开向社会公众募集股份。证明股东投资的文件是股权证明书，或叫出资证明书、股单。出资证明书是一种权利证书，它不同于股票，不是有价证券，不能在市场上自由流通。

（4）股东出资转让有一定限制。有限责任公司的股东之间可以相互转让其全部或者部分股权。股东向股东以外的人转让股权，应当经其他股东过半数同意。

（5）设立方式简便。有限责任公司设立只能采取发起设立方式，不得采用募集设立方式。有限责任公司是通过设立人发起并自行出资的方式设立，而不是通过向社会募集资金的方式设立。

（6）公司组织机构设置灵活、简易。与股份有限公司相比，有限公司的组织机构设置相对灵活、自由，可以根据公司的规模大小，选择设立董事会或执行董事、监事会或监事，而不要求一定设立董事会、监事会等内部组织机构。

2. 一人有限公司的特殊规定

一人有限公司是指只有一个自然人股东或者一个法人股东的有限责任公司。一人有限责任公司作为有限责任公司的一种特殊形态，具有法人资格，独立享有民事权利并独立承担民事责任，股东对公司债务承担有限责任。

2005年修改的《公司法》确认了一人有限责任公司的合法地位，使得投资者可以依据自己的意愿，独立设立公司；使得非国有的投资者和本国投资者的投资行为得到了平等的对待；使得存续的公司因为特殊情形只剩一个股东时地位合法化等，体现了公司法投资者平等的基本原则。

2005年《公司法》修改之前，允许设立的一人有限责任公司限于以下两种情形：其一是国家授权投资的机构或者国家授权的部门可以设立一人有限责任公司即国有独资公司；其二是一个外国投资者依照《外资企业法》在我国境内设立的具备中国法人条件的外资企业，可以取得中国法人资格，采取有限责任公司形式。

在不允许一人有限责任公司存在的时候，现实经济生活中为了规避法律上关于"设立有限公司必须两个以上股东"的规定，出现了诸如名义股东、两个股东的持股比例严重不对称等情形；另外，在公司成立之后，由于股权转让等原因，出现了公司只有一个股东，不符合公司设立的条件，存在应否予以终止的争议。如果允许这样的公司继续存续，存续股东对存续公司的义务和责任有无变化，是否仍然承担有限责任？对于上述问题，《公司法》亦无相应规定。从维护市场效率和市场秩序的角度考量，有必要承认存续性一人有限责任公司的合法性。这些现象充分表明，对于一人有限责任公司采取积极承认、有效规范的立法态度是一种理性的选择。

2005年《公司法》修改时，对上述问题作了积极的回应，扩大了原公司立法设立一人有限责任公司的投资者范围，承认一般投资者设立一人有限责任公司的合法地位。同时，为了防止公司人格被滥用的现象发生，保护公司债权人的交易安全，《公司法》对一人有限公司在设立、组织机构和责任承担方面的规定比较严格，具体表现在以下方面：

（1）一人有限责任公司仅限于有限责任公司，不适用股份有限公司。《公司法》第57条规定："本法所称一人有限责任公司，是指只有一个自然人股东或者一个法人股东的有限责任公司。"第78条规定，设立股份有限公司，应当有2人以上200人以下为发起人。由此可知，设立股份有限公司发起人的下限，不得低于2人。从以上规定，可以看出，只能在有限责任公司中设立一人公司，不可以在股份有限公司中设立一人公司。

（2）出资人的限制。一人有限责任公司的股东包括自然人，也包括法人。《公司法》规定，一个自然人只能设立一个一人有限责任公司，该自然人所设的一人有限责任公司不得再设一人有限责任公司。[①] 可见，一个自然人投资设立的一人有限公司，不得作为出资人成为另一个一人有限公司的股东。法人可以投资设立多个一人有限责任公司，法人独资的一人有限责任公司还可以继续设立一人有限责任公司。

（3）公示的要求。一人有限责任公司的独资形式必须明示。《公司法》要求一人有限责任公司应当在公司登记中注明自然人独资或者法人独资，并在公司营业执照中载明。

（4）公司组织机构的特殊性。一人有限责任公司不设股东会。股东依照一般

---

① 参见《公司法》第58条。

有限责任公司股东会职权作出决定时，应当采用书面形式，并由股东签字后置备于公司。该规定可以使公司与股东之间保持一定的独立性。

（5）一人有限公司实行严格的财务会计制度。因一人有限责任公司股东的单一性，公司由股东完全控制。《公司法》规定，一人有限责任公司应当在每一年度终了时编制财务会计报告，并经会计师事务所审计。

（6）严格的责任制度。一人有限责任公司的股东对于自己与公司的人格、财产的独立性承担举证责任，不能证明公司财产独立于股东自己的财产的，应当对公司承担连带责任。公司法采取的一人公司的股东承担证明自己的财产与公司的财产相互独立的举证责任倒置措施，可以防止一人有限责任公司法人格的滥用，保护与一人有限责任公司交易的当事人的合法权益。

3. 国有独资公司的特殊规定

国有独资公司，是指国家单独出资、由国务院或者地方人民政府授权本级人民政府国有资产监督管理机构履行出资人职责的有限责任公司。国有独资公司是一种特殊的有限责任公司，其特殊性在于公司的股东只有一个，而且是国家，国家以其出资额为限对公司承担责任，公司以全部法人财产对公司债务负责。国有独资公司是《公司法》为适应建立现代企业制度的需要，结合我国实际情况创设的公司类型。非公司制的国有企业，符合设立有限责任公司条件，且投资主体单一的，可以依照公司法改建为国有独资公司。新设国有企业可以选择这种形态。国有独资公司与一般有限责任公司相比，具有以下法律特征：

（1）投资主体的特殊性。国有独资公司的投资者是一个，且投资者承担有限责任，但与一人有限责任公司不同的是投资主体不是一般的自然人或普通法人，而是国家。国有独资公司的股东是国家，由国务院或者地方人民政府委托本级人民政府国有资产监督管理机构履行出资人的职责。国有资产管理机构是股东代表，是在公司法体系内可识别的机构投资者或者机构股东。

（2）公司形式适用范围的特殊性。2005年修订的《公司法》删除了国有独资公司适用对象的规定。[①] 国有独资公司发展至今，其范围严格限定于必须由国

[①] 1993年《公司法》第64条规定：国务院确定的生产特殊产品的公司或者属于特定行业的公司，应当采取国有独资公司形式。

家垄断经营的特殊行业和企业。市场经济的发展要求政府向公共服务职能转变，国有独资公司在国民经济的各个领域都可以设立，但国家不可能选择在许多行业中设立或改制设立国有独资公司，一般选择生产特殊产品的行业或者特定行业设立国有独资公司。

（3）组织机构的特殊性。国有独资公司不设股东会，由国有资产监督管理机构行使股东会职权。国有资产监督管理机构可以授权公司董事会行使股东会的部分职权，决定公司的重大事项，但公司的合并、分立、解散、增减注册资本和发行公司债券，必须由国有资产监督管理机构决定。其中，重要的国有独资公司合并、分立、解散、申请破产的，应当由国有资产监督管理机构审核后，报本级人民政府批准。对国有独资公司董事、经理、监事的人选《公司法》有严格限制。

（4）公司章程制定的特殊性。公司章程由国有资产监督管理机构制定，或者由董事会制订报国有资产监督管理机构批准。

（二）股份有限公司

股份有限公司，是指其全部公司资本划分为均等的股份，股东以其认购的股份为限对公司债务承担责任，公司以其全部财产对公司的债务承担责任的公司。股份有限公司具有以下法律特征：

1. 股份有限公司的全部资本划分为等额的股份

公司资本的等额股份化是股份有限公司的一个重要特点，也是其与有限责任公司的最大区别，有限责任公司的资本不必划分为等额的股份。通过划分等额股份的形式，便于股份有限公司公开向社会募集资本，同时也有利于确定和计算股东的权利。

2. 公司可以向社会公开发行股份，募集资本

股份有限公司设立时，既可以采取发起设立方式由发起人筹集公司设立所需全部资本，也可以采取募集设立方式，由发起人认购公司全部股份的一部分，其余部分向社会公开募集或者向特定对象募集而设立公司。股份有限公司的股东责任较轻，可以面向社会，广泛筹集资金，是一种比较适合于大型企业的公司形式。

3. 股份有限公司是典型的资合公司

公司的信用基础是公司的资本，而不是股东的个人信用。股份有限公司的资

合性，也是股东股份得以自由转让的一个原因。

4. 股东有法定最低人数限制，但没有最高人数的限制

《公司法》对发起人的人数有限制，规定设立股份有限公司，应当有2人以上200人以下的发起人，其中须有半数以上的发起人在中国境内有住所。

5. 股份的表现形式是股票

股票是公司签发的证明股东出资的凭证。股票是一种有价证券，股东可以在依法设立的证券交易所出售自己的股票，无须经过其他股东的同意。

6. 股东承担有限责任

股份有限公司的股东以其认购的股份为限对公司承担责任。

以上是我国《公司法》规定的公司组织形式的类型，由于国有独资公司与一人有限责任公司属于有限责任公司，因此，我国的公司类型，实际上仅为有限责任公司和股份有限公司两种。

公司法在制定时，充分考虑到了公司制度的发展及我国的实际情况，仅规定了有限责任公司和股份有限公司两种形态，没有规定其他公司类型，其主要的原因为：一是主要为了解决全民所有制企业转换经营机制的需要，公司法制定之初，正处于企业改制过程，已经出现大量的股份有限公司，急迫需要制定法律进行规范。二是将国际上最通行的两种形式的公司规定下来，适应中国国有企业的改革，可以改变长期以来国家对投资设立的国有企业承担无限责任的做法，迫切需要确定企业法人制度、投资者有限责任制度。三是无限责任公司和两合公司是与资本主义初期生产力水平相适应的初级形式，国外大量的公司主要是有限责任公司和股份有限公司这两种形态，无限公司和两合公司的数量越来越少。而在实践中，大量的个人及家庭开办的私营企业，仍可继续按照无限责任原则进行管理，通过制定《个人独资企业法》《合伙企业法》等来规制这些类型的企业。

五、外国公司的分支机构

（一）外国公司分支机构的概念及特征

外国公司是指依照外国法律在中国境外设立的公司。外国公司在中国从事经营活动，通常以分支机构的组织形式进行。外国公司的分支机构是指外国公司依照中国《公司法》规定，在中国境内设立的从事经营活动的不具有法人的资格的

机构。

外国公司的分支机构主要有以下特征：

1. 由外国公司在中国申请设立。外国公司分支机构的设立人是外国公司。

2. 依中国法律设立。外国公司的分支机构的设立依据是中国的公司法及其他相关法律。

3. 外国公司的分支机构成立的目的是从事经营活动。经批准设立的外国公司分支机构，在中国境内从事业务活动，必须遵守中国的法律，不得损害中国的社会公共利益，其合法权益受中国法律保护。

4. 外国公司的分支机构不具有中国法人资格。外国公司在中国境内设立分支机构，必须在中国境内指定负责该分支机构的代表人或者代理人，并向该分支机构拨付与其所从事的经营活动相适应的资金。外国公司分支机构从属于某外国公司，不具有独立的法律地位，不能独立承担民事责任。设立该分支机构的外国公司对其分支机构在中国境内从事的一切经营活动承担民事责任。外国公司的分支机构通常以分公司或办事处的形式出现。

（二）外国公司在我国设立分支机构的程序

对外国公司分支机构的设立，有些国家实行准则主义，即依法直接办理设立登记手续即可营业；有些国家则实行许可主义和核准主义，即经东道国政府主管机关审批后方可办理登记注册手续，我国采取核准主义。

1. 审查批准程序

根据公司法的规定，外国公司设立分支机构，必须向中国主管机关提出申请。审批机关要依法审查外国公司是否符合设立分支机构的条件，在规定期限内做出批准或者不批准的决定。

外国公司在中国设立分支机构，应当向主管部门提交以下文件：申请成立分支机构的外国公司的公司章程、所属国的公司登记证书，该外国公司开户银行出具的资信证明，该外国公司法定代表人签署的分支机构代表人或者代理人的简历和身份证明，分支机构在我国从事经营活动的业务计划书，公司股东会或者董事会对于请求批准的议事记录以及审批机关要求的其他材料。外国公司设立分支机构时提交的申请书的内容包括：分支机构所属公司的名称、国籍、住所、法定代表人、业务范围、公司形式，所设立分支机构的形式、业务范围、经营方式、拟向其拨付的营运资金数额、设立地区、经营场所等。

国务院《关于管理外国企业常驻代表机构的暂行规定》规定：外国公司的分支机构属于贸易商、制造厂商、货运代理商的，报请中华人民共和国商务部批准；属于金融业、保险业的，报请中国人民银行批准；属于海运业、海运代理商的，报请中华人民共和国交通部批准；属于航空运输业的，报请中国民用航空总局批准；其他行业，按照业务性质，报请中华人民共和国政府的主管委、部、局批准。主管机关应当在的规定期限内做出批准或者不批准的决定。审批机关要依法审查外国公司设立分支机构是否符合设立的条件。

2. 登记程序

外国公司设立分支机构的申请经中国政府有关主管部门批准后，应当由该外国公司指定在中国境内负责该分支机构的代表人或者代理人，持有关证件向公司登记机关依法办理登记手续，领取营业执照。其登记程序原则上与中国公司设立分支机构的登记程序相同。

外国公司分支机构办理登记时，应向登记机关提交下列文件：审批机关签发的批准证书、验资报告、报审批机关批准时的全部文件。登记机关依法核准登记或驳回登记申请。登记机关颁发营业执照日期为分支机构成立的日期。

（三）外国公司分支机构的撤销

外国公司撤销其在中国境内的分支机构时，必须依法清偿债务，依照《公司法》有关公司清算程序的规定进行清算。未清偿债务之前，不得将其分支机构的财产移至中国境外。

根据《公司法》关于公司清算的规定，外国公司分支机构被撤销或获准撤销后，应成立清算组，清理其财产，编制资产负债表和财产清单，制订清算方案，报中国主管机关确认。分支机构的财产能够清偿债务的，按顺序分别支付清算费用、职工工资和劳动保险费用，缴纳所欠税款，清偿其债务。其财产不能清偿所欠债务时，应由设立该分支机构的外国公司承担全部责任。

外国公司的分支机构依法清算完毕后，应在法定期限内向原公司登记机关办理注销登记手续，缴销营业执照。清算完毕后如有剩余财产，可将其剩余财产转移到中国境外。

第二节 公司法的概念与特征

一、公司法的概念

公司法是规范公司的设立、组织、经营、变更、解散、清算等过程中发生的社会关系的法律规范的总称。公司法有形式意义上的公司法和实质意义上的公司法之分。形式意义上的公司法即以《公司法》命名的法律,实质意义上的公司法即调整公司有关的特定社会关系的法律规范的总和,在我国除《公司法》外,还包括《公司登记管理条例》《民法总则》《中外合资经营企业法》《中外合作经营企业法》等形式的调整公司对内、对外关系的法律、法规。

二、公司法的特征

基于公司法的基本内容及其与其他法律的区别,公司法具有如下特征:

1. 公司法具有组织法的特征

所谓组织法是指规范某种社会组织的产生和消灭,组织机构及其运行规则的法律规范。公司法是规范公司的法律地位、公司类型、设立条件及组织机构等的法律规范,因此,公司法具有组织法的特征,且以组织法特征为主。

2. 公司法具有行为法的特征

所谓行为法是指约束或规范某种行为的法律规范。公司法规定公司的内部行为规则,规定公司组织的运作规则,规定影响公司组织体的外部行为规则,因此,公司法具有行为法的特征。公司法只调整与公司组织体有关的行为,除此之外,公司的其他行为,如签订合同、缴纳税款、申请专利等,则由其他部门法进行调整,公司法均不予调整。

3. 公司法具有强制性规范的特征

公司法属于私法的范畴,有大量的任意性规范,体现股东和公司的"意思自治"。与其他私法不同的是,公司法还具有管理性特点,因此,在公司法中有较多的表征为强制性属性的法律规范,其目的是为了保证主体适格,以维护交易安全和经济秩序。我国现行公司法与修改前的公司法相比较,在扩大公司自治、放松对公司的管制等方面有较大变化,强制性规范属性有弱化的趋势。

4. 公司法是具有一定国际性的国内法

公司法是由一国的立法机关制定实施的，主要在该国内施行，因此属国内法。但由于经济交往的频繁以及经济活动对主体的共性化要求，各国公司法在保留其固有特色的同时，其内容带有明显的国际性，在很多公司制度方面有趋同性特点。

5. 公司法是具有程序性内容的实体法

公司法中既有大量的实体法规范，如公司组织机构及其权限、股东的权利、义务等，也有诸如公司设立、变更、清算和解散程序、公司机关的议事程序等程序性规范，是具有程序性内容的实体法。

三、公司法的立法状况

我国《公司法》是 1993 年 12 月 29 日通过后颁布，并于 1994 年 7 月 1 日开始实施的。后于 1999 年和 2004 年做了两次小规模的修正。但这部法律产生的时期毕竟是我国提出建立社会主义市场经济体制的初期，其制度体系、法律规范所反映的理念及价值显然与现代市场经济不相适应，为此，第三次对《公司法》的全面修改被启动。第三次修改于 2005 年 10 月 27 日完成。2005 年修订的《公司法》在立法理念、立法原则等方面有几个重要的变化：从侧重服务于国有企业改革，向方便各种投资者利用公司形式转变，降低了投资者进入市场的门槛，方便设立公司；从防止滥设公司转为方便设立公司；从强调事先规制到加强事后救济；从限制公司行为，向尊重公司自治，放松管制转变。这是一个全新的框架和主体结构，基本消除了计划经济的烙印，是在充分把握我国国情的基础上，依循市场经济的规则构建的公司法。为了进一步放宽投资条件，促进经济发展，对《公司法》的第四次修改被启动。2013 年 12 月 28 日，第十二届全国人民代表大会常务委员会第六次会议通过对《公司法》所作的修改，自 2014 年 3 月 1 日起施行。此次修改将注册资本由实缴登记制改为认缴登记制，取消了公司注册资本最低限额，放宽了注册资本登记条件，降低了公司设立门槛，为我国推行注册资本登记制度改革提供了法律保障。①

---

① 本书中，在没有特别强调的场合下，所称现行《公司法》或新《公司法》，均指 2013 年第四次修订后的《公司法》。

实践中，公司的形态多种多样，有的公司是依《公司法》设立的，有的公司是依外商投资企业法设立的，为了对各种公司进行规范，《公司法》明确规定，外商投资的有限责任公司和股份有限公司适用《公司法》；但有关外商投资的法律另有规定的，适用其规定。为了解决公司法实施过程中出现的实际问题，最高人民法院结合审判实践，相继颁布了适用公司法问题的司法解释，这些司法解释是公司法律制度的必要补充。这些司法解释主要有：2006年4月28日公布并于2006年5月9日起施行的《最高人民法院关于适用〈中华人民共和国公司法〉若干问题的规定（一）》；2008年5月12日公布并于2008年5月19日起施行的《最高人民法院关于适用〈中华人民共和国公司法〉若干问题的规定（二）》；2011年1月27日公布并于2011年2月16日起施行的《最高人民法院关于适用〈中华人民共和国公司法〉若干问题的规定（三）》，上述三个司法解释于2014年2月17日进行了修正；2017年8月28日公布并于2017年9月1日起施行的《最高人民法院关于适用〈中华人民共和国公司法〉若干问题的规定（四）》。

第七章

公司人格制度

公司独立人格与股东有限责任是公司的本质特征，是公司制度的基石。公司股东应当遵守法律、行政法规和公司章程，维持公司独立人格。在保证公司人格独立的基础上，股东可以充分享受自己的投资利益，将投资风险转嫁给债权人。公司人格制度，阻断了公司债权人和公司股东之间的关系，确立了有效的法律责任机制，排除了公司债权人直接向股东追偿债务的权利，平衡了投资者与债权人之间的利益关系。公司人格制度解决了公司、股东和债权人之间的责任划分。《公司法》在确立公司独立人格的基础上，还规定，如果公司股东滥用公司法人独立地位和股东有限责任，逃避债务，严重损害公司债权人利益，应当对公司债务承担连带责任。此规定被称作公司人格否认制度。公司人格制度是公司制度的核心，而公司人格否认制度，则是对公司人格制度缺陷的必要补充。

一、公司人格的概念

（一）公司人格的含义

公司人格是指公司在法律上独立享受权利和承担义务的主体资格，简言之，公司是法律意义上的人，是法律关系的主体。公司人格是公司享有权利和承担义务的基础和前提，承认公司独立人格也就意味着承认公司的独立主体地位。

（二）公司人格的法律特征

公司人格的独立性和公司人格的平等性是公司人格具有的主要法律特征。

1. 公司人格的独立性

公司人格的独立性是公司人格的最本质的特征。公司人格与组成公司的成员人格相互独立。公司经依法成立,便在法律上获得独立人格,使公司成为一个独立的实体并与其成员的人格相互独立,这是公司人格的最基本内容。因此,公司以自己独立的名称,表征其独立的存在。为了确保公司人格的独立性,法律对公司组织设定了一些特别规定。

(1) 公司财产独立。公司财产独立,指公司拥有与其成员清晰可辨的公司财产,公司对该财产享有法人财产权,该财产由公司所有或由其独立支配,它不是其成员的财产,不属于其成员所有。公司具有的独立财产是公司人格的物质基础,也是公司人格不可或缺的要素和标志之一。公司财产虽来自于成员的投资,但其成员一旦把财产投入公司,即丧失了对其出资财产的处分权,就与这些财产相分离,使这些财产成为公司财产,由公司来支配,自己转而取得了公司的股权。正是这一权利的转换,使得公司有了属于自己的财产。公司财产独立的特点使其与非法人社团划清界限,非法人社团的财产是其成员的共有财产,而公司财产不是其成员的共有财产。公司成员将其财产出资给公司后,即使将来公司成员发生变化,亦不影响公司的财产构成;而在合伙企业中成员的变化必然引起企业财产结构的变化,合伙的这一特征影响了合伙企业的独立性。

(2) 公司责任独立。公司责任独立,是指公司以其财产独立地对公司债务承担责任,公司股东仅以其出资额或所持股份对公司债务负责,除此之外股东再无责任。可见,公司责任独立的后果,是其成员承担有限责任。从这个层面上看,公司责任独立,又可称之为公司的有限责任,其实质是成员的有限责任。公司的债权人仅能对公司的财产主张权利,一般情况下,不得直接向公司的股东求偿。正是这种公司成员承担有限责任和公司独立地承担责任使公司人格独立得到了充分体现,被誉为现代公司制度的基石。

(3) 公司存续独立。公司存续独立又称"公司的永久存续",即公司人格的生命周期不受其成员构成和成员人格期限的影响,可以独立于其成员而存在。公司权利能力和行为能力由法律赋权,取决于其自身,不依赖其成员。公司通过公司机关为意思表示,以其代表人体现公司意志,由执行机关组织实施,其法律后果由公司承担。

（4）诉讼主体资格独立。诉讼主体资格独立指公司作为法人，当其权利受到侵害或者违背法律义务、约定义务时，可以以自己的名义起诉、应诉，独立地参加诉讼活动。

2. 公司人格的平等性

公司人格的平等性，是指公司作为法律主体，在主体资格上与其他主体是平等的，或者说公司人格与其他法律主体之人格具有共同的性质。公司人格平等的内涵是：公司之间，公司与其他法人之间、与自然人之间、与其他具有独立人格的非法人团体之间的人格平等。公司人格平等在法律上的推论是：不论公司的行业、性质、财产的多寡，其民事主体资格一律平等，不存在任何特权，不存在任何特殊。公司人格平等是资格上的平等，并不是每个公司在实际法律关系中所享有的权利和承担的义务具有均等性。

二、公司的能力

公司的能力，是指公司依法享有权利、承担义务并以自己的意思取得享有权利和承担义务与责任的资格，是公司主体资格在法律上的表现。我国《公司法》第3条规定："公司是企业法人，有独立的法人财产，享有法人财产权。公司以其全部财产对公司的债务承担责任。"作为法人，公司具有民事权利能力和民事行为能力，依法独立享有民事权利和承担民事义务。公司能力与自然人的能力在本质上虽有所不同，但在形式上依然可以从权利能力、行为能力两个方面进行分析。

（一）公司的权利能力

公司的权利能力，是指公司依法享有权利和承担义务的资格。根据《民法总则》第59条的规定："法人的民事权利能力和民事行为能力，从法人成立时产生，到法人终止时消灭。"《公司法》第7条规定，依法设立的公司，由公司登记机关发给公司营业执照。公司营业执照签发日期为公司成立日期。据此，作为营利法人的公司，经工商登记机关核准登记而有效成立后即取得法人资格，便具有权利能力和行为能力。作为组织体的公司与以生命存续为基础的自然人的本质差异，决定了公司权利能力的特殊性。

1. 公司权利能力受其固有性质的限制

公司权利能力受其固有性质的限制，其不享有自然人基于其自然性质而具有的权利能力，因而公司无法取得专属于自然人的权利，如生命权、健康权、婚姻权、亲权等。但公司可享有非专属于自然人的具有人身性质的权利，如公司可以有名称，对自己的名称享有名称权等。

2. 公司权利能力受法律上的限制

公司权利能力受法律上的限制，包括公司法和其他法律的限制。如我国现行《公司法》第186条规定："清算期间，公司存续，但不得开展与清算无关的经营活动。"此即是对清算中的公司权利能力的限制。《证券法》规定，公司发行债券应符合发行的条件，这也是对公司权利能力的限制。

3. 公司权利能力受公司章程的限制

我国《公司法》第12条规定："公司的经营范围由公司章程规定，并依法登记。"公司可以通过章程限制其经营范围，但超越经营范围从事经营活动，并不一定无效。越权行为曾被认为是绝对无效的行为，由于该规则不利于维护交易安全，存在严重弊端，各国公司法逐渐对其加以修正，有的甚至已废止了这一规则。我国原《民法通则》第42条规定"企业法人应当在核准登记的经营范围内从事经营"，因此，相当长时间内，法人超出其经营范围从事经营活动一律被认定是无效行为。近年来，立法与实践中均已改变传统的越权无效做法，对公司超越经营范围所为的民商事行为，一般认定为相对有效的行为。依据《最高人民法院关于适用〈中华人民共和国合同法〉若干问题的解释（一）》[简称《〈合同法〉司法解释（一）》]第10条之规定："当事人超越经营范围订立合同，人民法院不因此认定合同无效。但违反国家限制经营、特许经营以及法律、行政法规禁止经营规定的除外。"也就是说，只要不违反限制经营、特许经营以及法律、行政法规禁止经营的规定，企业法人超越经营范围签订的合同均为有效合同，这充分体现了当事人的意思自治。

（二）公司的行为能力

公司的行为能力，即公司能够以自己的意志和行为独立取得权利与承担义务之资格。公司行为能力与其权利能力在时间上具有一致性，即行为能力与其权利能力一样，均始于公司成立，终于公司消灭。公司行为能力与其权利能力在范围上具有一致性，即公司的行为能力取决于它的权利能力，原则上不能超越于它的权利能力，因此，公司行为能力同样受其性质、目的及法律的限制。公司行为能力是通过公司代表机关实现的。公司是一种营利法人。依《民法总则》规定,法定代表人代表法人从事民事活动,其法律后果由法人承受。我国《公司法》规定,公司法定代表人依照公司章程的规定,由董事长、执行董事或者经理担任,并依法登记。公司凭借其代表机关完成其意志与行为,依法独立从事经营活动,实现其行为能力。法人章程或者法人权力机构虽可对法定代表人的代表权进行限制,但不得对抗善意相对人。

三、公司人格否认制度

公司独立人格与股东有限责任在保护股东利益方面发挥着积极作用,与此同时,亦存在着对债权人保护不足的局限性。为矫正其不足,各国公司法规定了公司人格否认制度。

(一)公司人格否认制度的含义

公司人格否认制度,在英美法等国家中被称为"揭开公司面纱""刺穿公司的面罩",在德国被称为"直索",在日本被称为"公司人格形骸化理论"。公司法人格否认制度,指为了阻止公司独立人格的滥用和保护债权人利益及社会公共利益,就具体法律关系中的特定事实,否认公司与其背后的股东各自独立的人格及股东的有限责任,责令股东对公司债权人或公共利益直接负责,以实现公平、正义目标而设置的一种法律措施或一种法律制度。这是对公司股东有限责任的一种排除,或者说是股东有限责任的一个例外。如果股东滥用公司法人独立地位和股东有限责任,转移公司资产,逃避债务,规避法律或合同的义务,严重损害公司债权人的利益,则公司债权人可以追究股东的连带责任。

(二)公司人格否认制度的特征

1. 公司业已合法取得法人资格

公司人格否认以公司人格独立为前提条件,要求公司已经依法取得了法人资格,且公司的法人资格自始至终合法有效;否则,无须进行人格否认。如果公司在设立过程中,不符合法律规定,被撤销或者被宣告无效,则公司视同解散,进入清算程序,自清算完结后,公司消灭。因此,公司人格否认制度与公司设立瑕疵的无效制度、撤销制度不同。

2. 公司人格否认仅存在于具体的法律关系中

公司人格否认是一种个案否定，具有相对性、部分性，否认的效果仅涉及特定当事人和特定法律关系，不涉及公司与其他当事人之间所形成的法律关系。而公司被撤销、解散是对公司人格的根本性剥夺，永久地否认公司的人格而导致公司人格的消灭。因此，人格否认与公司被撤销、解散而全面地、永久地剥夺公司的独立人格不同。

3. 公司人格否认的直接后果是追偿股东的责任

否认公司人格的目的在于突破股东有限责任的局限，在股东与公司之间进行责任再分配，否定股东原来仅以出资额为限承担责任的原则，让股东承担连带责任。可见，公司法人格否认制度的价值在于矫正传统的公司法人格制度，维护法人制度的本质，完善有限责任，防止欺诈，保护债权人利益，是一种事后救济措施。

【示例 7.1】 甲、乙两个股东提交虚假材料，取得公司登记，情节严重，工商登记机关撤销公司登记。

【分析】 此种情形下，公司是被撤销，经清算后，公司消灭，不适用公司人格否认制度。

【示例 7.2】 丙是丁公司的股东，以低价将公司机器出售给其亲属，给公司造成损失 20 万元。

【分析】 丙股东滥用股东权利给公司或者其他股东造成损失，依法承担赔偿责任。

（三）公司人格否认适用的情形

公司法人格否认制度适用的情形比较复杂，在诉讼程序上，应由法院审查并作出判决。一般认为，适用公司法人格否认，追究股东连带责任时，要求行为人客观上实施了滥用人格的行为，并使公司、其他股东、公司债权人或公共利益受到严重损害。滥用人格的行为主要有以下情形：

1. 利用公司人格规避法律义务、逃避合同义务和其他义务

【示例 7.3】 甲是乙公司的技术员，与公司有约定，在其辞职后 2 年内，禁止从事与乙公司竞争的业务。后甲辞职，成立了一家公司，经营与乙竞争的业务。

【分析】 甲本可以从事与乙公司竞争的业务活动，但是，甲与乙公司有合同

约定，应在辞职后 2 年内不能从事与乙公司相同的营业活动。现在，甲利用其所控制的公司，经营与乙公司相竞争的业务，就是其逃避契约的义务的虚伪掩护，其所设立的公司应视为甲的化身，应将其控制的公司人格否认，禁止甲股东及所控制的公司从事与乙公司相竞争的业务活动。

2. 公司资本显著不足

公司资本不足并不是指低于公司法规定的法定最低资本额，而是指公司资本不足于公司经营所需，与其所从事的经营事业不匹配。判断公司人格独立的标准为，公司设立时，股东的真实投入与公司所经营的事业是否存在合理的比例关系。公司股东为保证公司的独立人格，应提供足够的资本，使公司有足够承担责任的财产，以此来换取有限责任的优惠。美国法院在审理泰勒诉标准电气石油公司案中涉诉子公司深石石油公司案中创立的深石原则，即是对资本显著不足的处理原则，该原则又称衡平居次原则。其主要内容是：在母子公司场合下，若子公司资本不足，且同时存在母公司之利益而不按常规经营者，在子公司破产或重整时，母公司对子公司债权之地位应居于子公司优先股股东利益之后。在母公司对子公司投资资本严重不足时，不仅要揭开公司面纱，让母公司直接对子公司之债权人负责，而且母公司对子公司的贷款也被视为投资之不足，不允许对子公司主张债权。但是，资本投入正常情况下，母公司可依据需要对子公司进行贷款。

由于我国公司法人格否认制度实施时间不长，司法实践中对资本显著不足的理解不完善，以资本显著不足为由否认公司人格的案例极少。[①] 现有的司法解释对资本不足的理解基本是参照法定的最低资本数额来进行判断的。如《最高人民法院关于企业开办的其他企业被撤销或者歇业后民事责任承担问题的批复》（法复〔1994〕4 号）中指出，企业开办的企业被撤销、歇业或者依照《企业法人登记管理条例》第 22 条规定视同歇业后，其债务承担问题应根据下列不同情况分别处理：（1）企业开办的企业领取了《企业法人营业执照》并在实际上具备企业法人条件的，根据《民法通则》第 48 条的规定，应当以其经营管理或者所有的财产独立承担民事责任。（2）企业开办的企业已经领取了《企业法人营业执照》，

---

① 黄辉在 2012 年第 1 期《法学研究》发表了《中国公司法人格否认制度实证研究》，其研究结果显示，自 2006 年 1 月 1 日起到 2010 年 12 月 31 日止的 99 个公司人格否认案例中，只有 1 件因资本不足而否认公司法人格的案件。

其实际投入的自有资金虽与注册资金不符,但达到了《中华人民共和国企业法人登记管理条例实施细则》第 15 条第(7)项或者其他有关法规规定的数额,并且具备了企业法人其他条件的,应当认定其具备法人资格。但如果该企业被撤销或者歇业后,其财产不足以清偿债务的,开办企业应当在该企业实际投入的自有资金与注册资金差额范围内承担民事责任。(3)企业开办的企业虽然领取了《企业法人营业执照》,但实际没有投入自有资金,或者投入的自有资金达不到《企业法人登记管理条例实施细则》第 15 条第(7)项或其他有关法规规定的数额,或者不具备企业法人其他条件的,应当认定其不具备法人资格,其民事责任由开办该企业的企业法人承担。根据以上批复,可以看出,企业法人只要达到了法定的最低资本限额,投资人承担的责任就是资本充实责任,属于有限责任的范畴;企业法人未达到法定最低资本限额的,认定其不具备法人资格,投资者所承担的责任才会超过其出资范围,类似于否认人格,承担无限责任。根据《最高人民法院关于适用〈中华人民共和国公司法〉若干问题的规定(三)》(简称《〈公司法〉司法解释(三)》)第 13 条的规定,未履行或者未全面履行出资义务的股东,应在未出资本息范围内对公司债务不能清偿的部分承担补充赔偿责任。债权人可以要求发起人承担连带责任;公司的发起人承担责任后,可以向出资瑕疵股东追偿。股东在公司增资时未履行或者未全面履行出资义务,除可向出资不足的股东要求承担责任外,还可请求未尽《公司法》第 147 条第 1 款规定的义务而使出资未缴足的董事、高级管理人员承担相应责任。

比较分析我国司法解释的相关规定与美国法院的判例,可以看出二者之间存在较大差异:判断资本是否充足,一个是以法律规定的法定最低资本限额为主要标准;一个是以所从事的经营活动的合理比例为标准。美国法院的判例值得我们进一步研究资本不足的判断标准应如何确认。

3. 公司法人与其成员的人格混同,使公司人格形骸化

公司与控股股东之间存在人员、业务、财务等方面交叉或混同。

实务问题

【案例 7.1】 徐工集团工程机械股份有限公司诉成都川交工贸有限责任公司

等买卖合同纠纷案可以比较好地诠释公司人格混同情形。① 本案原告徐工集团工程机械股份有限公司（以下简称徐工机械公司）诉称：成都川交工贸有限责任公司（以下简称川交工贸公司）拖欠其货款未付，而成都川交工程机械有限责任公司（以下简称川交机械公司）、四川瑞路建设工程有限公司（以下简称瑞路公司）与川交工贸公司人格混同，三个公司实际控制人王永礼以及川交工贸公司股东等人的个人资产与公司资产混同，均应承担连带清偿责任。请求判令：川交工贸公司支付所欠货款 10 916 405.71 元及利息；川交机械公司、瑞路公司及王永礼等个人对上述债务承担连带清偿责任。被告川交工贸公司、川交机械公司、瑞路公司辩称：三个公司虽有关联，但并不混同，川交机械公司、瑞路公司不应对川交工贸公司的债务承担清偿责任。王永礼等人辩称：王永礼等人的个人财产与川交工贸公司的财产并不混同，不应为川交工贸公司的债务承担清偿责任。

法院生效裁判认为：川交工贸公司与川交机械公司、瑞路公司人格混同。一是三个公司人员混同。三个公司的经理、财务负责人、出纳会计、工商手续经办人均相同，其他管理人员亦存在交叉任职的情形，川交工贸公司的人事任免存在由川交机械公司决定的情形。二是三个公司业务混同。三个公司实际经营中均涉及工程机械相关业务，经销过程中存在共用销售手册、经销协议的情形；对外进行宣传时信息混同。三是三个公司财务混同。三个公司使用共同账户，以王永礼的签字作为具体用款依据，对其中的资金及支配无法证明已作区分；三个公司与徐工机械公司之间的债权债务、业绩、账务及返利均计算在川交工贸公司名下。因此，三个公司之间表征人格的因素（人员、业务、财务等）高度混同，导致各自财产无法区分，已丧失独立人格，构成人格混同。川交机械公司、瑞路公司应当对川交工贸公司的债务承担连带清偿责任。

【分析】公司人格独立是其作为法人独立承担责任的前提。公司的独立财产是公司独立承担责任的物质保证，公司的独立人格也突出地表现在财产的独立上。当关联公司的财产无法区分，丧失独立人格时，就丧失了独立承担责任的基础。本案中，三个公司虽在工商登记部门登记为彼此独立的企业法人，但实际上相互之间界线模糊，人员、业务、财务等方面交叉或混同，导致各自财产无法区

---

① 具体案情参见最高人民法院第 15 号指导案例。

分,丧失独立人格,构成人格混同。其中川交工贸公司承担所有关联公司的债务却无力清偿,又使其他关联公司逃避巨额债务,严重损害了债权人的利益,因此,关联公司相互之间对外部债务承担连带责任。

4. 股东对公司过度控制

股东对公司过度控制的行为,是指公司控股股东控制公司实施不正当影响,使公司丧失独立的意思,成为股东谋取利益的工具。这种情况通常发生在一人有限责任公司、母子公司或者姐妹公司之间。股东对公司过度控制的主要表现形式有,公司控股股东利用关联交易转移财产、隐匿资产,控股股东要求公司为其债务提供担保,廉价购买公司的资产,高价向公司出售资产、借用公司的资金等,子公司在受控制的情况下作出的上述决策,严重损害子公司、子公司股东和子公司债权人的利益。

5. 股东利用公司人格实施诈害行为

这是指股东利用公司人格实施诈害公司或债权人的行为,主要表现为:（1）股东未经公司股东会、股东大会同意,同公司进行交易,获得不合理的利润,从而损害公司利益。（2）股东向债权人做虚假陈述,误导债权人与公司进行交易,实际履行义务时,公司没有足够财产支付,债权人利益受到损害。

公司的独立法人地位与股东的有限责任,是公司法的核心和基石。因此,公司人格否认之适用必须慎重,不能滥用;否则,会危及到公司基本制度。

第八章

公司设立制度

公司设立，是指发起人依照法律规定的条件和程序，为组建公司使其取得法律人格而采取和完成的一系列法律行为的总称。这一系列法律行为包括：联系发起人，选择设立方式，筹集设立公司所需要的注册资本，制定公司章程，申请注册登记等。公司的种类不同，设立行为的内容也不尽相同。公司的设立不等于公司的成立。公司设立是始于公司创办人进行公司筹备而终于公司获得法律人格的过程；而公司成立则是公司已获得法律人格的事实状态，公司成立是公司设立活动结束的标志，是设立行为、设立过程在法律上的一种认可。

一、公司设立原则

不同的设立原则，体现着在公司发展的不同历史阶段各国立法对公司设立采取的基本态度。在公司发展的历史中，出现过自由设立、特许设立、批准设立、准则设立等不同立法原则。

（一）自由设立

这是指公司设立人无须履行法定程序即可自由设立公司，法律对公司的设立不予以任何条件限制。自由主义主要存在于公司制度的萌芽时期，最初对经济的发展和繁荣起到重要作用。该原则在现代社会仍继续存在，如很多国家对个人独资企业、流动摊贩等营业，免予登记。

（二）特许设立

这是指公司设立须依据国家立法机关的特别立法、专门法规或行政命令，或由国家元首特许批准设立公司。该设立原则程序过于严格、手续复杂，不利于公司的正常设立，因而现已很少采用；但在现代仍有沿用，如许多国家的中央银行都是通过专门制定《中央银行法》的形式设立的，法国的国有公司也是以国家特别法形式设立的。按特许主义设立的公司通常是一些特殊性质的公司，如商业银行、保险公司等。

（三）批准设立

其又称"核准设立""审批设立"，指设立公司，除需符合法律规定的条件外，还要报请行政主管机关审核批准后，才能申请登记成立。我国曾长期对公司设立采取批准设立原则。对公司设立采取行政机关审批许可的模式，虽可在一定程度上防止公司滥设，但交易受政府行政行为影响大，可能产生拖延、腐败现象，不利于公司及时设立，故大多数国家和地区除对特殊种类、行业的公司设立采取此原则外，一般已经不再采取这一原则。我国2005年修订的《公司法》，已经取消股份有限公司设立的行政审批程序。

（四）准则设立

其又称登记设立，是指法律规定设立公司的实体条件，设立人只需按这些条件设立公司并向有关部门办理登记手续即取得营业资格，无须报行政主管部门批准的设立方式。准则主义又有"单纯准则主义"和"严格准则主义"之分。一些国家为了防止过于宽松的准则主义下可能发生的滥设公司与欺诈行为，在立法中除严格规定公司设立的条件，还规定一些限制性条款，并加重设立人的责任，被称为"严格准则主义"。

目前，世界各国在公司设立上主要采取准则主义或严格准则主义原则，一方面，维持公司依法律准则设立，不经行政审批的原则；另一方面，在法律中规定公司设立的条件和设立责任，并加强行政机关、司法机关对公司设立的监督。

在《公司法》颁布之前，我国企业的设立长期以来采取核准设立原则，设立企业必须经行政机关审批，行政干预直接影响着企业设立的效率。《公司法》颁布之初，有限责任公司的设立原则上采用准则主义，除非法律有特别规定；而股份有限公司的设立，则适用核准主义。在总结实践经验的基础上，现行《公司法》采取区别对待的方法，第6条规定："设立公司，应当依法向公司登记机关申请设立登记。符合本法规定的设立条件的，由公司登记机关分别登记为有限责任公司或者股份有限公司；不符合本法规定的设立条件的，不得登记为有限责任公司或者股份有限公司。法律、行政法规规定设立公司必须报经批准的，应当在公司登记前依法办理批准手续。"由此可见，我国《公司法》对有限责任公司和股份有限公司采取了相同的规定，采取准则设立主义为主，核准设立主义为辅的设立原则。

二、公司设立的方式

公司设立的方式有发起设立与募集设立两种。我国《公司法》规定，有限责任公司属于封闭性公司，不能向社会发行股份，因此，只能采取发起设立方式设立公司。股份有限公司属于开放性公司，可以向社会发行股份，因此，既可以采取发起方式设立公司，也可以采取募集方式设立公司。

（一）发起设立

发起设立，又称同时设立、共同设立、单纯设立，指公司的全部股份或者首期发行的股份由发起人认购，不向发起人以外的任何人募集而设立公司。

发起设立方式程序简单，公司的资本无需向社会筹集，可以提高公司设立的效率，减少公司设立的费用，降低公司设立的成本，是公司设立的常见方式。但发起设立中发起人应认购全部资本，公司设立资本需求较大时，发起人出资责任重，很难承受，会影响公司的设立，因此，发起设立是中小型公司常采取的一种设立方式。

（二）募集设立

募集设立，又称募股设立、渐次设立、复杂设立，指发起人只认购公司全部股份或首期发行股份的一部分，其余部分向社会公开募集或者向特定对象募集而设立公司。我国《公司法》将募集设立分为公开募集设立和定向募集设立两种方式。

公开募集设立，是指公司发行的股份除由发起人认购外，其余股份向社会公众公开发行。定向募集设立，是指公司发行的股份除由发起人认购外，其余股份可以向特定法人或特定自然人发行，但不能公开向社会发行。定向募集具有发起设立和公开募集设立所不具有的优点：与一般公开募集相比发行股份的程序简单，与发起设立相比资金筹措更容易。

各国公司法对采取募集方式设立公司时发起人认购的股份应占发行资本总额的比例有限制性的规定。我国《公司法》第 84 条规定："以募集设立方式设立股份有限公司的，发起人认购的股份不得少于公司股份总数的 35%；但是，法律、行政法规另有规定的，从其规定。"这样规定，虽然加重了发起人的责任，但对于防止发起人利用设立公司进行欺诈活动，损害投资者利益具有一定意义。

三、公司设立的条件

（一）有限责任公司的设立条件

根据《公司法》第 23 条规定，设立有限责任公司，应当具备下列条件：

1. 股东符合法定人数

《公司法》第 24 条规定："有限责任公司由 50 个以下股东出资设立。"由于我国公司法确认了一人有限责任公司和国有独资公司的法律地位，因此，股东人数没有下限。《公司法》规定有限公司股东的上限，有利于增强公司的人合性和外部信誉。

2. 有符合公司章程规定的全体股东认缴的出资额

2013 年《公司法》对公司资本制度进行重大修改，对一般性的公司设立已经取消最低资本额限制，法律、法规规定的特殊类型公司除外。股东对注册资本可以自行约定数额、自行设定缴纳期限，各出资形态的比例也由股东自行约定。设立公司最低资本限额的取消，降低了设立公司的门槛，极大地便利股东的投资。但债权人保护与资本制度的衔接被大大削弱，因此，资产信用规则完善、对债权人的保护需要高度重视。

3. 股东共同制定公司章程

公司章程作为有限责任公司的重要法律文件，应由全体股东共同制定。《公司法》第 25 条规定，有限责任公司章程应当载明如下事项：（1）公司名称和住所；（2）公司经营范围；（3）公司注册资本；（4）股东的姓名或者名称；（5）股东的出资方式、出资额和出资时间；（6）公司的机构及其产生办法、职权、议事规则；（7）公司法定代表人；（8）股东会会议认为需要规定的其他事项。股东应当在公司章程上签名、盖章。

4. 有公司名称和建立符合有限责任公司要求的组织机构

公司必须有自己的名称，以区别于其他公司、企业。公司只能使用一个名称，公司名称应当由字号、行业特点或者经营特点、组织形式依次组成。公司名称前应当冠以公司所在地省（包括自治区、直辖市）、市（包括州）或县（包括市辖区）的行政区划名称。在核准登记的行政区划内，同行业公司名称不得相同或近似。公司名称可在法定范围内自由选定，其中必须标明"有限责任公司"字样。名称中不得含有下列文字和内容：有损于国家、社会公共利益的；可能对公众造成欺骗或者误解的；外国国家（地区）名称、国际组织名称；政党名称、党政军机关名称、群众组织名称、社会团体名称及部队番号；汉语拼音字母（外文名称中使用的除外）、数字；其他法律、行政法规规定禁止的。经公司登记机关核准登记的公司名称受法律保护。公司享有名称专用权，有权使用、依法转让自己的名称，禁止他人盗用或假冒。

有限责任公司还应当建立符合要求的组织机构，公司的组织机构是公司对其经营活动进行管理的核心机构，包括股东会、董事会、监事会、经理领导的经营管理机构等。

5. 有公司住所

公司的住所是其主要办事机构所在地。住所应在公司章程中载明并在公司登记机关予以登记，据以与客户进行正常的业务联系和办理其他事务，便于政府实施管理、确定诉讼管辖、确定法律文书送达的地址、确定债务履行的处所、确定登记机关等。

公司住所是公司章程的必要记载事项，也是必须登记的事项。如不登记或发生变更而不为变更登记手续时，不得对抗善意第三人。

（二）股份有限公司的设立条件

《公司法》第76条规定，设立股份有限公司，应当具备下列条件：

1. 发起人符合法定人数

《公司法》规定：设立股份有限公司，应当有2人以上200人以下为发起人，其中须有半数以上的发起人在中国境内有住所。发起人是指为设立公司而签署公司章程、向公司认购出资或者股份并履行公司设立职责，并对公司设立承担责任的人。在公司成立之前，发起人对外代表设立中的公司，对内履行设立公司的义务，为设立中公司的机关，对公司设立活动承担法律责任：公司不能成立时，对设立行为所产生的债务和费用负连带责任；公司不能成立时，对认股人已缴纳的股款，负返还股款并加算银行同期存款利息的连带责任；在公司设立过程中，由于发起人的过失致使公司利益受到损害的，应当对公司承担赔偿责任。

《公司法》对自然人作为发起人未明确规定条件，就公司设立行为而言，应当适用《民法总则》关于自然人权利能力和行为能力的规定。一般认为，自然人作为发起人应该具有完全行为能力，但也有学者认为，自然人作为发起人不应有行为能力的要求。

营利性法人可以作为公司发起人。非营利性法人是否能充任公司发起人的问题，在理论上存在争论，《公司法》未做明确规定。有的国家公司法采取绝对禁止主义，禁止非营利性组织参与任何具有商业目的的活动或商业活动，以菲律宾为代表，其目的是确保公司"目的的单纯性"。有的国家和地区采取原则禁止主义，即原则上禁止非营利性法人参与商业活动，但为实现非营利性组织的生存或设立目的的除外，如新加坡、我国台湾地区。还有的国家采取附条件许可主义，规定非营利性组织设立公司时，在实体上不得影响或应当更有利于实现其公益目的；在程序上应当经过特定的审批程序，如获得相关政府的批准；设立公司所得应用于更广泛的非营利性目标；有的国家还要求从事商业活动的支出少于50%。澳大利亚、越南、韩国、日本、印度尼西亚等国家采取该原则。

1998年《事业单位登记管理暂行条例》第2条规定："本条例所称事业单位，是指国家为了社会公益目的，由国家机关举办或者其他组织利用国有资产举办的，从事教育、科技、文化、卫生等活动的社会服务组织。事业单位依法举办的营利性经营组织，必须实行独立核算，依照国家有关公司、企业等经营组织的法律、法规登记管理。"1998年《社会团体登记管理条例》第4条规定，社会团体不得从事营利性经营活动。1998年《民办非企业单位登记管理暂行条例》第4条规定，民办非企业单位不得从事营利性经营活动。根据上述规定，事业单位、社会团体、民办非企业单位自身不得从事经营活动。1999年《国家工商行政管理局关于企业登记管理若干问题的执行意见》第6条规定："社会团体（含工会）、事业单位及民办非企业单位，具备法人资格的，可以作为公司股东或投资开办企业法人，但按照中共中央、国务院的规定不得经商办企业的除外。"根据该规定，非营利性组织可以作为公司的发起人，设立公司。

1993年10月9日，中共中央办公厅、国务院办公厅转发国家经贸委《关于党政机关与所办经济实体脱钩的规定》。该规定要求，县及县以上各级党的机关、人大机关、审判机关、检察机关和政府机关中的公安、安全、监察、司法、审计、税务、工商行政管理、土地管理、海关、技术监督、商检等部门以及办事机构，均不准组建任何类型的经济实体，以部门名义向经济实体投资、入股，接受各类经济实体的挂靠。

1992年6月26日中共中央办公厅、国务院办公厅发出《关于党政机关兴办经济实体和党政机关干部从事经营活动问题的通知》。该通知要求，县及县以上党政机关（包括党委机关、国家权力机关、行政机关、审判机关、检察机关），要坚决执行中共中央、国务院历来的规定，不准经商、办企业。所兴办的各类经济实体，必须与党政机关在财务、名称、人事等方面彻底脱钩。严格划清党政机关管理职权与经济实体经营权的界限，凡是经济实体，必须根据国家法律和政策的规定，自主经营，自负盈亏。县及县以上党政机关在职干部一律不得经商、办企业，不得兼有党政机关干部和企业职工双重身份。之后，又多次发文，严格禁止党政机关、军队、武警部队经商办企业，自然包括禁止党政机关作为公司的发起人。

2. 有符合公司章程规定的全体发起人认购的股本总额或者募集的实收股本总额

股份有限公司采取发起设立方式设立的，注册资本为在公司登记机关登记的全体发起人认购的股本总额。在发起人认购的股份缴足前，不得向他人募集股份。股份有限公司采取募集方式设立的，注册资本为在公司登记机关登记的实收股本总额。法律、行政法规以及国务院决定对股份有限公司注册资本实缴、注册资本最低限额另有规定的，从其规定。

3. 股份发行、筹办事项符合法律规定

发起人设立股份有限公司，必须按照法律规定发行股份并进行其他筹办事项，向社会公开募集股份要报经国务院证券监督管理部门核准。

4. 发起人制订公司章程，采用募集方式设立的经创立大会通过

股份有限公司的章程由全体发起人负责制订，以发起方式设立公司的，章程由全体发起人签署。以募集方式设立的，发起人起草章程，须经创立大会讨论通

过。《公司法》第 81 条规定了股份有限公司章程应当载明的事项：（1）公司名称和住所；（2）公司经营范围；（3）公司设立方式；（4）公司股份总数、每股金额和注册资本；（5）发起人的姓名或者名称、认购的股份数、出资方式和出资时间；（6）董事会的组成、职权和议事规则；（7）公司法定代表人；（8）监事会的组成、职权和议事规则；（9）公司利润分配办法；（10）公司的解散事由与清算办法；（11）公司的通知和公告办法；（12）股东大会会议认为需要规定的其他事项。

5. 有公司名称，建立符合股份有限公司要求的组织机构

根据《公司法》第 8 条第 2 款之规定："依法设立的股份有限公司，必须在公司名称中标明股份有限公司或者股份公司的字样。"公司名称由公司发起人拟定，并且遵守公司命名的有关法律规定，然后向相应的工商行政管理机关预先办理公司名称核准登记手续。股份有限公司的组织机构包括股东大会、董事会、监事会及经理。

6. 有公司住所

公司以其主要办事机构所在地为住所。公司住所的确定，具有非常重要的法律意义。它是公司对外签订合同、履行合同的法定地点，也是司法机关送达法律文书、确定法院管辖的重要依据。

四、公司设立的程序

（一）有限责任公司的设立程序

就设立程序而言，有限责任公司与股份有限公司相比，相对简单。《公司法》和《公司登记管理条例》对有限责任公司设立程序作出了明确的规定。具体的程序如下：

1. 订立发起人协议

《公司法》规定，有限责任公司的设立只能采取发起设立方式。发起人通常应签署发起设立协议或公司设立协议，对公司的投资者、各方的投资比例、公司名称等基本事项进行明确约定，以期明确发起人之间在公司设立阶段产生的权利义务关系。订立发起人协议，不是设立公司必经程序，但是为了防止发起人在设立过程中的利益冲突及可能发生的纠纷，应鼓励发起人订立设立协议，该设立协议也是将来制定公司章程的一个基础。

2. 申请名称预先核准

《公司登记管理条例》规定：设立公司应当申请名称预先核准。法律、行政法规或者国务院决定规定设立公司必须报经批准，或者公司经营范围中属于法律、行政法规或者国务院决定规定在登记前须经批准的项目的，应当在报送批准前办理公司名称预先核准，并以公司登记机关核准的公司名称报送批准。

在不违背法律禁止性规定的条件下，公司的发起人可以自由确定公司的名称。由发起人或发起人委托的代理人将拟确定的公司名称向公司登记机关办理名称核准登记。申请名称预先核准，应当提交下列文件：（1）全体股东签署的公司名称预先核准申请书；（2）全体股东指定代表或者共同委托代理人的证明；（3）国家工商行政管理总局规定要求提交的其他文件。

预先核准的公司名称保留期为6个月。预先核准的公司名称在保留期内，不得用于从事经营活动，不得转让。

3. 签署公司章程

公司章程应由全体股东共同制定，其内容应符合《公司法》的规定，并经投资者协商同意，由全体投资者共同签署。

4. 认缴并缴纳出资

认缴并缴纳出资是投资者取得股东资格的前提条件。有限责任公司章程应当载明公司注册资本、股东的出资方式、出资额和出资时间。股东签署公司章程，是对公司及其他股东的允诺，其必须按照公司章程约定的期限、金额及出资方式履行出资义务。2013年修改后的《公司法》，虽然取消了股东缴纳出资的期限，但并未免除股东的出资义务。公司章程是规范股东出资的最主要法律文件，股东应当按期足额缴纳公司章程中规定的各自所认缴的出资额。所谓认缴，是指确认缴纳、允诺缴纳、承诺缴纳。股东以货币出资的，应当将货币出资足额存入有限责任公司在银行开设的账户；以非货币财产出资的，应当依法办理其财产权的转移手续。对作为出资的非货币财产应当评估作价，核实财产，不得高估或者低估作价。法律、行政法规对评估作价有规定的，从其规定。股东如果不按照要求缴纳出资的，除应当向公司足额缴纳外，还应当向已按期足额缴纳出资的股东承担违约责任。

有限责任公司成立后，发现作为设立公司出资的非货币财产的实际价额显著低于公司章程所定价额的，应当由交付该出资的股东补足其差额；公司设立时的其他股东承担连带责任。当然，承担连带责任的股东代为承担责任后，有权向出资瑕疵的股东行使追偿权。

5. 确定公司机关及其组成人员

公司发起人在订立章程时，一般应确定公司机关及其组成人员，以便在公司成立之后尽快进入经营管理。

6. 办理行政审批手续

公司登记前的审批程序虽然已经大幅度减少，但在某些特殊领域依然还保留。《公司登记管理条例》第20条规定，法律、行政法规或者国务院决定规定设立有限责任公司必须报经批准的，应当自批准之日起90日内向公司登记机关申请设立登记；逾期申请设立登记的，申请人应当报批准机关确认原批准文件的效力或者另行报批。法律、行政法规或者国务院决定规定设立有限责任公司必须报经批准的，还应当提交有关批准文件。近几年来，国务院在推进工商登记制度的改革过程中，规定在部分特殊行业设立公司、企业，其经营范围中属于法律、行政法规或者国务院决定规定须经批准的项目的，也可以在公司成立后申请批准，如：公募基金管理公司、证券金融公司、保险资产管理公司等的设立审批实行后置审批程序。

7. 申请公司设立登记

在具备设立条件后，应由全体股东所指定的代表或者其共同委托的代理人向公司登记机关申请设立登记，并按《公司登记管理条例》第20条规定，提交下列文件：（1）公司法定代表人签署的设立登记申请书；（2）全体股东指定代表或者共同委托代理人的证明；（3）公司章程；（4）股东的主体资格证明或者自然人身份证明；（5）载明公司董事、监事、经理的姓名、住所的文件以及有关委派、选举或者聘用的证明；（6）公司法定代表人任职文件和身份证明；（7）企业名称预先核准通知书；（8）公司住所证明；（9）国家工商行政管理总局规定要求提交的其他文件。法律、行政法规或者国务院决定规定设立有限责任公司必须报经批准的，还应当提交有关批准文件。

8. 公司登记机关审查登记并颁发营业执照

公司登记机关对于公司设立登记的申请应进行审查，符合法定条件的，予以登记并颁发《企业法人营业执照》；不符合法定条件时则不予登记。《公司登记管理条例》第3条规定，公司经公司登记机关依法登记，领取《企业法人营业执照》，方取得企业法人资格。

《企业法人营业执照》分为正本和副本，正本和副本具有同等法律效力。国家推行电子营业执照。电子营业执照与纸质营业执照具有同等法律效力。《企业法人营业执照》正本应当置于公司住所或者分公司营业场所的醒目位置。公司可以根据业务需要向公司登记机关申请核发营业执照若干副本。

公司登记机关应当将公司登记、备案信息通过企业信用信息公示系统向社会公示。

（二）股份有限公司发起设立的程序

发起设立，是指由发起人认购公司应发行的全部股份而设立公司。以发起设立方式设立的股份有限公司，其设立程序如下：

1. 签订发起人协议

该协议是全体发起人就公司设立过程中的权利和义务等内容所订立的协议。股份有限公司发起人承担公司筹办事务。

2. 申请名称预先核准

设立股份有限公司，应当由全体发起人指定的代表或者共同委托的代理人向公司登记机关申请名称预先核准。申请名称预先核准，应当提交下列文件：（1）全体发起人签署的公司名称预先核准申请书；（2）全体发起人指定代表或者共同委托代理人的证明；（3）国家工商行政管理总局规定要求提交的其他文件。预先核准的公司名称保留期为6个月。预先核准的公司名称在保留期内，不得用于从事经营活动，不得转让。

3. 发起人制定公司章程

股份有限公司的章程由全体发起人负责制定。以发起方式设立公司的，章程由全体发起人签署。

4. 发起人认足股份并缴纳股款

股份有限公司采取发起设立方式设立的，注册资本为在公司登记机关登记的全体发起人认购的股本总额。2013年修改后的《公司法》，取消了公司设立的最低注册资本额的要求，也取消了2年的出资期限，公司注册资本数额、出资的期限均由发起人自行决定，记载于公司章程，但法律、行政法规以及国务院决定对股份有限公司注册资本实缴、注册资本最低限额另有规定的，从其规定。以发起设立方式设立股份有限公司的，发起人应当书面认足公司章程规定其认购的全部股份，并按照公司章程规定缴纳出资。在发起人认购的股份缴足前，不得向他人募集股份。以非货币财产出资的，应当依法办理其财产权的转移手续。发起人不依照公司章程规定缴纳出资的，应当按照发起人协议承担违约责任。

5. 选举董事会和监事会

发起人认足公司章程规定的出资后，应当选举董事会和监事会。

6. 办理登记前置的行政审批

公司登记前的审批程序虽然已经大幅度减少，但在某些特殊领域依然还保留。《公司登记管理条例》第20条规定，法律、行政法规或者国务院决定规定设立有限责任公司必须报经批准的，还应当提交有关批准文件。国务院规定在部分特殊行业设立公司、企业，其经营范围中属于法律、行政法规或者国务院决定规定实行后置审批项目的，可以在公司成立后申请批准。

7. 申请设立登记

《公司法》规定，由董事会向公司登记机关报送公司章程以及法律、行政法规规定的其他文件，申请股份有限公司的设立登记。申请设立股份有限公司，应当向公司登记机关提交下列文件：（1）公司法定代表人签署的设立登记申请书；（2）董事会指定代表或者共同委托代理人的证明；（3）公司章程；（4）发起人的主体资格证明或者自然人身份证明；（5）载明公司董事、监事、经理姓名、住所的文件以及有关委派、选举或者聘用的证明；（6）公司法定代表人任职文件和身份证明；（7）企业名称预先核准通知书；（8）公司住所证明；（9）国家工商行政管理总局规定要求提交的其他文件。法律、行政法规或者国务院决定规定设立有限责任公司必须报经批准的，还应当提交有关批准文件或者在公司成立后申请批准。

8. 公司登记机关审查登记并颁发营业执照

公司登记机关对于公司设立登记的申请应进行审查，符合法定条件的，予以登记并颁发《企业法人营业执照》；不符合法定条件时则不予登记。《公司登记管理条例》第3条规定，公司经公司登记机关依法登记，领取《企业法人营业执照》，方取得企业法人资格。

公司登记机关应当将公司登记、备案信息通过企业信用信息公示系统向社会公示。

（三）募集设立股份有限公司的程序

募集设立，是由发起人认购公司应发行股份的一部分，其余部分向社会公开募集或者向特定对象募集而设立公司。募集设立分为公开募集设立与定向募集设立两种。二者的共同点是发起人只认购公司发行股份总数的一部分，其余部分要向他人募集；主要区别是募集股份的对象及程序上存在差别。鉴于两种程序基本相同，以下将两种设立程序一并阐述。募集设立方式设立的股份有限公司的程序如下：

1. 签订发起人协议

与发起设立方式相同，《公司法》第79条要求募集设立股份有限公司的发起人应当签订发起人协议，明确各自在公司设立过程中的权利和义务。鉴于发起人公开募集股份时要面对成千上万不特定的社会公众，要求发起人签署发起人协议非常必要。

2. 申请名称预先核准

申请名称预先核准程序与发起设立股份有限公司申请名称预先核准程序相同。这里不再赘述。

3. 发起人制订公司章程

募集设立股份有限公司时，发起人仅认购公司发行股份的一部分，因此，发起人仅有公司章程的起草权；发起人制订并签署的公司章程，不是立即生效，须经创立大会通过后才生效。

4. 发起人认购股份并缴纳股款

股份有限公司采取募集方式设立的，注册资本为在公司登记机关登记的实收股本总额。全体发起人书面认购公司章程确定的股份总数的35%以上，并需全额实际缴付。由此可见，《公司法》对募集设立方式设立的股份有限公司，仍然实行实缴资本制。发起人可以用货币出资，也可以用实物、知识产权、土地使用权等可以用货币估价并可以依法转让的非货币财产作价出资。以非货币财产出资的，应当依法办理其财产权的转移手续。发起人认购的股款到位后，应先行聘请依法设立的验资机构进行验资，并取得验资证明文件。《公司法》之所以对募集设立发起人认购股份数量及实际缴纳这样规定，主要是要遏制发起人的欺诈行为，保护社会投资者的利益。发起人认购一定数量股份并实际缴纳，也是其取得股东资格的对价，一定程度上显示自己投资设立公司的自信，能更多地吸引社会投资。

股份有限公司成立后，发起人未按照公司章程的规定缴足出资的，应当补缴；其他发起人承担连带责任。公司成立后，发现作为设立公司出资的非货币财产的实际价额显著低于公司章程所定价额的，应当由交付该出资的发起人补足其差额；其他发起人承担连带责任。

5. 对外募集股份

对外募股又分为向特定对象募集股份和向社会公众公开募集股份。向特定对象募集股份，称为定向募集。向社会公众募集股份，称为公开募集。

发起人向累计不超过 200 人（即含发起人人数）的特定对象筹集股份的，是定向募集，又称为私募。由于私募行为，不涉及社会公众持股，因此，不必经由国务院证券监督管理机构核准。为了避免打着定向募集的幌子，变相公开募集股份、欺诈投资者，《证券法》规定：非公开发行证券，不得采用广告、公开劝诱和变相公开方式。定向募集股份的，由发起人制作招股说明书、认股书，投资者认购股份，缴纳股款。发行股份的股款缴足后，必须经依法设立的验资机构验资并出具证明。

发起人向社会公众或者向不特定对象或向特定对象累计超过 200 人募集股份的，属于公开募集，又称公募。发起人向社会公开发行股份直接关系到社会投资者的利益，为了防止发起人以募股为名非法集资或从事欺诈行为，保护投资者利益，《公司法》《证券法》均采取严格的程序对其进行控制。一般来说，公开募集股份的程序如下：

（1）报请核准。《证券法》第 10 条规定，公开发行证券，必须符合法律、行政法规规定的条件，并依法报经国务院证券监督管理机构或者国务院授权的部门核准；未经依法核准，任何单位和个人不得公开发行证券。第 12 条规定，设立股份有限公司公开发行股票，应当向国务院证券监督管理机构报送募股申请和下列文件：公司章程；发起人协议；发起人姓名或者名称，发起人认购的股份数、出资种类及验资证明；招股说明书；代收股款银行的名称及地址；承销机构名称及有关的协议。依照《证券法》规定聘请保荐人的，还应当报送保荐人出具的发行保荐书。法律、行政法规规定设立公司必须报经批准的，还应当提交相应的批准文件。

（2）信息披露。为了使投资者能够及早、全面地了解股份筹集情况，《证券法》第21条规定："发行人申请首次公开发行股票的，在提交申请文件后，应当按照国务院证券监督管理机构的规定预先披露有关申请文件。"

（3）等待核准。国务院证券监督管理机构设发行审核委员会，依法审核股票发行申请。发行审核委员会由国务院证券监督管理机构的专业人员和所聘请的该机构外的有关专家组成，以投票方式对股票发行申请进行表决，提出审核意见。国务院证券监督管理机构依照法定条件负责核准股票发行申请。核准程序应当公开，依法接受监督。参与审核和核准股票发行申请的人员，不得与发行申请人有利害关系，不得直接或者间接接受发行申请人的馈赠，不得持有所核准的发行申请的股票，不得私下与发行申请人进行接触。[1]

国务院证券监督管理机构或者国务院授权的部门应当自受理证券发行申请文件之日起3个月内，依照法定条件和法定程序作出予以核准或者不予核准的决定，发行人根据要求补充、修改发行申请文件的时间不计算在内；不予核准的，应当说明理由。

国务院证券监督管理机构或者国务院授权的部门对已作出的核准证券发行的决定，发现不符合法定条件或者法定程序，尚未发行证券的，应当予以撤销，停止发行。已经发行尚未上市的，撤销发行核准决定，发行人应当按照发行价并加算银行同期存款利息返还证券持有人；保荐人应当与发行人承担连带责任，但是能够证明自己没有过错的除外；发行人的控股股东、实际控制人有过错的，应当与发行人承担连带责任。

（4）公告招股说明书。《公司法》第85条和《证券法》第25条规定，证券发行申请经核准，在证券公开发行前，必须公告招股说明书，并将该文件置备于指定场所供公众查阅。发行证券的信息依法公开前，任何知情人不得公开或者泄露该信息。发行人不得在公告公开发行募集文件前发行证券。

---

[1] 参见《证券法》第22条、23条。

《公司法》第 86 条规定，招股说明书应当附有发起人制订的公司章程，并载明下列事项：发起人认购的股份数；每股的票面金额和发行价格；无记名股票的发行总数；募集资金的用途；认股人的权利、义务；本次募股的起止期限及逾期未募足时认股人可以撤回所认股份的说明。

（5）制作认股书，以便投资者认购缴纳股款。发起人向社会公开募集股份，在公告招股说明书同时，应制作认股书。认股书应当载明招股说明书所列事项，由认股人填写认购股数、金额、住所，并签名、盖章。认股人按照所认购股数缴纳股款。如果招股说明书是要约，那么认股书则是投资者对发起人的承诺。认股人在认股书上签字时，原则上股份认购合同即生效。因此，认股人认购股份后，应按照认股书所载缴纳股款。

发起人向社会公开募集股份，应当与依法设立的证券公司承销，签订承销协议。应当同银行签订代收股款协议。代收股款的银行应当按照协议代收和保存股款，向缴纳股款的认股人出具收款单据，并负有向有关部门出具收款证明的义务。

我国《〈公司法〉司法解释（三）》第 6 条规定："股份有限公司的认股人未按期缴纳所认股份的股款，经公司发起人催缴后在合理期间内仍未缴纳，公司发起人对该股份另行募集的，人民法院应当认定该募集行为有效。认股人延期缴纳股款给公司造成损失，公司请求该认股人承担赔偿责任的，人民法院应予支持。"在股份另行募集成功的情形下，未及时缴纳股款的认股人自动丧失股东资格，即使愿意补缴出资，加算同期银行利息，也无济于事。

（6）聘请验资机构验资出具验资证明。发行股份的股款缴足后，必须经依法设立的验资机构验资并出具证明。

6. 召开创立大会

发起人应当自股款缴足之日起 30 日内主持召开公司创立大会。创立大会由发起人、认股人组成。发起人应当在创立大会召开 15 日前将会议日期通知各认股人或者予以公告。创立大会应有代表股份总数过半数的发起人、认股人出席，方可举行。

创立大会由发起人、认股人组成，是股东大会的前身，是设立中的公司的最高决策机构。《公司法》第 90 条规定，创立大会具有下列职权：（1）审议发起人关于公司筹办情况的报告;(2)通过公司章程;(3)选举董事会成员;(4)选举监事会成员;(5)对公司的设立费用进行审核;(6)对发起人用于抵作股款的财产的作价进行审核;(7)发生不可抗力或者经营条件发生重大变化直接影响公司设立的,可以作出不设立公司的决议。创立大会对上述所列事项作出决议,必须经出席会议的认股人所持表决权过半数通过。

发行的股份超过招股说明书规定的截止期限尚未募足的,或者发行股份的股款缴足后,发起人在30日内未召开创立大会的,认股人可以按照所缴股款并加算银行同期存款利息,要求发起人返还。创立大会决议不设立公司的,公司就不能成立。之后,由发起人处理善后事宜,向认股人返还股款并加算银行同期存款利息。创立大会决议设立公司的,在公司成立后,股东大会代替创立大会。

发起人、认股人缴纳股款或者交付抵作股款的出资后,除未按期募足股份、发起人未按期召开创立大会或者创立大会决议不设立公司的情形外,不得抽回其股本。

7. 选举董事会和监事会

募集设立公司的,由创立大会选举董事会和监事会成员。

8. 办理登记前置的行政审批程序

公司登记前的审批程序虽然已经大幅度减少,但在某些特殊领域依然还保留。《公司登记管理条例》第20条规定,法律、行政法规或者国务院决定规定设立有限责任公司必须报经批准的,还应当提交有关批准文件。国务院规定在部分特殊行业设立公司、企业,其经营范围中属于法律、行政法规或者国务院决定规定实行后置审批项目的,可以在公司成立后申请批准。

9. 申请设立登记

《公司法》规定,董事会应于创立大会结束后30日内,向公司登记机关报送公司章程以及法律、行政法规规定的其他文件,申请股份有限公司的设立登记。申请设立股份有限公司,应当向公司登记机关提交下列文件:(1)公司法定代表人签署的设立登记申请书;(2)董事会指定代表或者共同委托代理人的证明;(3)公司章程;(4)发起人的主体资格证明或者自然人身份证明;(5)载明公司董事、监事、经理姓名、住所的文件以及有关委派、选举或者聘用的证明;(6)公司法定代表人任职文件和身份证明;(7)企业名称预先核准通知书；（8）公司住所证明；（9）国家工商行政管理总局规定要求提交的其他文件。以募集方式设立股份有限公司的，还应当提交创立大会的会议记录以及依法设立的验资机构出具的验资证明；以募集方式设立股份有限公司公开发行股票的，还应当提交国务院证券监督管理机构的核准文件。法律、行政法规或者国务院决定规定设立股份有限公司必须报经批准的，还应当提交有关批准文件。[1]

10. 公司登记机关审查登记并颁发营业执照

公司登记机关对于公司设立登记的申请应进行审查，符合法定条件的，予以登记并颁发《企业法人营业执照》；不符合法定条件的则不予登记。《公司登记管理条例》第3条规定，公司经公司登记机关依法登记，领取《企业法人营业执照》，方取得企业法人资格。[2]

公司登记机关应当将公司登记、备案信息通过企业信用信息公示系统向社会公示。

五、公司成立的后续事项

公司营业执照的签发之日，即为公司的成立日期。有限责任公司成立后，应当向股东签发出资证明书。出资证明书是有限责任公司股东出资的凭证，是享有股权的权利证书。出资证明书应当载明下列事项：公司名称；公司成立日期；公司注册资本；股东的姓名或者名称、缴纳的出资额和出资日期；出资证明书的编号和核发日期。出资证明书由公司盖章。

有限责任公司应当置备股东名册，记载下列事项：股东的姓名或者名称及住所；股东的出资额；出资证明书编号。记载于股东名册的股东，可以依股东名册主张行使股东权利。公司应当将股东的姓名或者名称向公司登记机关登记；登记事项发生变更的，应当办理变更登记。未经登记或者变更登记的，不得对抗第三人。

股份有限公司成立后，应向股东正式交付股票。公司成立前不得向股东交付股票。股票采用纸面形式或者国务院证券监督管理机构规定的其他形式。股票

---

[1] 参见《公司登记管理条例》第21条。
[2] 参见《公司登记管理条例》第3条。

应当载明下列主要事项：公司名称；公司成立日期；股票种类、票面金额及代表的股份数；股票的编号。股票由法定代表人签名，公司盖章。发起人的股票，应当标明发起人股票字样。公司发行记名股票的，应当置备股东名册，记载下列事项：股东的姓名或者名称及住所；各股东所持股份数；各股东所持股票的编号；各股东取得股份的日期。发行无记名股票的，公司应当记载其股票数量、编号及发行日期。

六、公司设立无效与设立撤销

公司设立，其目的是为了创设公司，即在法律上创设一个新的法人实体。公司设立成功，即公司成立，取得企业法人资格。公司设立的过程中，如果出现不符合法定条件或法定程序的行为，该如何处理？是否可以向处理民事行为一样，认定公司设立无效或者撤销公司设立行为？对此，各国的公司法有两种立法例：一是采取公司设立无效主义，一是采取公司设立可撤销主义。但无论实行无效主义还是可撤销主义，公司设立无效与撤销与民事行为无效、撤销还是存在较大差异。

（一）公司设立无效

1. 公司设立无效的原因

（1）发起人、股东是无民事行为能力或限制行为能力人。有一些国家公司法要求股东必须具有完全民事行为能力，如果公司成立后，发现股东不具备相应资格，则可导致公司设立行为无效。

（2）发起人、股东设立公司之意思表示不真实。设立公司不是发起人、股东的真实意思表示，或者违背其真实的意思。

（3）公司设立时违反法律强制性规定。各国公司法对公司设立虽采取不同的立法原则，但均一致地规定了公司设立的程序要件和实体要件。如果公司设立行为违反公司法规定的某些强制性的"条件"或"程序"，也可导致公司设立无效。

（4）公司设立的目的违法或违背社会公共利益。

（5）公司注册资本不符合法定要求。

（6）公司设立股东人数未达到法定要求。

（7）公司章程中缺乏必要记载事项。

（8）其他导致公司设立无效的情形。

2. 对公司设立无效的立法态度

公司设立无效会使公司内外关系处于不确定状态，并将危害社会经济秩序。各国商法或公司法在对待公司设立无效时一般均采取较为严格的立法态度，一般不轻易认定公司设立行为无效。

（1）慎重宣告公司设立无效，采取公司设立无效补正制度。《法国商事公司法》第363条规定：受理无效之诉的商事法庭，可以依职权确定一个期限以对无效的原因进行纠正。商事法庭不得在起诉状送达之日后未满2个月宣布无效。《日本商法》第139条规定：在公司设立无效经判决确定的场合，如果公司设立无效的原因仅存在于某股东，由其他股东一致同意，该公司可不清算而继续存在，此时，造成公司设立无效的股东视为已退出公司。该条又被称为"设立无效公司的继续"条款。《韩国商法》规定了瑕疵弥补制度，即在设立无效之诉进行中，如果瑕疵已被弥补，而且根据公司现状和各种条件，认定设立无效或取消为不妥时，法院可以驳回其请求。

（2）宣告公司设立无效遵守严格程序。首先，提起无效之诉的诉讼当事人范围受到严格的限制，通常只允许公司内部成员如股东、董事或监察人等公司成员才能提起无效之诉；而且，只能在公司成立后一定期间提起设立无效之诉。其次，给予相对人以催告权。如规定，公司成立后，对于因意思要件上的缺陷或一个股东的无行为能力而导致公司设立无效且可以纠正的，相关主体有权催告公司进行调整。

（3）设立无效宣告作为公司被强制撤销的原因之一。公司设立无效的法律后果是取消公司的主体资格，但该取消并不意味着公司法人资格的立即消灭。公司设立无效经法院判决确定时，公司即视同解散，并进入清算程序。只有经清算完结，公司人格才消灭。

（4）公司设立无效无溯及力。公司设立无效判决的效力及于第三人，但无溯及力，不影响无效判决确定前公司、股东、第三人之间产生的权利与义务。依照民事行为无效的法理，只要设立无效判决确定，原则上应按公司一开始就不存在来处理，但是，如果那样做，判决确定之前相信公司设立有效而进行的交易都变为无效，必然会危及交易的安全，也会产生大量恢复原状、返还财产的请求等非常复杂的问题。为了防止混乱，各国商法或公司法大都规定设立无效判决的效力对判决确定以前发生的公司、股东及第三人之间的权利、义务没有影响，从而排除了无效判决的溯及力。综观此立法旨意，主要在于不致社会经济秩序和第三人的利益之遭受过大的损害，尽可能体现公司维持原则。

（二）公司设立的撤销

1. 公司设立撤销的原因

（1）股东在知道公司设立行为侵害债权人利益的情况下，仍设立公司的，债权人可主张撤销公司设立。

（2）公司设立时，股东无行为能力或意思表示有瑕疵，可以在公司设立后申请撤销。

（3）我国《公司法》规定的撤销原因有三种情形，即违反《公司法》规定，虚报注册资本取得公司登记，提交虚假材料取得公司登记，或者采取其他欺诈手段隐瞒重要事实取得公司登记。

2. 公司设立撤销的方法

各国公司法规定，公司设立撤销应由特定主体提起，有权提起撤销的主体有债权人、利害关系人等。我国台湾地区的"公司法"规定，公司设立撤销应由法院依职权或由利害关系人申请，经法院判决确定后，由法院通知主管机关执行。

3. 公司撤销的法律后果

公司设立撤销的后果，与公司设立无效后果基本是一致的。公司撤销的决定一经作出，对公司来说即产生判决解散的效力，应终止执行公司的契约，但无溯及力，不溯及公司与第三人之间在撤销之前的法律关系。

（三）我国《公司法》对公司设立瑕疵的规定

《公司法》立法上采用单重立法模式，对公司设立瑕疵实行撤销主义，并且有自己的特点。

1. 明确规定了公司撤销的原因

《公司法》第198条规定，虚报注册资本、提交虚假材料、采取其他欺诈手段隐瞒重要事实取得公司登记的，由公司登记机关责令改正；情节严重的，撤销公司登记或吊销营业执照。与其他国家公司法规定的公司设立无效或者公司设立撤销的理由相比，我国《公司法》对公司设立撤销原因的规定过于单一，应将公司设立中严重违反强制性法律规定的行为纳入可撤销的理由中。

2. 撤销公司设立无需经诉讼程序处理，由公司登记机关依职权主动为之

登记机关原本就公司登记事项具有审查权，在经审查确认存在违反《公司法》及公司登记有关的法律、法规的行为时，有权拒绝登记。因此，若登记机关事后发现存在这种设立瑕疵，自应赋予其依职权或依申请撤销登记的权利。将公司设立撤销权规定为登记机关的职权，虽有利于公司的管理和提高行政效率，但不利于法院审判权的行使。应拓宽我国公司设立撤销处理的渠道，赋予利害关系人选择权：既可以向法院提起公司设立撤销诉讼，也可以向登记机关申请撤销。

3.《公司法》没有明确规定公司设立撤销的溯及力问题

《公司法》第180条规定："公司因下列原因解散：（1）公司章程规定的营业期限届满或者公司章程规定的其他解散事由出现；（2）股东会或者股东大会决议解散；（3）因公司合并或者分立需要解散；（4）依法被吊销营业执照、责令关闭或者被撤销；（5）人民法院依照本法第182条的规定予以解散。"根据上述规定，公司被撤销是公司解散的原因之一，按照解散规定进行处理，其效果与无溯及力规定是一致的。

4.《公司法》没有规定公司设立瑕疵的补正制度

为贯彻公司维持原则并维护交易安全，《公司法》应尽可能维持瑕疵设立公司的法律人格，并明确规定公司设立瑕疵补正制度。

第九章

公司章程

公司章程是公司设立的必备要件之一,是以书面形式固化的股东共同一致的意思表示,其主要内容关乎公司名称、住所、经营范围、经营管理制度等重大事项。一般认为,公司章程是公司组织和经营活动的基本准则和公司的宪章。2005年修改的《公司法》鼓励公司自治,允许公司章程在综合考量公司文化和投资者个性的基础上,设计个性化条款。

一、公司章程的概念和特征

(一)公司章程的概念

公司章程是公司依法制定的规定公司组织和活动基本规则的书面文件,是股东共同意志的体现,对公司、股东、董事、监事、高级管理人员具有约束力。公司章程的涵义表现在以下几个方面:

1. 公司章程是公司成立的行为要件

《公司法》第11条规定,设立公司必须依法制定公司章程。公司章程对公司、股东、董事、监事、高级管理人员具有约束力。第25条、第81条对公司章程的记载事项也做了明确的规定。

2. 公司章程是公司对外的信誉证明

公司章程所记载的内容必须包含公司的性质、目的、规模等涉及公司根本问题的重大事项,不得改变,不得遗漏。其中经营范围、注册资本等事项的记载,在一定程度上对交易安全的判断起着非常重要的作用。

3. 公司章程是公司对内管理的依据

公司章程所确认的公司行为准则，是其他内部规章的依据，公司运作的具体管理办法、其他内部规章不得与公司章程相抵触。根据《公司法》规定，董事会制定公司的基本管理制度[①]，经理制定公司的具体规章制度[②]，这些基本管理制度、具体规章制度的内容实际上就是公司章程的延续和具体化。董事会、经理必须以公司章程为依据制定这些制度。

(二) 公司章程的特征

1. 公司章程具有法定性

公司章程的法定性表现为：（1）内容的法定性。公司章程的内容，虽然可分为绝对必要记载事项、相对必要记载事项、任意记载事项三类，但其中绝对必要记载事项是由《公司法》直接规定的，每个公司章程都必须予以记载，缺少其中任何一项或其中任何一项记载不合法，会使公司章程归于无效。（2）形式的法定性。公司章程必须采用书面形式。（3）修改程序的法定性。公司章程修改必须基于《公司法》规定的事由和法定的程序，公司章程修改后必须及时办理变更登记手续，否则，不得对抗善意第三人。（4）效力的法定性。公司章程是公司的纲领性文件，公司章程作为公司自治的法律文件，其约束的主体范围具有法定性。公司章程仅对公司、股东、董事、监事、高级管理人员具有约束力。

2. 公司章程具有真实性

公司章程的内容必须由股东真实记载，其中"注册资本""出资方式和出资额"两项记载事项最容易虚假记载，《公司法》对这两项事项的违法记载有相应的处罚规定。

3. 公司章程具有公开性

公司章程的公开包括对股东的公开和对债权人等社会公众的公开，任何人都可以查询公司章程的内容。公司章程的公开性，有利于公司成员和社会公众了解公司的性质等情况，有利于社会公众与公司进行交易。

---

① 参见《公司法》第46条。
② 参见《公司法》第49条。

4. 公司章程具有自治性

公司章程的内容只要不违反法律的强制性规定，即具有相应的约束力。公司章程的自治性表现为：（1）公司章程是公司依法制定的一种行为规范，而不是国家制定的。（2）公司章程由公司自觉地执行，不是依靠国家强制力予以实施的。（3）公司章程的效力仅及于公司及其相关的当事人，不具有社会的普遍约束力。

二、公司章程的内容

公司章程的内容，指公司章程所记载的事项。在公司法理论上，一般将公司章程的内容分为三类：

（一）绝对必要记载事项

这是指法律明确规定每个公司章程都必须记载的法定事项，缺少其中任何一项或其中任何一项记载不合法，公司章程将归于无效。各国公司法都明确规定了绝对必要记载事项。

我国《公司法》第25条规定，有限责任公司章程应当载明下列事项：（1）公司名称和住所；（2）公司经营范围；（3）公司注册资本；（4）股东的姓名或者名称；（5）股东的出资方式、出资额和出资时间；（6）公司的机构及其产生办法、职权、议事规则；（7）公司法定代表人；（8）股东会会议认为需要规定的其他事项。

我国《公司法》第81条规定，股份有限公司章程应当载明下列事项：（1）公司名称和住所；（2）公司经营范围；（3）公司设立方式；（4）公司股份总数、每股金额和注册资本；（5）发起人的姓名或者名称、认购的股份数、出资方式和出资时间；（6）董事会的组成、职权和议事规则；（7）公司法定代表人；（8）监事会的组成、职权和议事规则；（9）公司利润分配办法；（10）公司的解散事由与清算办法；（11）公司的通知和公告办法；（12）股东大会会议认为需要规定的其他事项。

（二）相对必要记载事项

这是指法律虽列举应记载的事项，是否予以记载由公司章程制订人自行决定。该类事项非经记载于公司章程不发生法律效力，如记载违法，则该记载事项无效，但该项无效，并不导致整个章程无效。有些国家法律列举规定了相对必要的记载事项,如:公司经营期限、分公司设立等。我国《公司法》没有相对记载事项的规定。

(三)任意记载事项

这是指法律并无规定,而与公司营业有关,又不违反公共秩序、善良风俗,公司章程制订人认为需要规定的事项。这些事项是否记载于章程,由公司章程制订人根据公司实际情况予以抉择。任意记载事项在公司章程中予以记载,将发生效力,如某事项记载违法,则仅该事项无效;如果公司章程中没有任意记载事项,也不影响公司章程的效力。

《公司法》对公司章程的记载事项虽没有明确区分绝对记载事项和任意记载事项,一般理解为,除股东会、股东大会会议认为需要规定的其他事项为任意记载事项外,其他事项均是有限责任公司章程和股份有限公司章程绝对应该载明的事项,属于绝对必要记载事项。

三、公司章程的修改

公司章程的修改,是对公司章程内容的变更,是指在公司章程登记生效后,增加、删减或者改变公司章程内容的行为。公司章程一经制定生效即不得随意变更,但当公司本身情况发生变化,对公司章程适时作适当的修改也是必要的。公司章程的修改除了不违反法律的强制性规定之外,还必须遵循一定的原则和程序,才能维持公司章程特定的法律地位与效力。因此,各国公司法对公司章程的修改,在程序和内容上都有严格的限制。

(一)公司章程修改的程序

公司章程的修改一般应由拥有修改权限的法定机关按照法定的程序提起,由法定的权力机关通过修改公司章程的决议,并办理变更登记手续。

1. 提起修改公司章程议案

根据我国《公司法》的规定,股东会、股东大会的定期会议或临时会议均可依法修改公司章程,因此,召集与提议召开股东会、股东大会的组织机构或人员即有权提出修改公司章程的议案。据此,有限责任公司公司章程修改的提案权人是:代表 1/10 以上表决权的股东,1/3 以上的董事,监事会或者不设监事会的公司的监事;股份有限公司公司章程修改的提案权人是:单独或者合计持有公

10%以上股份的股东、董事会、监事会。另外,《公司法》第102条规定:"单独或者合计持有公司3%以上股份的股东,可以在股东大会召开10日前提出临时提案并书面提交董事会;董事会应当在收到提案后2日内通知其他股东,并将该临时提案提交股东大会审议。临时提案的内容应当属于股东大会职权范围,并有明确议题和具体决议事项。"据此,单独或合计持有3%以上股份的股东也有权提出修改公司章程议案的权利。

2. 作出修改公司章程的决议

大多数国家和地区的公司法都将修改公司章程的职权赋予股东会、股东大会,且修改公司章程的决议一般属于特别决议,应经过绝对多数表决权通过才有效。我国《公司法》亦有如此规定。根据我国《公司法》第43条和第103条的规定,有限责任公司修改章程的决议必须经代表2/3以上表决权的股东通过;股份有限公司修改章程的决议必须经出席会议的股东所持表决权的2/3以上通过。

3. 公司章程的变更登记

修改公司章程在股东会、股东大会决议后生效,但法律、法规规定某些事项变更应经主管机关批准的,经过批准后才发生法律效力。若涉及登记事项的修改,应向公司登记主管机关申请办理变更登记,如果不作变更登记的,不得以变更事项对抗善意的第三人。

(二)公司章程修改的内容限制

公司章程的修改应遵守公司法的基本原则,不得违背法律、法规的规定,不得损害股东的利益,不得损害债权人的利益;否则,修改的公司章程,内容不符合公司法的规定,应属无效。

1. 公司章程的修改不得违反法律、法规

公司法对公司章程内容的规定,不仅适用于初始制定的公司章程,同样适用于修改的公司章程。因此,公司章程修改时,不得删减绝对记载事项,且绝对记载事项的修改仍应符合法律规定。

2. 公司章程的修改不得损害股东的利益

非经股东同意,公司章程的修改不得变更该股东在公司中的既得利益。如我国台湾地区"公司法"规定,公司已发行特别股者,其章程如有损害特别股股东之权利时,除应有代表已发行股份总数2/3以上股东出席之股东会,以出席股东表决权过半数之决议之外,并应经特别股股东会之决议。

3. 公司章程的修改不得为部分股东增设新权利

公司的股东之间应遵循同股同权、同股同利的原则。因此,修改公司章程不得为部分股东增设新的权利,除非对该内容的修改,经全体股东一致同意。

4. 不得损害债权人的利益

公司章程的内容一般对债权人没有约束力。如果公司章程修改涉及债权人利益的,应按照《公司法》的要求,履行相应的通知义务。比如:《公司法》第177条第2款规定:"公司应当自作出减少注册资本决议之日起10日内通知债权人,并于30日内在报纸上公告。"

实务问题

【案例9.1】 滕芝青系建发公司的自然人股东,出资4万元,拥有0.45%的股权。2002年7月28日,建发公司股东会对原公司章程第12条进行修改,增加"自然人股东因本人原因离开企业或解职落聘的,必须转让全部出资,由工会股东接收"的内容。该章程的修改经代表2/3以上表决权的股东通过。7月31日,滕芝青离职。建发公司于2004年12月8日书面通知滕芝青,其股东权已依章程转让工会持股会,并要求其领取相应的转让款。之后,滕芝青没有将出资证明交付给建发公司,建发公司也未将转让款交付给滕芝青。2006年3月10日,滕芝青起诉要求确认其股东身份。[①]

【分析】 股东权具有财产权与身份权的双重属性,非经权利人的意思表示或法定的强制执行程序不能被变动。建发公司章程修改,损害了股东的权益,公司在滕芝青不同意的情况下所作出的通知及股东会决议,对滕芝青没有约束力。因此,在滕芝青不接受的情况下,其股东权不能作出变动,法院对滕芝青确认股权的请求应予以支持。

---

① 具体案情详见江苏省常熟市人民法院(2006)常民二初字第335号民事判决书。

四、公司章程的自治性

2005年我国在修改《公司法》时，充分弘扬了公司自治的精神，鼓励公司自治，允许公司设计个性化的条款。

（一）《公司法》对公司章程授权性的规定

1.《公司法》总则部分对公司章程的授权性规定

《公司法》总则部分的第12条、第13条、第16条具有授权性内容的规定。

《公司法》第12条规定："公司的经营范围由公司章程规定，并依法登记。"我国现行法律对公司经营范围的管制逐渐减少，市场准入的条件逐渐放宽，公司的经营范围，主要取决于投资者的选择。公司章程应明确公司具体经营项目的：一是可以巩固公司的主营方向和其在专业领域的地位；二是对公司的董事、经理的经营活动作出限制，防止越权行为。

《公司法》第13条的规定："公司法定代表人依照公司章程的规定，由董事长、执行董事或者经理担任，并依法登记。公司法定代表人变更，应当办理变更登记。"《公司法》赋予公司在其章程中根据本公司的实际情况选择法定代表人的权力。由公司在董事长、执行董事（有限责任公司规模较小或者股东较少的不设董事会，设执行董事）、经理中进行选择，并依法进行登记。

《公司法》第16条第1款规定："公司向其他企业投资或者为他人提供担保，依照公司章程的规定，由董事会或者股东会、股东大会决议；公司章程对投资或者担保的总额及单项投资或者担保的数额有限额规定的，不得超过规定的限额。"对外投资、对外担保不仅与公司内部治理有关，还涉及第三人的利益。《公司法》允许公司章程对此问题自行约定，有利于强化公司治理结构，保护中小股东利益。

实务问题

【案例9.2】 中建材集团进出口公司（以下简称中建材公司）诉北京大地恒通经贸有限公司、北京天元盛唐投资有限公司、天宝盛世科技发展（北京）有限公司、江苏银大科技有限公司（以下简称银大公司）、四川宜宾俄欧工程发展有限公司进出口代理合同纠纷案中[①], 银大公司因保证人身份被中建材公司作为被告起诉。银大公司辩称：银大公司章程对对外担保有限制性要求，对印章使用有相应的管理办法。现公司法定代表人何寿山违反公司章程的规定，未经董事会同意，对外提供担保，其行为因违反《公司法》第16条的规定，属于无效担保。原告中建材公司未尽审慎的审查义务，不得作为第三人要求银大公司承担保证责任。

【分析】 在该案的裁判摘要中，最高人民法院认为：公司违反《公司法》第16条第1款、第2款的规定，与他人订立担保合同的，不能简单认定合同无效。主要理由是：第一，该条款并未明确规定公司违反上述规定对外提供担保导致合同无效；第二，公司内部决议程序，不得约束第三人；第三，该条款并非效力性强制性的规定；第四，依据该条款认定担保合同无效，不利于维护合同的稳定和交易的安全。

此外，根据《合同法》第50条关于"法人或者其他组织的法定代表人、负责人超越权限订立的合同，除相对人知道或者应当知道其超越权限的以外，该代表行为有效"以及最高人民法院《关于适用〈中华人民共和国担保法〉若干问题的解释》第11条关于"法人或者其他组织的法定代表人、负责人超越权限订立的担保合同，除相对人知道或者应当知道其超越权限的以外，该代表行为有效"的规定，公司的法定代表人违反公司章程的规定对外提供担保应认定为有效。由此可见，对于公司法定代表人越权对外提供担保的情形，公司对外仍应对善意第三人承担民事责任，故本案银大公司的担保责任不能免除。

招商银行股份有限公司大连东港支行与大连振邦氟涂料股份有限公司、大连振邦集团有限公司借款合同纠纷案中[②]，最高人民法院再次延续了上述公报案例的裁判思路，认为：《公司法》第16条第2款的规定并非效力性强制性规范，不应以此作为认为合同效力的依据；债权人对公司提供担保的股东会决议仅负有形式审查义务。

《最高人民法院公报》案例在司法实践中具有强大的指导价值，但它的效力毕竟不像法律规定那样具有稳定性，且指导案例存在针对案件具体情况的特殊

---

① 具体案情详见《最高人民法院公报》2011年第2期。
② 具体案情参见《最高人民法院公报》2015年第2期。

性，因此，在实际操作中，为有效防范法律风险，在办理担保事宜时，债权人应适时按照《公司法》的规定，要求担保人提供相关董事会决议或者股东会决议，并审慎履行审查义务，以避免给自己带来不必要的麻烦。公司章程对法定代表人或管理人员对外投资、对外担保的限制，虽不当然具有对外效力，但至少在内部追责方面，仍是具有法律效力的。

2.《公司法》对有限责任公司章程和公司行为的授权性规定

2005年修订的《公司法》对有限责任公司的章程和公司行为的授权性安排集中体现在以下方面：

（1）《公司法》第25条赋予公司在公司章程中规定股东会会议认为需要规定的其他事项的权利。

（2）《公司法》第34条规定："股东按照实缴的出资比例分取红利；公司新增资本时，股东有权优先按照实缴的出资比例认缴出资。但是，全体股东约定不按照出资比例分取红利或者不按照出资比例优先认缴出资的除外。"由于现行《公司法》实行资本认缴制，允许股东在未缴付资本时就可以成立公司，在全部资本缴付完毕前，股东应当按照实缴的出资比例分取红利和优先认缴新增资本。允许公司全体股东对上述两项权利做出不同于法律规定的约定。

（3）《公司法》第37规定，当股东对股东会职权范围内的事项以书面形式一致表示同意的，可以不召开股东会会议，直接作出决定，由全体股东在决定文件上签名、盖章。

（4）《公司法》第41条规定，召开股东会会议应当于会议召开15日以前通知全体股东；但是公司章程另有规定或者全体股东另有约定的除外。《公司法》规定会议的通知时间为15日，但是章程另有规定的，按章程规定安排，全体股东一致同意时可随时召开会议，以解决公司紧迫的问题。

（5）《公司法》第42条规定，股东会会议由股东按照出资比例行使表决权；但是，公司章程另有规定的除外。

（6）《公司法》第43条规定，股东会的议事方式和表决程序，除公司法有规定的外，由公司章程规定。

（7）《公司法》第44条规定，有限公司董事会中的董事长、副董事长的产生办法由公司章程规定。通常情况下，董事长、副董事长由董事会选举产生，公司章程可以规定董事长和副董事长由股东会选举产生,但公司法规定国有独资公司的董事长和副董事长由国有资产监督管理机构直接任命。

(8)《公司法》第45条规定,董事的任期由公司章程规定,但每届任期不超过3年。董事任期届满,连选可以连任。

(9)《公司法》第46条规定,董事会行使由公司章程规定的其他职权。

(10)《公司法》第48条规定,董事会的议事方式和表决程序,除《公司法》有规定的外,由公司章程规定。

(11)《公司法》第49条规定,经理的职权除法定职权外,还行使董事会授予的其他职权和公司章程规定的其他职权。

(12)《公司法》第50条规定执行董事的职权由公司章程规定。

(13)《公司法》第53条规定,监事会或者不设监事会的公司的监事行使公司章程规定的其他职权。

(14)《公司法》第55条规定,监事会的议事方式和表决程序,除《公司法》有规定的外,由公司章程规定。

(15)《公司法》第71条规定,公司章程对有限责任公司的股权转让可以另行规定。

(16)《公司法》第75条规定,自然人股东死亡后,其合法继承人可以继承股东资格;但是,公司章程另有规定的除外。

3.《公司法》对股份有限公司的章程和公司行为的授权性规定

(1)《公司法》第81条规定,股份有限公司章程中除应载明法定事项外,还应载明股东大会会议认为需要规定的其他事项。

(2)《公司法》第99条规定,《公司法》第37条第1款关于有限责任公司股东会职权的规定,适用于股份有限公司股东大会。许可公司章程补充规定。

(3)《公司法》第100条规定,公司召开临时股东大会除法定事由外,可由公司章程规定其他情形。

(4)《公司法》第108条第3款、第4款规定,准用第45条董事任期的规定、第46条董事会职权的规定,尊重公司章程的具体规定。

(5)《公司法》第113条规定,准用第50条关于公司经理职权的规定,认可董事会或公司章程对经理职权的特别规定。

（6）《公司法》第118条规定准用第53条、第54条关于监事会职责和职权的规定，许可公司章程补充规定。

（7）《公司法》第119条规定，监事会议事方式和表决程序，除《公司法》有规定的外，由公司章程规定。

（二）公司章程的自治空间

1.《公司法》授权性规定的类型

（1）完全授权公司章程做出规定，《公司法》不做规定，如：有限责任公司董事长、副董事长的产生办法由公司章程规定。

（2）《公司法》做出规定，授权公司章程做出具体化规定。《公司法》第13条框定了一个可以担任公司法定代表人的范围，即董事长、执行董事、经理，授权公司章程择其一做出规定。监事会中的职工代表的比例，《公司法》规定不得低于1/3，但具体比例由公司章程规定。

（3）授权公司章程做出规定，但《公司法》予以适当限制。董事任期由公司章程规定，但每届任期不得超过3年，这表明了法律对公司章程的适度干预。

（4）《公司法》做出规定，但允许公司章程补充规定。公司法对于有限公司董事会、监事会的议事方式和表决程序有规定，但未做出详尽的规定，而是分别在第48条、第55条规定，"除本法有规定的外，由公司章程规定"。另外，《公司法》在规定股东会职权、董事会职权、监事会职权时，除法定的实体内容外，还分别在第37条（11）项、第46条（11）项、第53条（7）项规定"公司章程规定的其他职权"以补充公司法对股东会职权、董事会职权、监事会职权的具体规定。

（5）《公司法》做出规定，但允许公司章程排除公司法的规定。如：对有限责任公司股东的表决权的规定，《公司法》第34条规定，股东会会议由股东按照出资比例行使表决权；但是，公司章程另有规定的除外。对股东资格的继承的规定，《公司法》第75条规定："自然人股东死亡后，其合法继承人可以继承股东资格；但是，公司章程另有规定的除外。"这表明，虽然《公司法》对股东行使表决权和继承股东资格有规定，但只要公司章程另有规定，则可适用公司章程的规定而不适用《公司法》的相关规定。对股东转股权的规定，《公司法》第71条第1~3款详细规定了股权转让的规则，包括程序性规定和优先购买权的规定，第4款中规定，公司章程对股权转让另有规定的，从其规定。

2. 公司章程自治内容应有限制性要求

公司可以根据自身特点和要求做出不同于《公司法》的规定。这些规定可以优先于法律和行政法规适用，包括优先于《公司法》。但是，对公司章程自治的内容，应有限制性要求。

（1）不能违反强制性法律规范。《公司法》就有关事项已有明确规定的情况下，公司章程不得违反，否则，该条款即为无效条款。

【示例9.1】 某公司章程规定：股东大会闭会期间，董事人选有必要变动时，由董事会决定，但所增补的董事人数不得超过董事总数的1/3。

【分析】《公司法》第37条规定，选举和更换董事是股东会的职权。上述公司章程违反了公司法的规定，将本属于股东会的职权，变更为董事会的职权，应属无效。

（2）不能损害股东的利益。由于初始章程是由全体股东或发起人制订，并经全体一致同意，因此，公司章程的内容无论是涉及公司的自治性规范还是股东个人的股权，原则上对股东均有约束力。章程修正案是通过股东会决议的方式作出，采取的议事规则是资本多数表决原则，不要求全体股东一致同意。如果修改公司章程"另有规定"的内容未经全体股东的一致同意，仅以多数表决权通过，则公司章程"另有规定"条款剥夺或限制股东权利的，该内容应属无效。

五、公司章程的效力

1. 公司章程生效的时间

公司章程作为公司组织与活动的基本准则对公司具有拘束力，但公司章程何时生效，《公司法》没有明确规定。《公司法》第7条规定："依法设立的公司，由公司登记机关发给公司营业执照。公司营业执照签发日期为公司成立日期。"因此，一般认为公司章程自公司成立之日起生效。

就公司章程总体而言，生效时间可以界定为公司登记成立之时，但就其具体内容来说，应区别对待。对于公司章程中着重宣告公司权利能力、行为能力的约束公司本身行为的外部条款需经登记机关登记后生效；公司章程中有关公司设立阶段的发起人、设立人的权利义务条款在公司成立前事实上已经生效，发起人、设立人应执行公司章程规定的设立阶段的权利义务条款。

2. 公司章程对公司的效力

公司章程是公司最基本的规范性文件,当然对公司自身有约束力。公司应使用公司章程规定的名称,在规定的经营范围内从事经营活动;按照公司章程规定设立公司组织机构,各组织机构按照章程规定的权限范围行使职权。

3. 公司章程对股东的效力

公司章程是股东自治的产物,对股东具有约束力。股东按照章程行使权利,履行义务。对初始股东来说,章程为股东共同制定并通过,自然有约束力。公司成立后,根据资本多数决原则修改的章程被通过的情况下,只要修改的内容不违反法律与行政法规、公序良俗,即使少数股东反对,仍应受公司章程的约束。公司章程的效力不仅及于制定章程的股东,还及于后续加入公司的股东,当股东加入公司时,应推定其已经明示或默示地承诺接受公司章程的拘束。

4. 公司章程对董事、监事和高级管理人员的效力

公司组织机构是按照章程设立,公司章程对各组织机构和成员的权利义务及职责范围均有明确规定,作为公司的董事、监事和高级管理人员,一旦接受任职,就应遵守公司章程,并在章程规定的权限范围内行使职权。

5. 公司章程对第三人的效力

公司章程是具有公开性特点的文件,尤其是上市公司,其章程更是要求以适当的方式予以公开。我国《公司法》第6条第3款规定:"公众可以向公司登记机关申请查询公司登记事项,公司登记机关应当提供查询服务。"《公司登记管理条例》规定,申请设立有限责任公司、股份有限公司,应当向公司登记机关提交公司章程。① 公司章程已经公示公开,将对与之交易的第三人产生一定的影响。只要公司章程不违反法律、法规的规定,按照规定的程序在登记机关登记在册的章程,即使第三人未去登记机关查询,公司也未出具公司章程,公司章程记载的事项仍可以对抗第三人。随着我国登记制度的改革,公共信息平台的完善,第三人可以更方便地查询交易对象的信息。因此,与公司进行交易的第三人,在交易前,应尽量完整地了解交易对象的各种信息,以便更安全地保护自己的利益,免受损失。

---

① 参见《公司登记管理条例》第20条、第21条。

第十章

资本与股份

第一节 公司的资本

一、资本的法律含义

（一）资本的含义

资本又称为"股本",指由公司章程确定并载明的,全体股东的出资总额。资本既可以是货币形式,也可以是非货币形式。公司资本在公司存在及运营过程中扮演着极为重要的角色。(1)对公司而言,它既是公司获取法人格的必备要件,也是公司得以营运和发展的物质基础。(2)对股东而言,它既是股东出资和享有相应权益的体现,又是股东对公司承担有限责任的物质基础。(3)对债权人而言,它是公司债务的总担保,是债权人实现其债权的重要保障。

作为股东出资的公司资本是一个静态的、抽象的、确定不变的数字,不同于公司资产或公司财产。要正确理解公司资本的涵义,必须厘清公司资本、公司资产和公司资金、净资产这几个概念。公司资产是指公司可以支配的全部财产,公司资产不仅包括货币、财物等有形财产,还包括知识产权、债权等无形财产。公司资金是指可供公司支配的以货币形式表现出来的公司资产的价值。公司资金的来源包括股东对公司的永久性出资即股本,还包括公司发行的债券、向银行的贷款等。公司净资产是公司总资产减去总负债的余额。净资产是动态的、变动的,净资产是反映公司经营好坏的重要指标:一般来说,净资产大于公司资本,则表明经营状态良好；如果净资产小于公司资本，则表明经营不善。

（二）资本的具体形态

1. 注册资本

注册资本又称名义资本、核定资本、核准资本，指公司在设立时由公司章程载明的，经过公司登记机关登记注册的，公司有权筹集的全部资本。其包括：公司已经发行的资本和法律允许公司分期发行的资本。

《公司法》第 26 条规定："有限责任公司的注册资本为在公司登记机关登记的全体股东认缴的出资额。法律、行政法规以及国务院决定对有限责任公司注册资本实缴、注册资本最低限额另有规定的，从其规定。"第 80 条规定："股份有限公司采取发起设立方式设立的，注册资本为在公司登记机关登记的全体发起人认购的股本总额。在发起人认购的股份缴足前，不得向他人募集股份。股份有限公司采取募集方式设立的，注册资本为在公司登记机关登记的实收股本总额。法律、行政法规以及国务院决定对股份有限公司注册资本实缴、注册资本最低限额另有规定的，从其规定。"

根据《公司法》第 26 条、第 80 条的规定，我国注册资本具有以下法律特征：（1）注册资本必须记载于公司章程；（2）注册资本必须经登记机关登记；（3）注册资本必须在公司成立时全部发行完毕；（4）注册资本必须在公司成立时全部认足。募集方式设立公司，公司成立时资本必须全部募足。

2. 发行资本

发行资本，是指公司实际上已向股东发行的股本总额。

3. 认缴资本

认缴资本，是指股东同意以现金或实物等方式认购的资本总额。

我国实行法定资本制，注册资本、发行资本与认缴资本的数额是相等的。

4. 实缴资本

实缴资本，是指公司实际收到的或者股东实际缴付的出资总额。在资本实缴制下，实缴资本应该等于发行资本；在资本认缴制下，实缴资本往往小于发行资本。

5. 催缴资本

催缴资本，是指发行资本中应当缴而尚未缴清，需由公司催缴的部分。

6. 授权资本

授权资本，是指公司根据章程授权可以筹集的全部资本总额。授权资本仅须记载于公司章程，不必在公司成立时认足或募足，可以在以后分次发行。

上述资本形态，在不同的资本制度下，相互之间的关系不同，具体表现形态各异。

二、公司资本制度的类型

经过长期的公司实践，世界各国的公司法已经形成了法定资本制、授权资本制和折中资本制这三种相对独立的公司资本制度。

（一）法定资本制

法定资本制，又称确定资本制，是指公司设立时，必须在公司章程中载明公司的资本总额，并在公司成立时由发起人或股东一次全部认足或募足的公司资本制度。法定资本制下，公司资本在成立时，必须记载于公司章程中，且已经全部发行完毕，因此，公司成立后，要增加资本，必须经股东会、股东大会决议，修改章程中的资本数额，办理变更登记手续。

法定资本制具有以下法律特征：（1）公司资本总额必须记载于公司章程中。（2）公司章程规定的资本总额必须在公司设立时全部发行完毕，由发起人或股东全部予以认缴。（3）公司资本由发起人、股东认缴后，必须在公司成立时全部缴足或者按照公司法或公司章程规定的期限缴纳股款。关于具体出资的期限，我国《公司法》有一个发展变化的过程，1993年的《公司法》规定，股东认缴出资后，必须在成立时全部缴足。2005年修改的《公司法》规定，股东认缴出资后，必须在成立之日起2年内全部缴足。2013年修改的《公司法》规定，股东认缴出资后，具体出资的缴纳期限由公司章程规定，法律不再做统一的强制性规定。法律另有规定的特殊类型的公司除外。（4）公司资本增加时，必须经过股东会、股东大会变更章程以及发行新股等程序。

法定资本制强调资本确定、资本不变和资本维持三原则，要求在公司成立时，全部的注册资本必须落实到位，这有利于保证资本的真实，可以防止公司设立的欺诈和投机行为，有利于强化公司的资本信用基础，有利于健全公司的财务结构，有利于债权人利益的保护，有利于维护市场的交易安全。但这种制度压制了公司资金筹集活动的灵活性和机动性。从发起人和投资者的立场看,这种制度容易限制公司的成立和资本募集,拉长公司设立的周期,效率低下。从公司经营角度看,增加资本时,需经过股东会、股东大会决议、修改章程、变更登记等严格程序,降低了公司的应变能力,影响公司的经营效率。从资本运用效率看,在公司设立初期,所筹集的资金难以全部周转使用,造成资金的闲置和浪费,使股东权益受损。

法定资本制重在对公司债权人和市场交易安全的保护,更多地体现社会本位的立法意图。通过确定的严格的法律规定,确保资本的真实、确定,使公司依法运作,避免因资本不实造成社会经济秩序的紊乱。

(二)授权资本制

英美法系国家在公司实践中创设了授权资本制。授权资本制,是指公司设立时,资本总额虽应记载于公司章程,但并不要求发起人或股东在公司成立时全部认足或募足,未予以认购的部分,授权董事会根据需要随时发行新股,进行募集的公司资本制度。

授权资本制具有以下法律特征:(1)公司资本呈多种具体形态。注册资本、发行资本、实缴资本、授权资本、催缴资本同时存在。(2)公司章程应载明两个资本额,一是注册资本总额,二是第一次发行的股份总额,两者之间的差额即为授权发行资本。(3)公司设立时,发起人或股东只需认购并缴纳章程所规定的第一次发行的资本数额,无须将全部资本发行、认购完毕。(4)公司章程规定的资本总额中未发行、未认购的部分,在公司成立后,由董事会根据授权直接决议发行新股,无需召开股东会、股东大会,无需修改章程。

授权资本制不要求发起人在公司成立时,认缴全部的注册资本,只要认缴其中的一部分,公司即可成立,这可以简化公司的设立程序。在授权资本制下,董事会可以在授权范围内随时发行新股,不需要修改章程,也不需要经变更登记程序。这种简化的公司增加资本程序,可以使公司迅速、高效地做出决策,以适应市场经济的高效要求,在公司章程授权范围内灵活调整发行资本,可防止公司资金的闲置和浪费;但是,授权资本制下,公司的实收资本较少,注册资本有相当大比例没有发行,没有落实到具体的股东,易造成公司滥设,亦会造成公司资本虚空,不利于维护交易安全和保护债权人利益。另外,将广泛的新股发行权赋予董事会，使股东会在增资过程中处于被架空的地位，不利于保护股东权益。

授权资本制侧重于为投资人和公司提供各种便利，较多地体现了个体本位的立法意图。采用授权资本制的国家，多属英美法系，他们可以根据"先例拘束"原则，依靠判例来弥补成文法的漏洞，弥补授权资本制下可能引发的各种弊端。

（三）折中资本制

折中资本制是在法定资本制和授权资本制的基础上，以其中一种公司资本制为基础，采纳另一资本制的优点，创建出的一种新的公司资本制。折中资本制最早由1937年的德国《股份有限公司法》创建，以后为其他大陆法系国家所相继借鉴。由于各国在采用折中资本制时，保留法定资本制和授权资本制的程度不同，资本制度的内容和形式各异，因此，又出现了两种不同的折中资本制形式：一是折中授权资本制，二是许可资本制。

1. 折中授权资本制

折中授权资本制是指公司资本总额在设立时仍为章程明确规定，但股东只需认足一定比例的资本数额，公司即可成立，其余部分的资本则授权董事会在一定期间内发行，授权发行的资本比例不得超过法律限制的资本制度。

在折中授权资本制度下，董事会虽然也可直接依据授权在法定范围内发行股份，但其权利行使有期限限制，这是它与纯粹的授权资本制的不同，这种资本制度可在一定程度上克服法定资本制增资的困难。

折中授权资本制下，一般对公司资本的含义加以特别限定，将资本限定为发行资本，而非注册资本，这样可以避免对资本产生理解上的偏差。另外还对授权发行资本的数额、授权发行资本的期限予以限定，有利于保障债权人利益，如德国《股份有限公司法》第202条规定："章程可以授予董事会最长为期5年的全权。在公司进行登记之后通过发行以投资为条件的新股票，把基本资本增加到被批准的资本。"由于不需要在设立时将全部资本发行完毕，可以降低公司设立的难度，避免资本的闲置和浪费，提高了公司运作效率。

2. 认可资本制

认可资本制又称许可资本制，是指公司设立时，章程中应明确记载公司的资本总额，并由股东全部认足，公司方可成立；但公司章程可以授权董事会于公司成立后的一定年限内，在授权之时公司资本额的一定比例范围内，发行新股，增加资本，而无须经股东会决议的资本制度。认可资本制与法定资本制最大的区别是，在授权数额范围内增加资本时，无需经过股东会决议、修改章程、变更登记等严格程序，提高了公司的应变能力和经营效率。这样，公司设立时，也不必设定太高资本数额，缓和了设立时股东的出资压力，便于公司设立。

【示例10.1】 在授权资本制下，某公司注册资本360万元，发行资本2万元，股东甲、乙各认缴1万元，以后公司需要再予以发行。公司成立后，借贷100万元，后破产。股东甲、乙对公司如何承担责任？

【分析】 授权资本制下，公司设立时，发起人或股东只需认购并缴纳章程所规定的第一次发行的资本数额。股东仅以认缴的出资额为限承担责任。

【示例10.2】 在法定资本制下，某公司注册资本500万元，公司成立时股东实际缴纳出资100万元，公司成立2年后，公司欠下200万元债务，现公司全部资产50万元，还有150万元债务如何处理？股东甲、乙对公司如何承担责任？

【分析】 法定资本制下，公司设立时，注册资本已经全部发行完毕，资本已经认缴，股东以认缴出资额为限承担责任，而非实缴资本为限。本案中，股东甲、乙应在认缴资本500万元的范围内承担公司债务。

三、公司资本原则

为了使公司拥有维持其得以运行及从事经营活动的必要资本，保护债权人的债权和交易安全，在大陆法系国家法定资本制形成时期，形成了公司资本原则，学理上将其概括为"资本三原则"，即资本确定原则、资本维持原则和资本不变原则。我国《公司法》比较严格地遵循大陆法系国家传统的公司资本制度，在立法中遵守着资本三原则的规定。

（一）资本确定原则

资本确定原则，指公司资本总额应记载于公司章程，并在公司成立时认足、募足，否则公司不能成立。该原则是公司资本的首要原则，其目的在于使公司成立时有一个稳定的财产基础。资本确定原则的落实，可以保证公司资本的真实、可靠，防止公司设立中的欺诈和投机行为，有效地保障债权人的合法权益和交易安全。资本确定原则要求公司设立时要募足全部资本，在一定程度上会造成公司设立困难，降低了设立效率。如果设立之初，筹集大量的资本，则可能导致资本的闲置和浪费。如果设立时筹集的资本较少，以后要增加资本，又需要履行烦琐的程序，则会影响公司的运营效率。因此，大陆法系国家和地区的公司法大多已对该原则进行适度修正。

（二）资本维持原则

资本维持原则，又称资本充实原则，是指公司成立后的存续期间内，应当经常保持与其资本额相当的财产，以确保公司的偿债能力不受影响。

一般而言，公司成立时，公司资本即代表了公司的实有财产，但在公司的存续过程中，它可能因公司经营的盈余、亏损或财产本身的正常损耗，而在数量上发生变动。当公司实有财产的价值高于其向外明示的公司资本数额时，其偿债能力增强，对社会交易安全自然有利，当公司实有财产价值大大低于公司资本数额时，对交易安全和债权人利益构成威胁。公司法确立资本维持原则的目的，在于维持公司清偿债务的能力，减少股东有限责任给债权人带来的交易风险，维护交易安全、保护债权人利益；防止股东过高的盈利分配要求，确保公司自身经营活动的正常开展，体现了对公司资本的动态维护。

在我国《公司法》中，资本维持原则主要体现在以下几个方面：

（1）公司成立后，股东不得退股，不得抽回其出资。[①]

（2）公司在提取公积金前，不得分配公司利润；亏损或无利润不得分配股利。[②]

（3）股票发行价格可以按票面金额，也可以超过票面金额，但不得低于票面金额。[③]

（4）公司一般不得收购本公司的股票或将其收为质物。[④]

（5）公司的原始股东对货币之外非货币财产的实际价额显著低于公司章程所定价额的，承担补足其差额的连带责任。[⑤]

---

① 参见《公司法》第 35 条。
② 参见《公司法》第 166 条。
③ 参见《公司法》第 127 条。
④ 参见《公司法》第 142 条。
⑤ 参见《公司法》第 30 条。

（6）公司应当按照规定提取和使用法定公积金。公司分配当年税后利润时，应当提取利润的 10% 列入公司法定公积金。公司法定公积金累计额为公司注册资本的 50% 以上的，可以不再提取。公司的公积金用于弥补公司的亏损、扩大公司生产经营或者转为增加公司资本。但是，资本公积金不得用于弥补公司的亏损。法定公积金转为资本时，所留存的该项公积金不得少于转增前公司注册资本的 25%。①

（7）债务不得抵销。公司的债务人不得以其对公司股东个人的债权，主张与其所欠公司的债务相抵销。

（三）资本不变原则

资本不变原则，是指公司资本一经确定，非依严格的法定程序，不得随意增加或减少。资本不变原则强调非经严格的法定程序，公司资本不得任意改变，体现了对公司资本的静态维护。《公司法》中关于公司增减资本须经股东会、股东大会形成决议，减资公告以及股份有限公司发行新股等的有关规定都体现了这一原则。资本不变原则，集中体现在公司增减资本应具备的条件和应遵循的严格法律程序上，而并非公司资本一经确定，绝对不得增减。资本不变原则与资本维持原则的实质一样：都是为了防止因公司资本总额的减少而导致公司责任能力的缩小，进而强化对债权人利益的保护和交易安全的维护；防止资本过剩而使股东承担过多的风险。两者相互关联，各有侧重。

资本三原则是大陆法系国家公司资本制度的核心，三者共同构筑了法定资本制，充分体现了维护交易安全和保护债权人利益的社会本位的立法思想。

四、《公司法》关于资本制度的规定

2013 年《公司法》关于公司资本制度修改的主要内容是：

（一）注册资本实缴登记制改为认缴登记制

我国《公司法》一直以来实行严格的法定资本制，1993 年《公司法》规定，注册资本为股东的实缴资本，且不得分期缴付。

2005 年《公司法》修改为：公司注册资本可以分期缴付，允许股东首次缴

---

① 参见《公司法》第 166、168 条。

付注册资本的20%，但不得低于法定的最低注册资本限额；其余的部分在公司成立后2年内缴足；投资公司可以在5年内缴足；一人有限公司一次缴足法定的最低注册资本限额。

2013年《公司法》再次修改，将注册资本实缴制改为认缴制，资本的出资期限由公司章程规定，取消了公司设立时股东的首次出资比例规定；取消了股东缴足出资的时间限制；取消了一人有限责任公司股东应一次足额缴纳出资的规定。公司的注册资本、股东认缴出资额、出资方式、出资期限等可以自主约定，并记载于公司章程中，《公司法》不再做强制性的规定，但法律、行政法规以及国务院决定对公司注册资本实缴另有规定的除外。目前，暂不实行注册资本认缴登记制的公司和行业主要是：

（1）《公司法》规定的采取募集方式设立的股份有限公司。

（2）2013年10月25日国务院第28次会议决定的下列行业、公司：商业银行、外资银行、金融资产管理公司、信托公司、财务公司、金融租赁公司、汽车金融公司、消费金融公司、货币经纪公司、村镇银行、贷款公司、农村信用合作联社、农村资金互助社、证券公司、期货公司、基金管理公司、保险公司、保险专业代理机构、保险经纪人、外资保险公司、直销企业、对外劳务合作企业、融资性担保公司、劳务派遣企业、典当行、保险资产管理公司、小额贷款公司。

（二）取消了注册资本的最低限额

一般的公司，法律不再设定注册资本的最低限额，但法律、行政法规以及国务院决定对注册资本最低限额另有规定的除外，如《证券法》规定：证券公司经营证券经纪，证券投资咨询，与证券交易、证券投资活动有关的财务顾问业务的，注册资本最低限额为人民币5000万元；经营证券承销与保荐、证券自营、证券资产管理、其他证券业务之一的，注册资本最低限额为人民币1亿元；经营证券承销与保荐、证券自营、证券资产管理、其他证券业务中两项以上的，注册资本最低限额为人民币5亿元。

（三）取消了法定的验资程序

2013年修改的《公司法》，取消了设立公司必须验资，并提交验资报告的规定，募集设立股份有限公司的除外。

（四）取消了货币出资最低比例的要求

2013 年修改的《公司法》，取消了股东的货币出资不得低于注册资本的 30% 的规定。

按照 1993 年《公司法》的规定，工业产权、非专利技术的出资比例最多不能超过 20%，这一规定和现实社会的实践要求有很大的矛盾，挫伤了技术投资者的积极性。2005 年修改《公司法》时，不再强调对知识产权出资的比例限制，规定在各种出资形式中，货币出资不得低于 30%，其他的出资方式所占比例，由股东自由约定。为了鼓励投资，遵循投资者意愿，2013 年《公司法》修改时，取消了货币出资不低于 30% 的规定，各种出资方式所占比例，均由股东自己选择。

五、股东的出资方式

（一）出资方式的多样化

现代公司法倾向于鼓励投资，出资形式呈多元化趋势。我国《公司法》亦大幅度放宽了股东的出资方式方面的要求。《公司法》第 27 条规定："股东可以用货币出资，也可以用实物、知识产权、土地使用权等可以用货币估价并可以依法转让的非货币财产作价出资；但是，法律、行政法规规定不得作为出资的财产除外。"

（二）非货币财产出资的构成要件

《公司法》规定，股东除了可以用货币出资外，还可以非货币进行出资，明确列举的非货币形式有实物、知识产权、土地使用权。除此之外，《公司法》用了一个兜底条款扩大了非货币财产出资形式。股东以非货币财产作为出资，应具备以下要件：

1. 非货币财产必须为公司所需

公司是营利性的组织，非货币财产出资作为公司资本的组成部分，应为公司经营所需，具有经营的功能，对公司的生存和发展具有商业价值，可以为公司生产产品、提供服务所用。

2. 非货币财产可以用货币估价

非货币财产的商业价值应具有确定性，可通过评估机构予以合理的估值。作为出资的非货币财产的价值应该是确实、充分的。比如：债权、股权等这些非货币财产，其商业价值均可以进行评估，符合这一要件的要求。

3. 非货币财产可以依法转让

非货币财产权利具有转让性，才具备出资的条件。有些非货币财产虽有价值，可以评估，但法律或合同约定，该权利不得转让，因此，当公司不能及时清偿债务时，债权人无法依法强制执行公司的这部分不得转让的非货币财产，用这样的非货币财产出资，无法实现对公司债权人的利益保护，如以特种行业的经营许可证作为出资，因其不得转让，这种出资作为债权人的担保手段就会落空。因此，作为出资的非货币财产，一定要具备可转让性。

4. 法律、行政法规不禁止

（1）法律、行政法规禁止的出资形式，不得作为股东出资的方式。

《公司登记管理条例》第14条规定："股东的出资方式应当符合《公司法》第27条的规定，但股东不得以劳务、信用、自然人姓名、商誉、特许经营权或者设定担保的财产等作价出资。"

《公司登记管理条例》之所以禁止以信用、劳务、自然人姓名、商誉等进行出资，根本的原因是资本制度的问题。现行资本制度下，把公司的资本作为债权人利益的最基本、最重要的担保。股东的出资不仅是公司一种经营的手段，更重要的是在公司清偿债务的时候，能够有效地移转给债权人，以用于债务的清偿。这就要求出资的财产必须具有一种偿债的功能。而信用、劳务、自然人姓名、商誉很难成为公司清盘时的偿债手段，无法进行强制执行。特许经营权被禁止作为出资方式，主要是特许经营权取得本身对经营主体有特别要求，要经过特别审核程序，且有规定，明确禁止这种特许经营权的转让；换句话说，由于其不具有可转让的要件，无法作为出资的方式。设定担保的财产被禁止作为出资方式，主要是因为该财产的权利上存在法律负担，对该财产享有担保物权人的主体行使权利，会影响公司对该类财产权利的行使。

（2）法律、行政法规禁止转让的权利，不得作为出资方式。

《合同法》规定的，不得转让的债权，主要包括：①根据合同性质不得转让的合同债权。主要是指那些与人身有密切关系的合同，如演出合同。②按照当事人的约定不可转让的债权。根据合同自由的原则，如果债务人只愿意向合同债权人履行债务，合同当事人当然可以在合同中约定合同债权不得转让。③法律规定不得转让的合同债权。《担保法》第 61 条规定,最高额抵押的主合同债权不得转让。另外,还有其他法规定的债权,如:抚恤金债权、退休金债权、劳动保险金债权等。

由于非货币财产出资涉及不同的法律部门,如《物权法》《专利法》《商标法》《著作权法》《保险法》《土地管理法》《矿产资源法》《城市房地产管理法》等,故而,有关的法律、法规对非货币出资有特别规定的,股东以非货币出资时,应遵循法律、法规的特别规定。

一般情况下,一项非货币财产同时具备以上四个要件,便可以依法作价出资。《〈公司法〉司法解释(三)》关于股权作为出资的规定,就是以上述四要件为标准进行界定的,例如:该司法解释第 11 条规定,出资人以其他公司股权出资,符合下列条件的,人民法院应当认定出资人已履行出资义务:出资的股权由出资人合法持有并依法可以转让;出资的股权无权利瑕疵或者权利负担;出资人已履行关于股权转让的法定手续;出资的股权已依法进行了价值评估。

六、出资瑕疵的股东责任

(一)股东出资的缴纳

股东应当按期足额缴纳公司章程中规定的各自所认缴的出资额。股东以货币出资的,应当将货币出资足额存入有限责任公司在银行开设的账户;以非货币财产出资的,应当依法办理其财产权的转移手续。[①] 这里的手续,是指过户手续,即将原来属于股东所有的财产,转移属于公司所有。如股东以房屋出资,必须到房屋管理部门办理房屋所有权转移手续,将房屋所有权人由股东改为公司。对作为出资的非货币财产应当评估作价,核实财产,不得高估或者低估作价。法律、行政法规对评估作价有规定的,从其规定。

(二)未履行或者未全面履行出资义务的责任

股东不按照规定缴纳出资的,除应当向公司足额缴纳外,还应当向已按期足额缴纳出资的股东承担违约责任。股东未履行出资义务,应当向公司、股东以及公司债权人承担相应的责任。

---

① 参见《公司法》第 28 条。

根据《〈公司法〉司法解释（三）》的规定，股东未履行或者未全面履行出资义务，公司或者其他股东可以向法院提出，要求未履行或者未全面履行出资义务的股东向公司依法全面履行出资义务。公司债权人有权请求未履行或者未全面履行出资义务的股东在未出资本息范围内对公司债务不能清偿的部分承担补充赔偿责任。

股东在公司设立时未履行或者未全面履行出资义务，公司的发起人应与未履行或者未全面履行出资义务的股东承担连带责任，公司的发起人承担责任后，可以向未履行或者未全面履行出资义务的股东追偿。

股东在公司增资时未履行或者未全面履行出资义务，未尽《公司法》第147条第1款规定的义务而使出资未缴足的董事、高级管理人员应承担相应责任；董事、高级管理人员承担责任后，可以向被告股东追偿。

【示例10.3】2006年5月23日佳环有限公司成立。该公司由股东甲公司以土地使用权、机器设备作价出资700万元、股东乙机械厂以现金出资200万元、股东李某货币出资100万元共同投资设立。1年后，李某要求分配利润，遭拒绝。其遂要求查看公司财会资料，发现甲公司的全部出资均未办理财产权转移手续。股东甲公司对其他股东应当承担何种责任？

【分析】股东甲未依法办理其财产权的转移手续，是违约行为，应向其他股东承担违约责任。

（三）未履行或者未全面履行出资义务转让股权的责任

有限责任公司的股东未履行或者未全面履行出资义务即转让股权，受让人对此知道或者应当知道，公司可以请求该股东履行出资义务，受让人对此承担连带责任；公司债权人有权依照规定向该股东提起诉讼，同时请求前述受让人对此承担连带责任。受让人根据规定承担责任后，有权向该未履行或者未全面履行出资义务的股东追偿。但是，当事人另有约定的除外。

（四）赃款出资的责任

《〈公司法〉司法解释（三）》第7条规定："以贪污、受贿、侵占、挪用等违法犯罪所得的货币出资后取得股权的，对违法犯罪行为予以追究、处罚时，应当采取拍卖或者变卖的方式处置其股权。"为了维持公司资本，保护善意公司对股东出资财产的合法权利，应采取将出资财产所形成的股权通过拍卖、变卖的方式处置其股权,将变价款予以追缴,而不能要求公司直接返还赃款。

(五)以划拨土地使用权出资,或者以设定权利负担的土地使用权出资的责任

股东以国有土地使用权作价出资的,应该是通过招标、拍卖、挂牌等形式依法取得,并且没有权利限制和负担的国有土地使用权,如果出资人以划拨土地使用权出资,或者以设定权利负担的土地使用权出资,则属于出资瑕疵。从维持公司资本的角度出发,司法实践中,采取了鼓励补救瑕疵的思路,允许出资人事后予以补正,使其出资权利完整。对此,《〈公司法〉司法解释(三)》第8条规定:"出资人以划拨土地使用权出资,或者以设定权利负担的土地使用权出资,公司、其他股东或者公司债权人主张认定出资人未履行出资义务的,人民法院应当责令当事人在指定的合理期间内办理土地变更手续或者解除权利负担;逾期未办理或者未解除的,人民法院应当认定出资人未依法全面履行出资义务。"

(六)非货币财产未依法评估作价的责任

《公司法》规定,对作为出资的非货币财产应当评估作价,核实财产,不得高估或者低估作价。对以非货币财产出资,未依法评估作价的行为如何认定,《〈公司法〉司法解释(三)》第9条做出了明确的规定:"出资人以非货币财产出资,未依法评估作价,公司、其他股东或者公司债权人请求认定出资人未履行出资义务的,人民法院应当委托具有合法资格的评估机构对该财产评估作价。评估确定的价额显著低于公司章程所定价额的,人民法院应当认定出资人未依法全面履行出资义务。"但是,出资人以符合法定条件的非货币财产出资后,因市场变化或者其他客观因素导致出资财产贬值,公司、其他股东或者公司债权人请求该出资人承担补足出资责任的,人民法院不予支持。但是,当事人另有约定的除外。①

(七)以非货币财产出资,已经交付公司使用但未办理权属变更手续的责任

出资人以房屋、土地使用权或者需要办理权属登记的知识产权等财产出资,已经交付公司使用但未办理权属变更手续,公司、其他股东或者公司债权人主张认定出资人未履行出资义务的,人民法院应当责令当事人在指定的合理期间内办理权属变更手续;在合理期间内办理了权属变更手续的,人民法院应当认定其已

---

① 参见《〈公司法〉司法解释(三)》第16条。

经履行了出资义务；出资人可以主张自其实际交付财产给公司使用时享有相应股东权利。[①]

（八）以非货币财产出资，虽已办理权属变更手续但未交付公司使用的责任

出资人以房屋、土地使用权或者需要办理权属登记的知识产权等财产出资，已经办理权属变更手续但未交付给公司使用，当事人应在指定的合理期间内交付给公司，公司或者其他股东可以主张其向公司交付，并在实际交付之前不享有相应股东权利。[②]

（九）以非货币财产出资，既未办理权属变更手续也未交付公司使用的责任

股东既未将非货币财产实际交付给公司，也未办理权属变更手续，属于未履行出资义务。应由该出资的股东向公司足额缴纳，即交付相应出资，办理权属变更手续，并赔偿公司因此所受的损失，除此之外，还应当向已按期足额缴纳出资的股东承担违约责任。

（十）以设定担保的财产作价出资的责任

《公司登记管理条例》第14条规定，股东不得以设定担保的财产等作价出资。因此，如果股东以设定担保物权的财产作为出资，属于瑕疵出资，此种情况下，该出资的股东应该另行缴纳等值的出资财产。如果该担保物权在移转给公司后基于法定原因而消灭，则可视为出资财产的权利瑕疵已经消除。

七、抽逃出资的责任

（一）股东抽逃出资的立法规定

股东出资的财产在移转给公司后，即为公司财产，公司对其享有法人财产权。股东未经公司同意，擅自取回出资财产的行为，是对公司的侵权行为。股东抽逃出资不仅侵害了公司的财产权利，也损害了债权人的利益，还影响了公司其他股东的利益。因此，《公司法》对股东抽逃出资的行为严格禁止。

《公司法》第35条规定："公司成立后，股东不得抽逃出资。"第91条规定："发起人、认股人缴纳股款或者交付抵作股款的出资后，除未按期募足股

---

① 参见《〈公司法〉司法解释（三）》第10条。
② 参见《〈公司法〉司法解释（三）》第10条。

份、发起人未按期召开创立大会或者创立大会决议不设立公司的情形外,不得抽回其股本。"

《公司法》对抽逃出资的民事责任没有做出明确规定,但规定了相应的行政责任。其第 200 条规定:"公司的发起人、股东在公司成立后,抽逃其出资的,由公司登记机关责令改正,处以所抽逃出资金额 5% 以上 15% 以下的罚款。"第 215 条规定,违反《公司法》规定,抽逃出资,构成犯罪的,依法追究刑事责任。《刑法》第 159 条关于抽逃出资罪的规定是,公司发起人、股东违反《公司法》的规定在公司成立后又抽逃其出资,数额巨大、后果严重或者有其他严重情节,处 5 年以下有期徒刑或者拘役,并处或者单处虚假出资金额或者抽逃出资金额 2% 以上 10% 以下罚金。单位犯前款罪的,对单位判处罚金,并对其直接负责的主管人员和其他直接责任人员,处 5 年以下有期徒刑或者拘役。

《公司法》对抽逃出资的民事责任没有做出明确规定,致使现实生活中抽逃出资现象屡禁不止。《〈公司法〉司法解释(三)》在一定程度上弥补了《公司法》没有规定抽逃出资民事责任的缺陷。

(二) 股东抽逃出资行为的认定

根据《〈公司法〉司法解释(三)》第 12 条规定,公司成立后,公司、股东或者公司债权人以相关股东的行为符合下列情形之一且损害公司权益为由,请求认定该股东抽逃出资的,人民法院应予支持:(1)制作虚假财务会计报表虚增利润进行分配;(2)通过虚构债权债务关系将其出资转出;(3)利用关联交易将出资转出;(4)其他未经法定程序将出资抽回的行为。司法解释对抽逃出资行为的列举,无疑为公司、股东或者公司债权人主张股东抽逃出资的举证带来很大的便利。

(三) 抽逃出资的股东对公司的侵权责任及其他当事人的连带责任

根据《公司法》理论,股东出资后,其财产已经转换为公司财产,因此,股东抽逃出资是侵害公司财产的侵权行为。公司有权依据侵权法的基本法理追究抽逃出资股东的侵权责任,要求股东返还抽逃的财产,并赔偿损失。股东的赔偿责任,不以抽逃的出资金额为限,还应赔偿由于抽逃行为给公司造成的实际损失。基于侵权法理,《〈公司法〉司法解释(三)》规定股东抽逃出资的民事责任,即股东抽逃出资,公司或者其他股东有权请求其向公司返还出资本息,协助抽逃出资的其他股东、董事、高级管理人员或者实际控制人对此承担连带责任。

（四）抽逃出资的股东对债权人的补充清偿责任及其他当事人的连带责任

公司债权人有权请求抽逃出资的股东在抽逃出资本息范围内对公司债务不能清偿的部分承担补充赔偿责任，协助抽逃出资的其他股东、董事、高级管理人员或者实际控制人对此承担连带责任。①

八、认缴资本制度引发的问题

（一）认缴资本与股东的出资义务

认缴出资后，股东应按照章程规定的期限实缴出资。2013年修改的《公司法》规定，股东的具体出资期限由公司章程进行规定，取消了2005年的《公司法》要求股东必须在2年内完成出资义务的规定。现行的资本认缴制下，并不意味着股东可以不用实际缴纳出资了，因为出资者对出资的认缴，已经构成民法上的承诺或允诺；《公司法》从有限制的认缴资本制到没有限制的认缴资本制并不导致股东出资义务和范围的任何改变，全体股东承担的依然是整个注册资本项下的出资义务，没有限制的认缴资本制改变的只是出资者具体出资义务的时间，股东的出资义务并不因此而免除。

（二）未约定出资期限的问题

虽然我国《公司法》规定，公司章程应对出资时间作出约定，但并没有规定未约定出资期限的相应的法律后果。在司法实践中，如果出现公司章程对出资期限未作具体约定的情形，公司或者其他股东可否向未按时履行出资义务的股东催收资本？在公司不能清偿到期债务情形下，公司债权人可否要求该股东承担补充赔偿责任？

现行公司法把股东出资事项列入公司自治范畴，对公司章程未约定出资期限的法律后果也没有作出明文规定，因此，针对这些情形，应允许公司和股东对出资期限作出补充约定。如公司仍未在合理期限内修改公司章程，对出资期限作出约定的，在我国目前法律框架下，债权人可以选择的途径有以下两种：一是根据《企业破产法》规定申请公司破产，由管理人向未履行出资义务的股东追缴出资

---

① 参见《〈公司法〉司法解释（三）》第14条。

以实现债权人债权。二是参照《合同法》对履行期限不明确的合同履行原则来处理，即履行期限不明确的，经过协商不能达成补充协议的，债权人可以随时要求履行，但应给予对方必要的准备时间。履行出资义务同样属于公司与股东、股东与股东之间的合同约定，而且是股东的法定义务。因此，公司可以根据股东认缴出资情况、公司经营情况以及债权债务的状况，要求股东随时履行出资义务。

（三）法定情形下股东认缴出资期限未到的出资责任

在资本认缴制下，公司章程中规定股东在一定时间内缴纳注册资本，该规定实质上是股东对社会公众和债权人所作的一种承诺。这种承诺对股东是一种约束，对相对人（主要指债权人）是一种预期。如果承诺的基础发生重大变化，法律规定的股东在认缴制度下的时间利益就失去了基础，股东必须立即缴足所认缴的全部出资，填补公司对外承担的财产责任。

1. 公司解散，股东认缴出资期限未到，应立即缴纳到位

根据《〈公司法〉司法解释（二）》第 22 条规定，公司解散时，股东尚未缴纳的出资无论是否到期，均作为清算财产。当公司财产不足以清偿债务时，债权人有权要求未缴出资的股东以及公司设立时的其他股东或者发起人，在未缴出资数额范围内对公司债务承担连带清偿责任。据此，公司一旦进入清算程序，则股东所认缴的出资无论期限是否届满，均必须立即缴纳到位，交由公司清算组统一进行管理、分配。

2. 公司破产，股东认缴出资期限未到，应立即缴纳到位

《企业破产法》第 35 条规定："人民法院受理破产申请后，债务人的出资人尚未完全履行出资义务的，管理人应当要求该出资人缴纳所认缴的出资，而不受出资期限的限制。"因此，一旦债权人提出破产申请并被法院裁定受理，则债务人公司的股东便不再享有分期缴纳出资的期限利益，而必须将所认缴的出资立即缴纳到位。

（四）非法定情形下股东认缴出资期限未届满的出资责任

在认缴资本制度下，法律对于出资缴纳期限没有给予强制性规定，如果公司章程将缴纳期限约定畸长，与公司营业状态、公司经营期限不匹配，属于滥用出资期限的自由权，应予以否定。出资期限超长的约定，是一种欠缺履行可能的合同，有违公平原则，股东把经营不当的风险转嫁给了债权人。对此类约定，可视

之为股东未设定出资期限，债权人可比照没有约定还款期限的债务，只要给予了对方合理的准备期限后，即有权随时要求其履行义务。

在公司无财产可供执行的情形下，股东认缴出资期限又未届满，债权人如欲主张加速股东认缴期限到期，并要求股东承担补充赔偿责任，通常可以采取以下步骤：第一，诉讼阶段取得对公司的胜诉判决；第二，执行阶段经强制执行公司财产不足以清偿全部债务并取得相应的裁定书；第三，向执行法院提起追加出资未到期股东为被执行人的书面申请，若被驳回，则应向执行法院提起执行异议之诉。

（五）公司登记后股东减少认缴出资数额的法律责任

股东认缴出资后，依法应当依照章程规定履行出资义务。如果在公司登记成立后，股东通过股东会作出决议，变更公司章程中关于认缴出资额的约定，会影响到公司的财产基础和债权人的利益。从法律性质上分析，股东减少所认缴的注册资本数额，在法律上属于减少注册资本，该行为应符合《公司法》关于公司减资程序的规定；但如果公司不履行法定程序，未通知债权人，未在报纸上公告，或者若公司不能清偿债务或者未能提供相应担保的，则公司所作出的减少注册资本数额行为，在法律上属于"未经法定程序将出资抽回的行为"，构成抽逃出资行为，违反了现行《公司法》第35条、第91条的"股东不得抽逃出资"之规定。债权人可以根据《〈公司法〉司法解释（三）》第14条的规定，追究股东以及协助该股东抽逃出资的其他股东、公司董事以及高级管理人员责任。

（六）公司登记后股东延长出资期限的法律责任

股东认缴出资后，依法应当依照章程规定履行出资义务。如果在公司登记成立后，股东通过股东会作出决议，变更公司章程中关于认缴出资期限的约定，将股东的出资期限不当地延长，同样会影响到公司的财产基础和债权人的利益。此种情况下，出现期限的延长，如果侵害到债权人的利益，债权人可依《公司法》第20条规定，认定股东滥用法人独立地位，不当修改章程，增加了股东的时间利益，侵害债权人利益，主张否认公司人格，由股东按照原来的出资期限来承担出资义务。

九、公司资本的变动

根据《公司法》的规定，公司要遵守资本三原则，其中的资本不变原则强调的是非经严格的法定程序，公司资本不得任意改变，体现了对公司资本的静态维护。公司增减资本应具备法定的条件、遵循严格的法律程序，以此维持公司的责任能力、强化对债权人利益的保护以及避免增加股东的风险。

（一）增加资本

1. 增加资本的概念

增加资本，简称增资，是指公司成立后在存续期间内，为筹集资金、扩大营业，依照法定的条件和程序增加公司资本总额的行为。由于增加资本能够增强公司的实力，不会对债权人的利益造成威胁，所以，各国公司法对此限制较少。

2. 增加资本的方式

有限责任公司增加资本的方式，较为单一，就是增加资本的数量。股份有限公司增加资本的方式较为丰富，主要有四种：一是增加股份的数额即发行新股。公司在原来股份总数基础上发行新的股份。公司发行新股，可以是向原有股东配股、送股，也可以向社会公开募股，吸收新股东加入公司。二是增加股份金额，即公司在不改变原来股份总数的情况下，增加每股的金额。此种方式的增资，实际上是增加了原有股东的股份出资数额，只能在原有股东内部进行，不能向社会发行。三是既增加股份的数额，又增加每股的金额，即同时采用前两种方法进行。四是接受可转换公司债转换成公司的股份。前三种增资方式，涉及在原有基础上增加资本，与原有股东在公司中的地位、股权结构有关，需要股东大会修改章程，对增资做出决议。第四种增资方式，是在发行可转换公司债时已经股东大会决议，不需要再行决议。

（二）减少资本

1. 减少资本的概念

减少资本，简称减资，是指公司成立后在存续期间内，资本过剩或经营亏损严重，基于公司营业的实际需要，依法定条件和程序减少公司资本总额的行为。依资本不变原则，公司成立后一般不允许减少资本，但当资本过剩或经营亏损而致使公司的资本额与实际资产相差悬殊时，可依法减少公司资本，可以发挥资产的经济效用，准确昭示公司的信用状况。

2. 减少资本的方式

与增资方式相对应，有限责任公司减少资本的方式有两种：一是在原有资本数量基础上减少金额，二是回购异议股东股权。① 股份有限公司的减资方法有三种：一是减少股份数额，即减少股份总数，每股金额保持不变。二是减少股份金额，即不改变股份总数，只减少每股的金额。三是回购异议股东股权。②

公司资本的变动必须履行法定的程序，即由股东会、股东大会作出资本增减的决议、修改公司章程并办理相应的变更登记和公告手续。

为了维护债权人的利益，《公司法》还规定，公司减资时必须编制资产负债表及财产清单，自作出减资决议之日起10日内通知债权人，并于30日内在报纸上公告。债权人自接到通知书之日起30日内，未接到通知书的自公告之日起45日内，有权要求公司清偿债务或提供相应的担保。

公司增加或者减少注册资本，应当依法向公司登记机关办理变更登记。

第二节　股份有限公司的股份

一、股份的概念与特征

（一）股份的概念

股份通常有广义、狭义之分。狭义的股份，是指股份有限公司资本构成的基本单位。公司资本等于每股金额乘以股份总数，股份是股权的基础和计量单位。股权的大小与股东持有的股份数额成正比。广义的股份，是指各类公司的股东对公司的出资，是公司资本的构成部分。综上，股份有限公司的股份可概括为：股份是公司资本的基本计量单位，是公司财产的组成部分，是股东权利与义务的基

---

① 《公司法》第74条规定，有下列情形之一的，对股东会该项决议投反对票的股东可以请求公司按照合理的价格收购其股权：
（1）公司连续五年不向股东分配利润，而公司该五年连续盈利，并且符合本法规定的分配利润条件的；
（2）公司合并、分立、转让主要财产的；
（3）公司章程规定的营业期限届满或者章程规定的其他解散事由出现，股东会会议通过决议修改章程使公司存续的。
② 根据《公司法》第142条第（4）项规定，股东因对股东大会作出的公司合并、分立决议持异议，有权要求公司收购其股份的。

础；股份表现为证券的形式是股票。

（二）股份的特征

与其他类型公司股东的出资相比，股份有限公司的股份具有以下特征：

1. 股份具有等额性

股份是公司资本的最基本计量单位，每一股份所代表的资本额是相等的，每一股份代表的权利义务是相同的。

2. 股份具有不可分性

股份有限公司的资本分为股份，作为最基本的计量单位，股份不可再分，因此，它也是公司资本构成的最小单位。但是，股份的不可分性并不排除某一股份可以为数人共有。当股份为数人共有时，股权一般应由共有人推选一人行使。

3. 股份具有证券特性

股份有限公司的股份以股票为表现形式，股票是股份的证券形式。股份的证券形式为其自由流通带来了极大的便利。

4. 股份具有可转让性

股份可以在法定的场所自由地流通和转让，法律、行政法规另有规定的除外。股份的可转让性与股票的有价证券属性密不可分。

5. 股份具有风险性

购买股份是一种风险较大的投资行为，股东投资后不得抽回出资，只能通过分取公司的利润获得投资回报或者通过股份转让收回投资。

二、股份的分类

依据不同的划分标准，可以将股份有限公司的股份划分为不同的种类。

（一）普通股和特别股

依股份所代表的股东权的内容不同，可以将股份分为普通股和特别股。

普通股，是指股东权利平等而无差别待遇的股份。普通股股东享有的股东权利较为完整，既包括表决权，也包括红利分配请求权和剩余财产分配请求权。普通股是公司资本构成中最基本的，也是风险最大的股份。

特别股，是指公司发行的具有特别权利或特别限制的股份，该股份代表的股东权利由法律和章程作出有别于普通股股权的规定。特别股因其代表的权利内容不同，又可以分为优先股、劣后股和混合股。优先股是指依照公司法规定，在普通股份之外另行规定的其他种类股份，其股份持有人优先于普通股股东分配公司利润和剩余财产，但参与公司决策和管理的权利受到限制。劣后股是指依照公司法规定，在普通股份之外另行规定的其他种类股份，其股份持有人后于普通股股东分配公司利润和剩余财产。混合股是指在行使分配公司利润或剩余财产的某一个方面优先于普通股，在其他方面劣后于普通股的股份。

普通股具有股息不固定，红利股息及公司剩余财产的分配列于优先股之后，股东享有表决权等特点。而优先股则具有股息红利及剩余财产的分配优先于普通股，股息固定，参与公司决策和管理的权利受限制的特点。

为了便利公司资本的快速筹集，满足不同的投资者的需求，公司往往会在普通股之外，发行特别股，并明确每一种股份所蕴含的股权内容。一般来说，优先股的股东是较为保守的投资者，劣后股的股东往往是发起人股东、企业家股东、母公司或者经营者股东。

《公司法》第 131 条规定："国务院可以对公司发行本法规定以外的其他种类的股份，另行作出规定。"2013 年 11 月 30 日国务院发布《关于开展优先股试点的指导意见》（国发〔2013〕46 号），对开展优先股试点，提出指导意见。该指导意见对优先股的权利与义务、优先股的发行与交易、组织管理和配套政策等做了相关规定。之后，证监会于 2014 年 3 月 21 日颁布《优先股试点管理办法》（中国证券监督管理委员会令第 97 号），以上两个法律文件为公司发行优先股提供了相应的法律依据。

（二）记名股和无记名股

依是否在股票上记载股东的姓名或名称，可以将股份分为记名股和无记名股。

记名股，是指将股东的姓名或名称记载于股票上的股份。记名股的权利只能由记名股东本人享有，非股东即使持有股票也不享有股权。《公司法》规定，公司向发起人、法人发行的股票，应当为记名股票，并应当记载该发起人、法人的名称或者姓名，不得另立户名或者以代表人姓名记名。[①] 公司发行记名股票的，

---

① 参见《公司法》第 129 条。

应当置备股东名册，记载下列事项：股东的姓名或者名称及住所；各股东所持股份数；各股东所持股票的编号；各股东取得股份的日期。① 记名股的转让须由记名股东以背书方式或法律、行政法规规定的其他方式进行，并将受让人的姓名或名称记载于公司股东名册之中。否则，股份转让不产生对抗效力。股东大会召开前 20 日内或者公司决定分配股利的基准日前 5 日内，不得进行上述情形的股东名册的变更登记。但是，法律对上市公司股东名册变更登记另有规定的，从其规定。记名股票被盗、遗失或者灭失，股东可以依照《民事诉讼法》规定的公示催告程序，请求人民法院宣告该股票失效。人民法院宣告该股票失效后，股东可以向公司申请补发股票。

无记名股，是股票上不记载股东姓名或名称的股份。无记名股的股份与股票不可分离，凡是持有无记名股票的人，就是公司的股东，享有股东权。无记名股的转让十分方便，由股东将该股票交付给受让人后即发生转让的效力。《公司法》第 129 条规定，公司发行的股票，可以为记名股票，也可以为无记名股票。公司发行无记名股票的，公司应当记载其股票数量、编号及发行日期。无记名股票被盗、遗失或者灭失时，不能采取公示催告程序宣告该股票失效并由公司补发，股东的损失无法挽救。

(三) 额面股和无额面股

依股票是否标明金额，可以将股份分为额面股和无额面股。

额面股，是指在股票票面上标明一定金额的股份，也称作有面值股。公司发行额面股，每股面额的价值是一致的，这便于公司资本的计算和股份的统计。面值的大小，各国规定不一，我国《公司法》规定的股票均为额面股，对最低限额未作规定，一般在实务中，以 1 元为 1 股。

无额面股，也称比例股或部分股，是指股票票面不标明一定金额，而只标明其占公司资本总额一定比例的股份。无额面股的价值随公司财产的增减而增减，其所代表的金额常处于不确定状态，增加了股份转让及交易的难度。允许发行无额面股的国家现已为数不多，只有美国、加拿大、卢森堡等少数国家允许发行无额面股，且大都对其发行加以限制。

---

① 参见《公司法》第 130 条。

我国《公司法》第128条规定，股票应当载明主要事项之一包括票面金额。可见，我国《公司法》禁止发行无额面股。

（四）A股、B股和H股

依投资主体不同，可以将股份分为A股、B股和H股。

A股，又称作人民币普通股，是指境内公司向社会公众发行的，供境内机构、组织和自然人以人民币认购和交易的普通股票。

B股，又称人民币特种股，是指以人民币标明股票面值，在境内发行和上市，供外国和我国港澳台地区的投资者、境内居民个人和定居国外的中国公民，以外币认购和进行交易的股份或股票。

境外上市外资股，是指经批准可向境外特定或非特定的投资者募股的公司，在境外发行并可在境外上市，以人民币标明面值，外币认购和买卖的股份或股票，包括H（Hong Kong）股，是指香港上市股，N（New York）股，是指纽约上市股，还有一些公司的B股在海外二次上市，如在新加坡上市，称为S（Singapore）股。

三、股票

股票是由股份有限公司签发的证明股东所持股份的凭证。股票是表明股东按照其所持股份享受股东权利的可转让的资本证券。股票与股份具有密切的联系，两者互为表里，股份是股票的实质内容，股票是股份的表现形式。因此，有关股份的种类、发行及转让等问题实际上就是股票的种类、发行及转让问题。作为股份的证券表现形式，股票具有以下法律特征：

（一）股票是有价证券

有价证券是设定并证明持券人享有一定权利的凭证，体现的是一种财产权利。股票所代表的股东权含有财产权的内容，加之股票可以流通、质押，使之具有投资价值和市场价格，故其是一种有价证券。

（二）股票是证权证券

股票是证明股东权利的凭证，是证权证券而非设权证券。股东权是基于股东向公司出资而获得的权利，它不是由股票设定的，股票仅是对股东权存在的一种证明。因此，股票具有证明权利的效力，而不具有创设权利的效力。

（三）股票是要式证券

作为要式证券，股票的形式、制作程序、记载的事项和方式，均须符合法律规定，各国公司法对股票的记载事项均有明确规定。我国《公司法》规定，股票采用纸面形式或者国务院证券管理部门规定的其他形式。股票应当载明下列主要事项：公司名称；公司成立日期；股票种类、票面金额及代表的股份数；股票的编号。股票由法定代表人签名，公司盖章。公司向发起人、法人发行的股票，应当为记名股票，并应当记载该发起人、法人的名称或者姓名，不得另立户名或者以代表人姓名记名。向发起人发行的股票，应当标明发起人股票字样。

（四）股票是风险证券

除非公司终止，股票没有到期日，不能要求公司还本付息或者退股。在公司存续期间，股东只有通过转让股票来转移风险。因此，股票投资具有高风险性，是典型的风险证券。

（五）股票可以自由流通

股票是代表一定资本价值的资本证券，股票的转让代表着股权的流通，反映了资本的流动和财产权的交易。公司法规定，股东持有的股份可以依法转让。

股票的种类由股份的种类决定，不同种类的股份由不同的股票表示。

由于股票是由股份有限公司签发的证明股东所持股份的凭证。公司只有登记成立后，才具有签发股票的主体资格，因此，我国《公司法》第132条规定："股份有限公司成立后，即向股东正式交付股票。公司成立前不得向股东交付股票。"

四、股份的发行

股份发行是股份有限公司以募集资本为目的，出售或配送股份的行为。其依股份发行目的不同，可以分为设立发行和新股发行。《公司法》和《证券法》都对股份发行有所规定，但两者侧重点不同。《公司法》对股份发行仅作原则性规定，要求股份发行实行公平、公正的原则。股份发行的具体条件和程序则主要由《证券法》规定。

（一）股份发行的原则

《公司法》第126条规定："股份的发行，实行公平、公正的原则，同种类的每一股份应当具有同等权利。同次发行的同种类股票,每股的发行条件和价格应当相同;任何单位或者个人所认购的股份,每股应当支付相同价额。"《证券法》第3条规定:"证券的发行、交易活动,必须实行公开、公平、公正的原则。"

1. 公开原则

所谓公开,是指在股票发行和交易的过程中,与股票有关的一切信息资料都必须公开。公开是实现公平和公正的前提条件。公开原则的核心是增强证券市场的透明度,目的在于保证广大的投资者能够享有获得足够信息的机会,公平地参与市场竞争。同时,坚持公开原则也是防止少数人利用内幕信息进行证券欺诈、损害广大投资者利益的有效措施。

从股份发行的角度来看,公开原则包括以下三个方面的内容:(1)证券的发行必须依法向社会公开;(2)在证券发行的全过程中,必须坚持信息持续公开制度,要保证与证券发行有关的一切信息资料都必须及时、完整、准确、真实地公之于众;(3)监管部门的政策和法规、决定及监管程序也要公开,以便使各个市场主体对监管部门的监管行为有合理的预期。公开原则涉及的内容十分广泛,包括发行人的经营及财务状况、发行人的重大诉讼事项、已发行证券的变动情况、发行人经营方针和经营范围的重大变化,以及其他一切可能影响证券价格的有关信息。

2. 公平原则

所谓公平,是指参与证券发行、交易及其他相关活动的证券市场主体都具有平等的法律地位,公平地开展竞争,合法权益受到平等的保护。公平原则要求发行人、投资者、证券公司和证券服务机构在证券发行和交易活动中,机会均等,平等竞争,公平交易。公平原则要求政府要制止不公平、不正当的行为,禁止内幕交易、欺诈等不公正行为,营造一个所有证券市场主体进行公平竞争的环境。

3. 公正原则

所谓公正,是指证券监管机构及其工作人员在履行监管职责时,应当秉公执法,对所有的监管对象给予公正的待遇,公平地处理证券纠纷和争议。公正原则是针对证券市场的管理者而言的。公正原则要求证券市场的管理者管理公正、执法公正。

（二）设立公司发行股份

所谓设立发行，是指发起人在设立过程中为使公司成立，发行股份、募集资本的行为。

依公司设立方式的不同，分为发起设立和募集设立。在采用发起设立方式时，首期发行的股份由发起人全部认足，不向社会募集。在采用募集设立方式时，首期发行的股份，除由发起人认缴不少于公司股份总数的35%以外，其余部分向特定对象或向社会公开发行。募集设立方式根据发行的对象不同，又分为非公开发行（私募）和公开发行（公募）两类。向特定的不超过200人的对象发行股份是私募行为；向不特定的公众或超过200人的特定对象公开发行股份的行为是公募行为。公开发行股份的程序比非公开发行股份的程序更加严格和繁琐，关于设立发行的程序及条件在第八章有详细论述，在此不再赘述。

（三）新股发行

所谓新股发行，是指股份有限公司成立后，为了增加资本，再行发行股份的行为。

根据我国的公司资本制度要求，资本可以分期缴付，但不得分期发行。公司存续期间发行新股，就意味着公司扩大资本，属于公司注册资本的变更，应严格遵守《公司法》关于增加资本问题的相关规定。除此之外，股份有限公司在经营期间，还会因为特殊原因而发行新股，如为分配股息和红利，由公积金转增资本，并购其他公司，公司发行的可转换债转为股份等，均属于发行新股之范围。

1. 非公开发行新股

如果公司股东未超过200人，公司仅向全体股东发行新的股份数、配送股份或者公积金转增股份等，或者向特定的累计不超过200人的人募集新的资本，都属于非公开发行新股。对非公开发行新股，法律上没有特别规定，由公司和募股对象协商解决。公司向股东以公积金转增股份送股的，应由股东大会作出决议。《证券法》规定，如果公司向累计不超过200人的特定对象发行新股增资，不可以采用广告、公开劝诱和变相公开方式。

2. 公开发行新股

根据我国《证券法》第13条规定，公司公开发行新股，应当符合下列条件：

（1）具备健全且运行良好的组织机构。公司的组织机构健全、运行良好，应符合下列条件：公司章程合法有效，股东大会、董事会、监事会和独立董事制度健全，能够依法有效履行职责；公司内部控制制度健全，能够有效保证公司运行的效率、合法合规性和财务报告的可靠性；内部控制制度的完整性、合理性、有效性不存在重大缺陷；现任董事、监事和高级管理人员具备任职资格，能够忠实和勤勉地履行职责，不存在违反《公司法》第147、第148条规定的行为，且最近36个月内未受到过中国证监会的行政处罚，最近12个月内未受到过证券交易所的公开谴责；上市公司与控股股东或实际控制人的人员、资产、财务分开，机构、业务独立，能够自主经营管理；最近12个月内不存在违规对外提供担保的行为。

（2）具有持续盈利能力，财务状况良好。公司的盈利能力具有可持续性，应符合下列规定：最近3个会计年度连续盈利。扣除非经常性损益后的净利润与扣除前的净利润相比，以低者作为计算依据；业务和盈利来源相对稳定，不存在严重依赖于控股股东、实际控制人的情形；现有主营业务或投资方向能够可持续发展，经营模式和投资计划稳健，主要产品或服务的市场前景良好，行业经营环境和市场需求不存在现实或可预见的重大不利变化；高级管理人员和核心技术人员稳定，最近12个月内未发生重大不利变化；公司重要资产、核心技术或其他重大权益的取得合法，能够持续使用，不存在现实或可预见的重大不利变化；不存在可能严重影响公司持续经营的担保、诉讼、仲裁或其他重大事项；最近24个月内曾公开发行证券的，不存在发行当年营业利润比上年下降50%以上的情形。

公司的财务状况良好，应符合下列规定：会计基础工作规范，严格遵循国家统一会计制度的规定；最近3年及一期财务报表未被注册会计师出具保留意见、否定意见或无法表示意见的审计报告；被注册会计师出具带强调事项段的无保留意见审计报告的，所涉及的事项对发行人无重大不利影响或者在发行前重大不利影响已经消除；资产质量良好，不良资产不足以对公司财务状况造成重大不利影响；经营成果真实，现金流量正常。营业收入和成本费用的确认严格遵循国家有关企业会计准则的规定，最近3年资产减值准备计提充分合理，不存在操纵经营业绩的情形；最近3年以现金方式累计分配的利润不少于最近3年实现的年均可分配利润的30%。

（3）最近3年财务会计文件无虚假记载，无其他重大违法行为。重大违法行为是指：违反证券法律、行政法规或规章，受到中国证监会的行政处罚，或者受到刑事处罚；违反工商、税收、土地、环保、海关法律、行政法规或规章，受到行政处罚且情节严重，或者受到刑事处罚；违反国家其他法律、行政法规且情节严重的行为。

（4）经国务院批准的国务院证券监督管理机构规定的其他条件。

上市公司非公开发行新股，应当符合经国务院批准的国务院证券监督管理机构规定的条件，并报国务院证券监督管理机构核准。

向不特定对象公开募集股份，还应当符合下列规定：（1）最近3个会计年度加权平均净资产收益率平均不低于6%。扣除非经常性损益后的净利润与扣除前的净利润相比，以低者作为加权平均净资产收益率的计算依据。（2）除金融类企业外，最近一期末不存在持有金额较大的交易性金融资产和可供出售的金融资产、借予他人款项、委托理财等财务性投资的情形。（3）发行价格应不低于公告招股意向书前20个交易日公司股票均价或前一个交易日的均价。

向原股东配售股份，简称配股，还应当符合下列规定：（1）拟配售股份数量不超过本次配售股份前股本总额的30%；（2）控股股东应当在股东大会召开前公开承诺认配股份的数量；（3）采用证券法规定的代销方式发行。控股股东不履行认配股份的承诺，或者代销期限届满，原股东认购股票的数量未达到拟配售数量70%的，发行人应当按照发行价并加算银行同期存款利息返还已经认购的股东。

另外，按照《股票发行与交易管理暂行条例》的规定，股份有限公司增资申请公开发行股票，除应当符合股票设立发行的条件外，还应当符合下列条件：（1）前一次公开发行股票所得资金的使用与其招股说明书所述的用途相符，并且资金使用效益良好；（2）距前一次公开发行股票的时间不少于12个月；（3）从前一次公开发行股票到本次申请期间没有重大违法行为；（4）证券委规定的其他条件。

《公司法》规定，股份有限公司发行新股，股东大会应当对下列事项作出决议：（1）新股种类及数额；（2）新股发行价格；（3）新股发行的起止日期；（4）向原有股东发行新股的种类及数额。[①] 股份有限公司公开发行新股，经股东大会决议后，还须履行以下程序：（1）董事会在股东大会做出决议后向国务院证

---

① 参见《公司法》第133条。

券管理部门报请核准；（2）核准后，公告新股招股说明书和财务会计报告，制作认股书，根据公司的经营状况和财务状况，确定其作价方案；（3）委托证券公司承销，签署承销协议；（4）委托银行代收股款，与银行签署代收股款协议；（5）募足股款后，向股东签发股票；（6）向公司登记机关办理变更登记并公告。

根据《证券法》第14条的规定，公司公开发行新股，应当向国务院证券监督管理机构报送募股申请的文件包括：（1）公司营业执照；（2）公司章程；（3）股东大会决议；（4）招股说明书；（5）财务会计报告；（6）代收股款银行的名称及地址；（7）承销机构名称及有关的协议。依照《证券法》规定聘请保荐人的，还应当报送保荐人出具的发行保荐书。

五、股份的转让

股份的转让，是指股东依照法定的程序将自己的股份让与他人，从而转让股东权的法律行为。《公司法》规定，股东持有的股份可以依法自由转让。

股东转让股份应遵循《公司法》和《证券法》的相关规定。

（一）股东转让股份的场所

股东转让股份应当在依法设立的证券交易场所进行或者按照国务院规定的其他方式进行。

（二）股东转让股份的方式

记名股票由股东以背书方式，或者法律、行政法规规定的其他方式转让。转让后由公司将受让人的姓名或者名称及住所记载于股东名册，股东大会召开前20日内或者公司决定分配股利的基准日前5日内，不得进行上述情形的股东名册的变更登记。但是，法律对上市公司股东名册变更登记另有规定的，从其规定。

无记名股票的转让，由股东在依法设立的证券交易场所，将该股票交付给受让人后即发生转让的效力。

（三）发起人转让股份

发起人持有的本公司股份自公司成立之日起1年内不得转让。公司公开发行股份前已发行的股份，自公司股票在证券交易所上市交易之日起1年内不得转让。发起人应对公司承担忠实义务，不可以利用设立公司谋取不适当利益。为了保护公司、股东及债权人的利益，《公司法》对发起人持有股份的转让做了上述限制。

（四）公司董事、监事、高级管理人员转让股份

公司董事、监事、高级管理人员应当向公司申报其所持有的本公司的股份及其变动情况。任职期间，每年转让的股份不得超过其所持有本公司股份总数的25%；所持本公司股份自公司股票上市交易之日起1年内不得转让。上述人员离职后半年内，不得转让其所持有的本公司股份。公司章程可以对公司董事、监事、高级管理人员转让其所持有的本公司股份作出其他限制性规定。公司的董事、监事、高级管理人员持有公司股份，使其利益与公司利益和其他股东利益联动，有利于促进其为公司利益着想，认真履行忠实义务和勤勉义务。

（五）公司收购本公司股份的限制

公司原则上不得收购本公司股份，但是，有下列法定情形之一的除外：（1）减少公司注册资本；（2）与持有本公司股份的其他公司合并；（3）将股份奖励给本公司职工；（4）股东因对股东大会作出的公司合并、分立决议持有异议，要求公司收购其股份的。公司因法定情形第（1）项至第（3）项的原因收购本公司股份的，应当经股东大会决议。公司依照前述规定收购本公司股份后，属于第（1）项情形的，应当自收购之日起10日内注销；属于第（2）项、第（4）项情形的，应当在6个月内转让或者注销。公司依照法定情形第（3）项规定收购的本公司股份，不得超过本公司已发行股份总额的5%；用于收购的资金应当从公司的税后利润中支出；所收购的股份应当在1年内转让给职工。①

（六）公司持有本公司股份的限制

为了维持公司独立人格，原则上不允许公司持有本公司发行的股份。公司持有自己本公司发行的股份，是一种特殊形态，必须具备法定的理由，并严格按照法定条件和程序来处理。公司持有股份期间，不可以行使表决权、不得参与公司利润的分配。

六、股份的质押

股份具有财产价值，可以流通转让，可以作为债权的担保。根据《担保法》的规定，依法可以转让的股票可以作为质押担保手段。出质人和质权人以股权进

---

① 参见《公司法》第142条。

行质押担保的，应当订立书面合同，并向证券登记机构办理出质登记，质押合同自登记之日起生效。股票出质后，不得转让，但经出质人与质权人协商同意的可以转让。出质人转让股票所得的价款应当向质权人提前清偿所担保的债权或者向与质权人约定的第三人提存。

对于股份的质押，公司法作出了限制性规定：公司一般不得接受本公司的股票作为质押权的标的。

【示例10.4】乙持有甲公司股票，现乙将持有的甲公司的股票质押给甲公司。该质押无效。

【分析】《担保法》允许以股票质押。如果乙担保的债务不能按约定履行，依《担保法》甲公司可以将质押标的即股票，进行拍卖、变卖或者折价归己。如果甲公司选择折价归己的处理方式，即是变相地收购了自己的股票。股份公司收购本公司的股份有严格限制，只有在《公司法》第142条规定的四种情形下，才可以收购。显然，通过接受质押，收回股份的行为与第142条相违背。

七、上市公司

（一）上市公司的概念与特征

上市公司，是指其股票在证券交易所上市交易的股份有限公司。这类公司一般来说，资信良好，资本雄厚，经营规范，机构完善，股东和债权人利益保障强。国家鼓励符合产业政策并符合上市条件的公司股票上市交易。①

与一般的股份有限公司相比，上市公司具有以下法律特征：

1. 上市公司属于股份有限公司

根据股份有限公司的股票是否可以上市交易，可以将股份有限公司分为上市公司和非上市公司。上市公司并不因其股票可以上市交易而改变股份有限公司的性质，但会因其股票上市而具有区别非上市公司的功能。股份有限公司股票上市交易，对公司而言具有筹集资本便利等优越性。

2. 上市公司的股票在证券交易所公开上市交易

股份有限公司的股票可依法自由转让，既可以在店头交易，也可以在柜台交

---

① 参见《证券法》第51条。

易,还可以进行上市交易。以店头交易或柜台交易的方式进行的股票交易,虽属于公开交易,但不属于上市交易。只有股票在证券交易所进行公开上市的股份有限公司,才能称为上市公司。

3. 上市公司的股票上市必须符合法定的条件,并经有关机关批准

股份有限公司要成为上市公司,必须具备法定的条件,且要履行审批程序。我国《公司法》《证券法》规定,只有经国务院证券监督管理机构核准,并经证券交易所核准上市的股份有限公司,才能成为上市公司。

(二)公司上市交易的条件

各国公司法、证券法对股份有限公司股票上市的条件和程序均有规定。我国1993年的《公司法》对股份有限公司上市门槛的规定较为严苛。2005年《证券法》修改时,大幅降低了股份有限公司股票上市的条件。《证券法》第50条规定,股份有限公司申请股票上市,应当符合下列条件:(1)股票经国务院证券监督管理机构核准已公开发行;(2)公司股本总额不少于人民币3000万元;(3)公开发行的股份达到公司股份总数的25%以上,公司股本总额超过人民币4亿元的,公开发行股份的比例为10%以上;(4)公司最近3年无重大违法行为,财务会计报告无虚假记载。证券交易所可以规定高于上述规定的上市条件,并报国务院证券监督管理机构批准。

具备上市条件的公司,是否上市,应根据公司自身特点和经营、管理需要,综合利弊,审慎决定。不上市可以使公司内部关系简化,有利于维护公司商业秘密,减少社会公众和政府的监管;上市可以提高公司的融资能力,增加知名度,扩大影响力。

(三)对上市公司的监督管理

《公司法》主要是从上市公司的组织机构与公司治理的角度对上市公司进行规制。具体内容包括以下几个方面:

1. 上市公司设立独立董事

独立董事,是指不在上市公司担任董事之外的其他职务,并与公司及其大股东之间不存在可能妨碍其独立作出客观判断的利害关系的董事。独立董事除了应履行董事的一般职责外,主要职责在于对控股股东及其选任的上市公司的董事、高级管理人员,以及其与公司进行的关联交易等进行监督。

《公司法》第122条规定:"上市公司设独立董事,具体办法由国务院规定。"中国证监会颁布《关于在上市公司建立独立董事制度的指导意见》(以下简称《指导意见》)①对上市公司独立董事制度做了具体规定。《指导意见》规定了独立董事的任职资格和独立董事提名、选举和更换的程序。独立董事应符合独立性条件,应当按照中国证监会的要求,参加中国证监会及其授权机构所组织的培训。

独立董事对上市公司及全体股东负有诚信与勤勉义务。独立董事应当按照相关法律、法规、指导意见和公司章程的要求,认真履行职责,维护公司整体利益,尤其要关注中小股东的合法权益不受损害。独立董事应当独立履行职责,不受上市公司主要股东、实际控制人,或者其他与上市公司存在利害关系的单位或个人的影响。独立董事原则上最多在5家上市公司兼任独立董事,并确保有足够的时间和精力有效地履行独立董事的职责。

为了充分发挥独立董事的作用,独立董事除应当具有公司法和其他相关法律、法规赋予董事的职权外,上市公司还应当赋予独立董事以下特别职权:

(1)重大关联交易(指上市公司拟与关联人达成的总额高于300万元或高于上市公司最近经审计净资产值的5%的关联交易)应由独立董事认可后,提交董事会讨论;独立董事作出判断前,可以聘请中介机构出具独立财务顾问报告,作为其判断的依据。

(2)向董事会提议聘用或解聘会计师事务所。

(3)向董事会提请召开临时股东大会。

(4)提议召开董事会。

(5)独立聘请外部审计机构和咨询机构。

(6)可以在股东大会召开前公开向股东征集投票权。

独立董事应当对上市公司重大事项发表独立意见。独立董事除履行上述职责外,还应当对以下事项向董事会或股东大会发表独立意见:

(1)提名、任免董事;

(2)聘任或解聘高级管理人员;

(3)公司董事、高级管理人员的薪酬;

---

① 《关于在上市公司建立独立董事制度的指导意见》证监发〔2001〕102号。

（4）上市公司的股东、实际控制人及其关联企业对上市公司现有或新发生的总额高于 300 万元或高于上市公司最近经审计净资产值的 5% 的借款或其他资金往来，以及公司是否采取有效措施回收欠款；

（5）独立董事认为可能损害中小股东权益的事项；

（6）公司章程规定的其他事项。

为了保证独立董事有效行使职权，上市公司应当为独立董事提供必要的条件：

（1）上市公司应当保证独立董事享有与其他董事同等的知情权。凡须经董事会决策的事项，上市公司必须按法定的时间提前通知独立董事并同时提供足够的资料，如独立董事认为资料不充分的，可以要求补充。当 2 名或 2 名以上独立董事认为资料不充分或论证不明确时，可联名书面向董事会提出延期召开董事会会议或延期审议该事项，董事会应予以采纳。上市公司向独立董事提供的资料，上市公司及独立董事本人应当至少保存 5 年。

（2）上市公司应提供独立董事履行职责所必需的工作条件。上市公司董事会秘书应积极为独立董事履行职责提供协助，如介绍情况、提供材料等。独立董事发表的独立意见、提案及书面说明应当公告的，董事会秘书应及时到证券交易所办理公告事宜。

（3）独立董事行使职权时，上市公司有关人员应当积极配合，不得拒绝、阻碍或隐瞒，不得干预其独立行使职权。

（4）独立董事聘请中介机构的费用及其他行使职权时所需的费用由上市公司承担。

（5）上市公司应当给予独立董事适当的津贴。津贴的标准应当由董事会制订预案，股东大会审议通过，并在公司年报中进行披露。除上述津贴外，独立董事不应从该上市公司及其主要股东或有利害关系的机构和人员处取得额外的、未予披露的其他利益。

（6）上市公司可以建立必要的独立董事责任保险制度，以降低独立董事正常履行职责可能引致的风险。

2. 上市公司设立董事会秘书

《公司法》第 123 条规定："上市公司设董事会秘书，负责公司股东大会和董事会会议的筹备、文件保管以及公司股权管理，办理信息披露事务等事宜。"上市公司股权分散，中小股东对公司不享有控制权，主要通过公司披露的信息了解公司经营情况，《公司法》和《证券法》要求上市公司必须按照规定公开信息。《公司法》第 123 条的规定，解决了股东事务和资料管理等问题。

3. 上市公司特别决议

为了避免股东滥用资本多数决，维护上市公司和中小股东的利益，我国《公司法》第 121 条规定上市公司股东大会特别决议的事项：(1) 上市公司在一年内购买重大资产金额超过公司资产总额 30% 的决策；(2) 上市公司在一年内出售重大资产金额超过公司资产总额 30% 的决策；(3) 上市公司在一年内担保金额超过公司资产总额 30% 的决策。对于上述决策，应当由股东大会作出决议，并经出席会议的股东所持表决权的 2/3 以上通过。该条规定，是对股东大会的特别事项的补充。《公司法》第 103 条规定，股东大会的特别事项包括：修改公司章程、增加或者减少注册资本的决议，以及公司合并、分立、解散或者变更公司形式的决议。对于上市公司来说，除《公司法》第 103 条规定的特别事项之外，《公司法》第 121 条增加了上述三类特别事项。

《上市公司章程指引》第 41 条对《公司法》的内容又做了补充规定，明确公司的下列对外担保行为，须经股东大会审议通过：(1) 本公司及本公司控股子公司的对外担保总额，达到或超过最近一期经审计净资产的 50% 以后提供的任何担保；(2) 公司的对外担保总额，达到或超过最近一期经审计总资产的 30% 以后提供的任何担保；(3) 为资产负债率超过 70% 的担保对象提供的担保；(4) 单笔担保额超过最近一期经审计净资产 10% 的担保；(5) 对股东、实际控制人及其关联方提供的担保。

4. 上市公司关联关系董事的表决权排除制度

《公司法》第 124 条规定，上市公司董事与董事会会议决议事项所涉及的企业有关联关系的，不得对该项决议行使表决权，也不得代理其他董事行使表决权。该董事会会议由过半数的无关联关系董事出席即可举行，董事会会议所作决议须经无关联关系董事过半数通过。出席董事会的无关联关系董事人数不足 3 人的，应将该事项提交上市公司股东大会审议。

（四）上市公司的信息公开义务

为了加强对证券市场的监管，防止证券欺诈行为的出现，促使上市公司加强内部管理，保护投资者的利益。我国《公司法》《证券法》规定，上市公司在证券发行市场、交易市场应依法向证券监督管理机构以及投资者报告自身经营、资产以及财务等信息。依据我国《公司法》《证券法》等有关法律、法规，上市公司信息公开的内容主要有以下四类：招股说明书、中期报告、年度报告、临时报告。

上市公司公开的信息必须真实、准确、完整，不得有虚假记载、误导性陈述或重大遗漏。依法必须披露的信息，应当在国务院证券监督管理机构指定的媒体发布，同时将其置备于公司住所、证券交易所，供社会公众查阅。国务院证券监督管理机构对上市公司年度报告、中期报告、临时报告以及公告的情况进行监督，对上市公司分派或者配售新股的情况进行监督，对上市公司控股股东及其他信息披露义务人的行为进行监督。

证券监督管理机构、证券交易所、保荐人、承销的证券公司及有关人员，对公司依照法律、行政法规规定必须作出的公告，在公告前不得泄露其内容。

第十一章

公司组织机构

一、公司组织机构的概念、特征

（一）公司组织机构的概念

公司的组织机构，是指公司依法设置的，按照法律或公司章程规定行使决策、执行和监督职能的组织体系。公司作为法人实体，须有相应组织机构才能形成和实现其意志，协调股东之间、股东和公司之间、公司各机关之间的利益关系，实现公司的正常运作。公司作为一个具有独立团体人格的实体，不能缺少组织机构。公司的组织机构由公司的意思形成机构、业务执行机构和内部监督机构构成，即由股东会、董事会、监事会、经理等公司组织机构组成。

（二）公司组织机构的法律特征

1. 公司组织机构由不同性质的内部机关组成。其通常包括：公司的意思形成机关即股东会，公司的执行机关即董事会，公司的监督机关即监事会。

2. 公司组织机构必须依照法律的规定设置。设置公司组织机构的法律规范属于强制性规范，股东不得违反这些规定而任意设置公司机构。

3. 公司组织机构的职能和权限由《公司法》明确规定。公司不得通过制定章程任意改变《公司法》对各组织机构的职权划分。

4. 公司组织机构的设置遵循权力制衡原则。按《公司法》规定，决议职能，管理、经营职能和监督职能由不同的公司机关分别行使，通过权力分工相互制衡，激励与约束并举的机制，实现投资者、管理者各自利益最大化。

（三）公司组织机构的模式

1. 双层制模式

双层制模式的组织机构由股东会、监事会和董事会构成，并且股东会、监事会和董事会之间是上下级关系。该模式下，股东会选任监事，由监事组成监事会，监事会对股东会负责，向股东会报告工作。监事会的职权是，选任、解任董事，监督董事会经营活动，监事会不履行具体的经营管理工作，向董事会提供咨询，不参与公司业务的执行，就一定事项享有同意权，如重大业务的批准权、董事报酬的决定权等。董事会负责公司的经营管理，接受监事会的监督。双层制中的董事会与监事会分别设立，监事会是董事会的上位机关。大陆法系的德国、荷兰等国家的公司组织机构设置采取双层制模式。

2. 单层制模式

英美法系的公司治理结构实行单层制模式，由股东会和董事会构成公司的组织机构，不设监事会。股东会选任董事，组成董事会。董事会在公司中处于核心地位，负责指挥公司经营活动、选任高级管理人员执行公司业务活动。董事会在内部设有专业委员会，协助董事会进行决策。董事会中有内部董事和外部董事：内部董事又称执行董事，承担公司具体运营职责；外部董事又称非执行董事，由公司外部人员担任，在董事会中人数规模占优势，外部董事控制执行董事的提名、薪酬、审计等监督大权。单层制模式下，虽不设监事会，外部董事实际上行使了双层制中监事会的监督权。

我国《公司法》规定，公司的组织机构由公司的意思形成机构、业务执行机构和内部监督机构组成，即由股东会、董事会、监事会等公司组织机构组成。我国的公司组织机构的模式既不是双层制，也不是单层制。其看似双层制，实与双层制不同：监事会与董事会的成员均由股东会选任，两机构为平行的公司机构，同时对股东会负责；监事会既不握有重大决策权，也无董事任免权。

二、股东会

(一) 股东会的概念、特征[①]

股东会是公司的最高权力机关,也是公司的最高意思机关。股东会是由股东组成的公司议事和决策机关,是股东在公司内部行使股东权的法定组织。有限责任公司设股东会,股份有限公司设股东大会。国有独资公司和一人有限公司不设股东会。股东会由全体股东组成。股东会具有下列特征:

1. 股东会是公司的最高权力机关

股东会由公司的全体股东组成,是全体股东行使权利的机关。我国《公司法》规定,股东会是公司权力机关,决定公司的重大事项,有权选举和罢免董事、监事,有权修改公司章程,对增加、减少资本做出决议等。股东会是公司机关中的最高权力机关,董事会和监事会均要对其负责。

2. 股东会是公司的法定必设机关

《公司法》规定,有限责任公司必须设立股东会,股份有限公司必须设立股东大会。国有独资公司和一人有限责任公司不设股东会。

3. 股东会是公司的非常设机关

《公司法》规定,股东会享有一定的职权,决定公司的重大事项。作为法人,公司意志必须通过其代表机关才能形成,单个股东个人的意志不能代表公司意志。股东会是《公司法》规定的公司意志机关,但它并非常设机构,股东会是通过定期会议和临时会议的方式行使职权的。

4. 股东会是会议机关

股东会不是公司的代表机关。我国《公司法》第13条规定,公司法定代表人依照公司章程的规定,由董事长、执行董事或者经理担任,并依法登记。由此可见,公司的代表机关是董事长、执行董事或者经理,他们作为公司的法定表人,依法以公司名义为法律行为。股东会是会议机关,依法召集会议,对重大事项进行表决,形成决议。

[①] 股东会是指有限责任公司的权力机构,股东大会是指股份有限公司的权力机构。两者有共性,亦有差异,为了方便表述,本书在一般情形下,公司的权力机构就用股东会来表示,如有特殊规定,则分别以股东会、股东大会表示。

（二）股东会的职权

作为公司权力机关，股东会享有对公司重大事项作出决议和审批的权力。根据我国《公司法》第 37 条规定，股东会享有以下职权：

（1）决定公司的经营方针和投资计划；

（2）选举和更换非由职工代表担任的董事、监事，决定有关董事、监事的报酬事项；

（3）审议批准董事会的报告；

（4）审议批准监事会或者监事的报告；

（5）审议批准公司的年度财务预算方案、决算方案；

（6）审议批准公司的利润分配方案和弥补亏损方案；

（7）对公司增加或者减少注册资本作出决议；

（8）对发行公司债券作出决议；

（9）对公司合并、分立、变更公司形式、解散和清算等事项作出决议；

（10）修改公司章程；

（11）公司章程规定的其他职权。

《公司法》列明的股东会职权为第（1）至第（10）项，第（11）项允许公司章程规定公司股东会更多的职权。对《公司法》第 37 条所列事项有限责任公司的股东以书面形式一致表示同意的，可以不召开股东会会议，直接作出决定，并由全体股东在决定文件上签名、盖章。

国有独资公司股东会的职权由国有资产监督管理机构行使。

《公司法》第 99 条规定："本法第 37 条第 1 款关于有限责任公司股东会职权的规定，适用于股份有限公司股东大会。"《上市公司章程指引》对上市公司股东大会的职权还增加了以下内容：（1）对公司聘用、解聘会计师事务所作出决议；（2）审议批准第 41 条规定的担保事项；（3）审议公司在 1 年内购买、出售重大资产超过公司最近一期经审计总资产 30% 的事项；（4）审议批准变更募集资金用途事项；（5）审议股权激励计划；（6）审议法律、行政法规、部门规章或本章程规定应当由股东大会决定的其他事项。《公司法》规定的股东大会的职权及上述《上市公司章程指引》规定的股东大会的职权不得通过授权的形式由董事会或其他机构和个人代为行使。[①]第 41 条规定，公司下列对外担保行为，须经股东大会审议通过：（1）本公司及本公司控股子公司的对外担保总额，达到或超过最近一期经审计净资产的 50% 以后提供的任何担保；（2）公司的对外担保总额，达到或超过最近一期经审计总资产的 30% 以后提供的任何担保；（3）为资产负债率超过 70% 的担保对象提供的担保；（4）单笔担保额超过最近一期经审计净资产 10% 的担保；（5）对股东、实际控制人及其关联方提供的担保。

各国公司法的实践表明，公司的实际权力运行有从股东会中心主义向董事会中心主义转化，股东会职权日益弱化的趋势。

（三）股东会会议类型

股东会会议分定期会议和临时会议。

1. 定期会议

定期会议又称股东常会，是指公司依照法律和章程规定在特定时间期限内召开的股东会会议。我国《公司法》规定：有限责任公司的定期会议，应当依照公司章程的规定按时召开；股份有限公司的股东大会应当每年召开一次年会。《上市公司章程指引》第 42 条规定，年度股东大会每年召开 1 次，应当于上一会计年度结束后的 6 个月内举行。

2. 临时会议

临时会议又称股东特别会议，是指除股东定期会议以外的，讨论决定公司重大事项时不定期召开的全体股东会议。《公司法》规定了临时股东会召开的法定事由。

（1）有限责任公司临时股东会。有限责任公司召开临时股东会议的法定事由是：代表 1/10 以上表决权的股东提议；1/3 以上的董事提议；监事会或者不设监事会的公司的监事提议。

（2）股份有限公司临时股东大会。股份有限公司召开临时股东大会的法定事由与有限责任公司不同。根据《公司法》第 100 条规定，股份有限公司有下列情形之一的，应当在两个月内召开临时股东大会：董事人数不足《公司法》规定人数或者公司章程所定人数的 2/3 时；公司未弥补的亏损达实收股本总额 1/3 时；

[①] 2016 版《上市公司章程指引》第 40 条。

单独或者合计持有公司 10% 以上股份的股东请求时；董事会认为必要时；监事会提议召开时；公司章程规定的其他情形。除前五项情形外，《公司法》授权股份有限公司可以通过章程，自由设计股东大会临时会议召开的事由。

（四）股东会会议的召集与主持

我国《公司法》第 38 条规定，有限责任公司首次股东会会议由出资最多的股东召集和主持。第 40 条规定：有限责任公司设董事会的，公司股东会会议由董事会负责召集，董事长主持；董事长不能履行职务或不履行职务的，由副董事长主持；副董事长不能履行职务或不履行职务时，由半数以上董事共同推举一名董事主持。有限公司不设董事会的，股东会会议由执行董事召集和主持。董事会或者执行董事不能履行或者不履行召集股东会会议职责的，由监事会或者不设监事会的公司的监事召集和主持；监事会或者监事不召集和主持的，代表 1/10 以上表决权的股东可以自行召集和主持。

《公司法》第 101 条规定：股东大会会议由董事会召集，董事长主持；董事长不能履行或不履行职务的，由副董事长主持；副董事长不能履行职务或不履行职务的，由半数以上董事共同推举一名董事主持。董事会不能履行或者不履行召集股东大会会议职责的，监事会应当及时召集和主持；监事会不召集和主持的，连续 90 日以上单独或合计持有公司 10% 以上股份的股东可以自行召集和主持。

通常情况下，股东会会议应由董事会主持，但实践中，经常出现董事会拒绝召集、主持股东会会议的现象。为了确保股东会的及时召开，《公司法》第 40 条、第 101 条的规定，解决了股东会会议主持程序的真空问题，明确赋予了副董事长和半数以上的董事在董事长不履行或不能履行职权时自动代行股东会会议的召集和主持权；在董事会全部失控的情况下，监事会可以启动股东会会议的召集程序；当董事会和监事会沆瀣一气，拒绝召集股东会会议时，适格的股东可以自行召集和主持股东会会议。

（五）股东会会议的召集程序

1. 有限责任公司股东会会议的召集程序

《公司法》第 41 条规定，有限责任公司召开股东会会议，应当于会议召开 15 日前通知全体股东，但是，公司章程另有规定或者全体股东另有约定的除外。《公司法》赋予公司章程或全体股东协议改变召开股东会会议通知的时间，根据公司实际情况，缩短或延长通知时间。

《公司法》对股东会会议通知的内容未明确规定的，允许公司在章程中自行设计。

2. 股份有限公司股东大会会议的召集程序

《公司法》第102条第1款规定：股份有限公司召开股东大会会议，应当将会议召开的时间、地点和审议的事项于会议召开20日前通知各股东；临时股东大会应当于会议召开15日前通知各股东；发行无记名股票的，应当于会议召开30日前公告会议召开的时间、地点和审议事项。股东大会不得对通知中未列明的事项作出决议。如果股东大会对通知中未列明的事项作出决议，属于程序有瑕疵，股东可以依《公司法》第22条规定，向法院提起撤销决议的诉讼。

《上市公司章程指引》第55条具体规定了召开股东大会会议向股东通知的内容，具体包括：（1）会议的时间、地点和会议期限；（2）提交会议审议的事项和提案；（3）以明显的文字说明：全体普通股股东（含表决权恢复的优先股股东）均有权出席股东大会，并可以书面委托代理人出席会议和参加表决，该股东代理人不必是公司的股东；（4）有权出席股东大会股东的股权登记日；（5）会务常设联系人姓名、电话号码。

《上市公司章程指引》对第55条做出的进一步注释内容有：（1）股东大会通知和补充通知中应当充分、完整披露所有提案的全部具体内容。拟讨论的事项需要独立董事发表意见的，发布股东大会通知或补充通知时将同时披露独立董事的意见及理由。（2）股东大会采用网络或其他方式的，应当在股东大会通知中明确载明网络或其他方式的表决时间及表决程序。股东大会网络或其他方式投票的开始时间，不得早于现场股东大会召开前一日下午3:00，并不得迟于现场股东大会召开当日上午9:30，其结束时间不得早于现场股东大会结束当日下午3:00。（3）股权登记日与会议日期之间的间隔应当不多于7个工作日。股权登记日一旦确认，不得变更。

无记名股票持有人出席股东大会会议的，应当于会议召开5日前至股东大会闭会时将股票交存于公司。

（六）股东提案

《公司法》第102条第2款规定，股份有限公司单独或者合计持有公司3%

以上股份的股东，可以在股东大会召开 10 日前提出临时提案并书面提交董事会；董事会应当在收到提案后 2 日内通知其他股东，并将该临时提案提交股东大会审议。临时提案的内容应当属于股东大会职权范围，并有明确议题和具体决议事项。就股东行使提案权的条件来说，《公司法》仅规定了持有公司 3% 以上股份的条件，没有要求必须持股一定的时间以上。这样规定，有利于促进股东积极提案、参与股东大会的积极性。

（七）股东会的议事规则

1. 一股一票规则

股东会会议上，股东原则上按照出资比例行使表决权，并实行一股一票。这种表决规则也是大多数国家公司法的通例。

我国《公司法》第 42 条规定："股东会会议由股东按照出资比例行使表决权；但是，公司章程另有规定的除外。"这表明，我国《公司法》允许股东会不按出资比例行使表决权，如有限公司的章程，可以规定一人一票，也可以规定股东的表决比例与出资比例不一致。这样规定，充分体现了对有限责任公司封闭型和人合性的特别考虑。股东会的议事方式和表决程序，除《公司法》有规定的外，由公司章程规定。

《公司法》第 103 条规定："股东出席股东大会会议，所持每一股份有一表决权。但是，公司持有的本公司股份没有表决权。"《公司法》要求股份有限公司严格遵守一股一票的规则，不允许公司改变这一基本的原则。

2. 资本多数决原则

资本多数决原则，是指股东会决议原则上由出资比例或持股比例达到多数以上的股东同意方可做出。因股东会决议的事项重要程度不一，股东会决议分为普通决议与特别决议。普通决议是对公司一般事项作出的决议，采用"简单多数"通过，特别决议是对公司的特别事项作出的决议，须采用"绝对多数"通过。根据《公司法》的规定，涉及修改公司章程，增加、减少注册资本，公司合并、分立、解散或变更公司形式的决议，属于重大事项，必须作为特别决议，须采用"绝对多数"通过，即经代表 2/3 以上表决权的股东通过。

《公司法》第 43 条规定，有限责任公司股东会的议事方式和表决程序，除《公司法》有规定的外，由公司章程规定。股东会会议作出修改公司章程、增加或者减少注册资本的决议,以及公司合并、分立、解散或者变更公司形式的决议,必须经代表 2/3 以上表决权的股东通过。有关普通事项的决议,《公司法》没有做出强制性规定,应由公司章程做出明确规定。

《公司法》第 103 条规定,股份有限公司股东大会作出决议,必须经出席会议的股东所持表决权过半数通过。但是,股东大会作出修改公司章程、增加或者减少注册资本的决议,以及公司合并、分立、解散或者变更公司形式的决议,必须经出席会议的股东所持表决权的 2/3 以上通过。第 121 条规定:"上市公司在 1 年内购买、出售重大资产或者担保金额超过公司资产总额 30% 的,应当由股东大会作出决议,并经出席会议的股东所持表决权的 2/3 以上通过。"

【示例 11.1】 甲股份有限公司召开股东大会修改公司章程,后修改公司章程的决议经出席会议的有表决权的 2/3 以上的股东通过。会后,有股东向法院提出,通过修改公司章程的决议程序不合法,主张撤销该决议。

【分析】《公司法》规定,股东大会作出修改公司章程的决议,必须经过出席会议的股东所持表决权的 2/3 以上通过。"有表决权的 2/3 以上的股东"不等同于"股东所持表决权的 2/3 以上",故法院对撤销决议的主张应予以支持。

3. 代理投票

有限责任公司股东权的行使,《公司法》授权公司自治,由股东通过公司章程自行规定。

《公司法》第 106 条明确规定,股份有限公司的股东可以委托代理人出席股东大会会议,代理人应当向公司提交股东授权委托书,并在授权范围内行使表决权。

股东出具的委托他人出席股东大会会议的授权委托书应当载明下列内容:(1)代理人的姓名;(2)是否具有表决权;(3)分别对列入股东大会议程的每一审议事项投赞成、反对或弃权票的指示;(4)委托书签发日期和有效期限;(5)委托人签名(或盖章)。委托人为法人股东的,应加盖法人单位印章。[1] 委托书应当注明如果股东不作具体指示,股东代理人是否可以按自己的意思表决。[2]

---

[1] 参见《上市公司章程指引》第 61 条。
[2] 参见《上市公司章程指引》第 62 条。

代理投票授权委托书由委托人授权他人签署的，授权签署的授权书或者其他授权文件应当经过公证。经公证的授权书或者其他授权文件和投票代理委托书均需备置于公司住所或者召集会议的通知中指定的其他地方。委托人为法人的，由其法定代表人或者董事会、其他决策机构决议授权的人作为代表出席公司的股东大会。① 股东（包括股东代理人）以其所代表的有表决权的股份数额行使表决权，每一股份享有一票表决权。②

股东大会审议影响中小投资者利益的重大事项时，对中小投资者表决应当单独计票。单独计票结果应当及时公开披露。

公司持有的本公司股份没有表决权，且该部分股份不计入出席股东大会有表决权的股份总数。

公司董事会、独立董事和符合相关规定条件的股东可以公开征集股东投票权。征集股东投票权应当向被征集人充分披露具体投票意向等信息。禁止以有偿或者变相有偿的方式征集股东投票权。公司不得对征集投票权提出最低持股比例限制。若公司有发行在外的其他股份，应当说明是否享有表决权。优先股表决权恢复的，应当根据章程规定的具体计算方法确定每股优先股股份享有的表决权。③

4. 累积投票制

累积投票制，是指股东大会选举董事或者监事时，每一股份拥有与应选董事或者监事人数相同的表决权，股东拥有的表决权可以集中使用。《公司法》第105条规定："股东大会选举董事、监事，可以依照公司章程的规定或者股东大会的决议，实行累积投票制。"《上市公司治理准则》④ 第31条也做了类似的规定："在董事的选举过程中，应充分反映中小股东的意见。股东大会在董事选举中应积极推行累积投票制度。控股股东控股比例在30%以上的上市公司，应当采用累积投票制。采用累积投票制度的上市公司应在公司章程里规定该制度的实施细则。"直接投票制选举董事或者监事时，每一股份享有一个投票权，而且股

---

① 参见《上市公司章程指引》第63条。
② 参见《上市公司章程指引》第78条。
③ 参见《上市公司章程指引》第78条。
④ 参见《上市公司治理准则》证监发〔2002〕1号。

东将其全部投票权集中投向一个候选人时其拥有的投票权总数不超过其股份总数;而在累积投票制中,股东每一个股份所享有的是多个投票权,每一股享有与选举人数相同的投票权,其既可以将所有投票权集中投给一人,也可以选择分散投给数人,最后应当根据得票总数的高低决定获选人选。

《公司法》赋予我国公司在累积投票问题上极大的自治空间,除控股股东控股比例在 30% 以上的上市公司必须依照《上市公司治理准则》采用累积投票制外,其他公司的累积投票制完全遵循"公司自治"原则,由股东大会决定是否使用累积投票制,如何采用累积投票制以及何时采用累积投票制。实行累积投票制,能否发挥其本身的作用,首先,要看股东的持股数量,这是最重要的因素。其次,要看选举的董事、监事的人数。股东大会选举两名以上的董事或者监事时,采用累积投票制才会发生效用,而且选举的人数越多,发挥的效用就越大。再次,要看选举的方式。股东大会选举董事人数为两名时,如果将独立董事和非独立董事分开选举,则会严重降低累积投票制的效用或使其流于形式,如果允许独立董事和非独立董事合并选举,或者董事、监事合并选举,则会较好地发挥累积投票制的有效性。

为了保证累积投票制的有效执行,公司可以制定累积投票制的实施细则,细则应具体规定累积投票制的原则、适用累积投票制的条件、累积投票的操作程序等。

【示例 11.2】 甲公司共有 100 股,股东甲拥有 15 股,乙拥有另外 85 股。现公司召开股东会,选举 7 名董事。在实行普通投票制的情况下,甲投给自己提出的 7 个候选人,每个候选人 15 票。实行累积投票制,甲的选举权如何行使,有可能使自己提出的候选人入选董事会吗?

【分析】 实行累积投票制,甲持有的每一股份拥有与应选董事人数相同的表决权,即每一股,拥有 7 票。甲现持有 15 股,则拥有 105 票,甲可以集中将他拥有的 105 个表决权投给自己提名的一名董事,而乙无论如何分配其总共拥有的 595 个表决权,也不可能使其提名的 7 个候选人每人的票数多于 85,更不可能多于 105。这样,甲提出的一名候选人即可入选董事会。

5. 关联股东表决权回避制度

公司为股东或者实际控制人提供担保的,股东大会对"担保事项"进行表决时,接受担保的股东或者受实际控制人支配的股东应当回避。《上市公司章程指引》第 79 条规定:"股东大会审议有关关联交易事项时,关联股东不应当参与投票表决,其所代表的有表决权的股份数不计入有效表决总数;股东大会决议的公告应当充分披露非关联股东的表决情况。"《上市公司章程指引》还进一步注释了这条规定:"公司应当根据具体情况,在章程中制订有关联关系股东的回避和表决程序。"

(八)股东会决议记录

股东会应当对所议事项的决定作成会议记录。《公司法》第 41 条第 2 款规定:"股东会应当对所议事项的决定作成会议记录,出席会议的股东应当在会议记录上签名。"第 107 条规定:"股东大会应当对所议事项的决定作成会议记录,主持人、出席会议的董事应当在会议记录上签名。会议记录应当与出席股东的签名册及代理出席的委托书一并保存。"

(九)如何认定"过半数"或"三分之二以上"

《公司法》中对股东会、董事会、监事会等机构进行表决时,有大量的法律条款规定"过半数"通过或"三分之二以上"通过,如何认定"过半数"或"三分之二以上",直接关系到决议是否通过。

1. 规定"过半数"的法律条款

(1)公司为公司股东或者实际控制人提供担保的,必须经股东会或者股东大会决议。被担保的股东或被担保的实际控制人支配的股东,不得参加该事项的表决。该项表决由出席会议的其他股东所持表决权的过半数通过。①

(2)有限责任公司的股东向股东以外的人转让股权,应当经其他股东过半数同意。②

(3)发起人应当在创立大会召开 15 日前将会议日期通知各认股人或者予以公告。创立大会应有代表股份总数过半数的发起人、认股人出席,方可举行。创立大会行使下列职权:审议发起人关于公司筹办情况的报告;通过公司章程;选举董事会成员;选举监事会成员;对公司的设立费用进行审核;对发起人用于抵

---

① 参见《公司法》第 16 条。
② 参见《公司法》第 71 条。

作股款的财产的作价进行审核；发生不可抗力或者经营条件发生重大变化直接影响公司设立的，可以作出不设立公司的决议。创立大会对上述事项作出决议，必须经出席会议的认股人所持表决权过半数通过。①

（4）股东大会作出决议，必须经出席会议的股东所持表决权过半数通过。②

（5）董事会会议应有过半数的董事出席方可举行。董事会作出决议，必须经全体董事的过半数通过。③

（6）上市公司董事与董事会会议决议事项所涉及的企业有关联关系的，不得对该项决议行使表决权，也不得代理其他董事行使表决权。该董事会会议由过半数的无关联关系董事出席即可举行，董事会会议所作决议须经无关联关系董事过半数通过。出席董事会的无关联关系董事人数不足三人的，应将该事项提交上市公司股东大会审议。④

2. 规定"三分之二以上"的法律条款

（1）股东大会作出修改公司章程、增加或者减少注册资本的决议，以及公司合并、分立、解散或者变更公司形式的决议，必须经出席会议的股东所持表决权的 2/3 以上通过。⑤

（2）股东会会议作出修改公司章程、增加或者减少注册资本的决议，以及公司合并、分立、解散或者变更公司形式的决议，必须经代表 2/3 以上表决权的股东通过。⑥

（3）上市公司在 1 年内购买、出售重大资产或者担保金额超过公司资产总额 30% 的，应当由股东大会作出决议，并经出席会议的股东所持表决权的 2/3 以上通过。⑦

（4）公司有《公司法》第 181 条第（1）项情形的，可以通过修改公司章程而存续。依照前款规定修改公司章程，有限责任公司须经持有 2/3 以上表决权的

---

① 参见《公司法》第 90 条。
② 参见《公司法》第 103 条。
③ 参见《公司法》第 111 条。
④ 参见《公司法》第 124 条。
⑤ 参见《公司法》第 103 条。
⑥ 参见《公司法》第 43 条。
⑦ 参见《公司法》第 121 条。

股东通过，股份有限公司须经出席股东大会会议的股东所持表决权的 2/3 以上通过。①

3. 认定"过半数"或"2/3 以上"的规则

《公司法》没有规定如何认定"过半数"或"2/3 以上"。《民法总则》对"过半数"或"2/3 以上"等有明确界定，其第 205 条规定：民法所称的"以上""以下""以内""届满"，包括本数；所称的"不满""超过""以外"，不包括本数。学界一般认为，民法和公司法是普通法和特别法的关系，公司法相对民法而言是特别法。根据"特别法优于普通法"的精神，在公司法已有相关规定的情况下，应当优先适用公司法的规定，在公司法没有规定的情况下，应当适用普通法。依据《民法总则》第 205 条规定可知，"过半数"不包括半数，而"2/3 以上"包括 2/3，如：公司总表决权为 18 票，10 票是"过半数"，而 9 票是半数以上，不是过半数；12 票是"2/3 以上"。

三、董事会

（一）董事会的概念与特征

董事会是由股东会、股东大会选举产生的董事组成的，代表公司、负责公司经营决策和管理活动的常设业务执行机构。它是公司的代表机关、业务执行机关、经营决策机关，是法定的常设机构，其基本特征如下：

1. 董事会是由董事组成的公司机关

公司董事会是由股东会、股东大会选举产生的董事组成，非董事不能成为董事会成员，更不能参与董事会事务。

2. 董事会是公司的常设机关

在公司的各种机关中，董事会是一个常设机关。自公司成立伊始，董事会即作为一个稳定的机构存在。

3. 董事会是公司的业务执行机关

股东会是公司的权力机构，股东会依公司法和公司章程作出的各项决议，由董事会负责主持实施和执行。

---

① 参见《公司法》第 181 条。

4. 董事会是公司的经营决策机关

董事会除了执行股东会的决议外,还有独立的权限和责任,在公司法规定和公司章程授权的范围内对公司的经营事项做出决策,一般来说,除由股东会决议的事项外,公司的其他事项均可由董事会作出决定。董事会有权决定公司的经营计划和投资方案;决定公司内部管理机构的设置和基本管理制度;有权决定聘任或者解聘公司高级管理人员经理及其报酬事项,并根据经理的提名决定聘任或者解聘公司副经理、财务负责人及其报酬事项。

5. 董事会是公司的对外代表机关

董事会是公司的业务执行机关,对内负责执行股东会议的决议,对外代表公司从事经营活动,除公司章程有特别规定外,公司的董事长或执行董事为公司的法定代表人。

(二)董事会的职权

董事会享有除法律或章程规定的必须由股东会行使的权力以外的较为广泛的权力,主要包括对内的经营管理权及对外代表权。

按照《公司法》第46条的规定,董事会行使下列职权:

(1)召集股东会会议,并向股东会报告工作;

(2)执行股东会的决议;

(3)决定公司的经营计划和投资方案;

(4)制订公司的年度财务预算方案、决算方案;

(5)制订公司的利润分配方案和弥补亏损方案;

(6)制订公司增加或者减少注册资本以及发行公司债券的方案;

(7)制订公司合并、分立、解散或者变更公司形式的方案;

(8)决定公司内部管理机构的设置;

(9)决定聘任或者解聘公司经理及其报酬事项,并根据经理的提名决定聘任或者解聘公司副经理、财务负责人及其报酬事项;

(10)制定公司的基本管理制度;

(11)公司章程规定的其他职权。

《公司法》规定,一人有限责任公司董事会和国有独资公司董事会的职权与普通有限责任公司董事会的职权相同。但由于国有独资公司不设股东会,所以,

《公司法》对国有独资公司董事会职权有特殊规定。第66条规定，国有独资公司不设股东会，国有资产监督管理机构可以授权公司董事会行使股东会的部分职权，决定公司的重大事项，但公司的合并、分立、解散、增加或者减少注册资本和发行公司债券，必须由国有资产监督管理机构决定；其中，重要的国有独资公司合并、分立、解散、申请破产的，应当由国有资产监督管理机构审核后，报本级人民政府批准。

（三）董事会的设置

董事会是由全体董事组成的公司集体决策机构。

1. 有限责任公司董事会的设置

我国《公司法》规定，有限责任公司设董事会，其成员为3人至13人。董事会设董事长一人，可以设副董事长。董事长、副董事长的产生办法由公司章程规定。

股东人数较少或者规模较小的有限责任公司，可以设一名执行董事，不设董事会。执行董事可以兼任公司经理。

两个以上的国有企业或者两个以上的其他国有投资主体投资设立的有限责任公司，其董事会成员中应当有公司职工代表。其他有限责任公司董事会成员中可以有公司职工代表。董事会中的职工代表由公司职工通过职工代表大会、职工大会或者其他形式民主选举产生。

国有独资公司设董事会。董事每届任期不得超过3年。董事会成员中应当有公司职工代表。董事会成员由国有资产监督管理机构委派；但是，董事会成员中的职工代表由公司职工代表大会选举产生。董事会设董事长一人，可以设副董事长。董事长、副董事长由国有资产监督管理机构从董事会成员中指定。

2. 股份有限公司董事会的设置

股份有限公司必须设董事会，其成员为5人至19人。董事会成员中可以有公司职工代表。董事会中的职工代表由公司职工通过职工代表大会、职工大会或者其他形式民主选举产生。

（四）董事任期与任免

董事任期由公司章程规定，但每届任期不得超过3年；任期届满，可连选连任。董事任期届满未及时改选，或者董事在任期内辞职导致董事会成员低于法定人数的，在改选出的董事就任前，原董事仍应当依照法律、行政法规和公司章程的规定，履行董事职务。

公司董事可以由股东出任，也可以由非股东出任。根据《公司法》的规定，董事产生的方式主要有以下几种：（1）董事由股东会选举产生。（2）国有独资公司的董事会成员由国有资产监督管理机构委派。（3）一人有限公司的董事由出资的股东委任。（4）国有独资公司、两个以上国有企业或其他两个以上国有投资主体投资设立的有限责任公司，董事会成员中应当有职工代表，董事会成员中的职工代表由公司职工代表大会、职工大会或者其他形式民主选举产生。（5）普通的有限责任公司、股份有限公司，董事会成员可以有公司职工代表，该职工代表由公司职工通过职工代表大会、职工大会或者其他形式民主选举产生。

董事不限于股东，一般也不限于自然人，但法人担任董事的须指定一名具有完全行为能力的自然人为其代表。董事一般也无国籍限制。我国《公司法》第147条规定了不能担任或兼任公司董事、经理和监事的相关情形。

（五）董事长

董事会设董事长1人，可设副董事长。有限责任公司董事长、副董事长的产生办法由公司章程规定；股份有限公司董事长、副董事长由董事会以全体董事的过半数选举产生。

董事长召集和主持股东会会议、董事会会议，检查董事会决议的实施情况。

我国1993年《公司法》规定，董事长为公司的法定代表人，有限公司不设董事会的，执行董事为公司的法定代表人。现行《公司法》改变了这一做法，采取在限定范围内由公司章程进行规定的相对灵活的做法。《公司法》第13条规定："公司法定代表人依照公司章程的规定，由董事长、执行董事或者经理担任，并依法登记。公司法定代表人变更，应当办理变更登记。"

（六）董事会会议

1. 有限责任公司的董事会会议

我国《公司法》对有限责任公司董事会会议形式没有作出具体规定，可以由公司章程或者股东会决议自行确定。

《公司法》规定了有限责任公司董事会的召集程序、议事方式和表决程序。

《公司法》第47条规定："公司董事会会议由董事长召集和主持；董事长不

能履行职务或者不履行职务的，由副董事长召集和主持；副董事长不能履行职务或者不履行职务的，由半数以上董事共同推举一名董事召集和主持。"《公司法》第48条规定：有限责任公司董事会的议事方式和表决程序，除公司法另有规定的以外，由公司章程规定。董事会应当对所议事项的决定作成会议记录，出席会议的董事应当在会议记录上签名。董事会决议的表决，实行一人一票。除此之外，与董事会有关的事项，则授权公司章程规定，如，董事会决议的通过比例、会议召开的通知时间等。

2. 股份有限公司的董事会会议

董事会的定期会议与临时会议。《公司法》第110条规定，股份有限公司董事会每年度至少召开两次会议，每次会议应当于会议召开10日前通知全体董事和监事。代表1/10以上表决权的股东、1/3以上董事或者监事会，可以提议召开董事会临时会议。董事长应当自接到提议后10日内，召集和主持董事会会议。董事会召开临时会议，可以另定召集董事会的通知方式和通知时限。

董事会的召集程序。公司董事会会议由董事长召集和主持；董事长不能履行职务或者不履行职务的，由副董事长召集和主持；副董事长不能履行职务或者不履行职务的，由半数以上董事共同推举一名董事召集和主持。

董事会的议事方式。（1）董事会会议应有过半数的董事出席方可举行。（2）董事会会议，应由董事本人出席；董事因故不能出席，可以书面委托其他董事代为出席，委托书中应载明授权范围。（3）董事会决议的表决，实行一人一票。（4）董事会作出决议，必须经全体董事的过半数通过。

有关董事会表决的特殊规定。（1）上市公司应由董事会审批的对外担保，必须经出席董事会的2/3以上董事审议同意并做出决议。（2）上市公司董事与董事会会议决议事项所涉及的企业有关联关系的，不得对该项决议行使表决权，也不得代理其他董事行使表决权。该董事会会议由过半数的"无关联关系"董事出席即可举行，董事会会议所作决议须经"无关联关系"董事过半数通过。出席董事会的无关联关系董事人数不足3人的，应将该事项提交上市公司股东大会审议。（3）上市公司董事会对"关联交易"进行表决时，关联董事应当回避。

董事会会议记录。董事会应对会议所议事项的决定作成会议记录，出席会议的董事和记录员应在记录上签名。董事会会议记录是公司的重要文件，应该妥善保管，股东有权参阅和复制，这是日后确定董事责任的重要证据。《公司法》第112条第3款对此就作了规定，若董事会决议存在瑕疵，即违反法律、行政法规或者章程，使公司遭受严重损失的，参与决议的董事对公司负赔偿责任，但经证明在表决时曾表明异议并记录于会议记录的董事可免责。

四、监事会

（一）监事会的概念及其组成

监事会是公司依公司法或章程设立的，对公司经营和管理独立实施监督的公司内部监督机构。

我国《公司法》规定，股份有限公司必须设监事会，监事会成员不少于3人。监事会设主席一人，可以设副主席。监事会主席和副主席由全体监事过半数选举产生。有限责任公司规模较大、人数较多的设立监事会，其成员不少于3人。股东人数较少或者规模较小的有限责任公司，可设1~2名监事，不设监事会。监事会设主席1人，由全体监事过半数选举产生。国有独资公司监事会成员不得少于5人。

监事会应当包括股东代表和适当比例的公司职工代表，其中职工代表的比例由章程规定，但不得低于1/3。监事会中的股东代表由股东会、股东大会选举产生，职工代表通过职工代表大会、职工大会或者其他形式民主选举产生。公司董事、高级管理人员不得兼任监事。国有独资公司监事会成员由国有资产监督管理机构委派，监事会主席由国有资产监督管理机构从监事会成员中指定。

监事任期3年，期满可连选连任。

（二）监事会会议

监事会主席召集和主持监事会会议。监事会主席不能履行职务或者不履行职务的，有限公司由半数以上监事共同推举1名监事召集和主持监事会会议；股份有限公司由副主席召集和主持，副主席不能履行职务或者不履行职务的，由半数以上监事共同推举1名监事召集和主持监事会会议。

（三）监事会的职权

根据我国《公司法》的规定，我国公司监事会、不设监事会的监事享有以下主要职权：

1. 财务检查权

监事会有权检查公司财务，有权监督公司财务预算的编制、执行、分析和考核以及决算报告的编制等，通过财务预决算的监督实现对公司财务活动过程的监控。基于股东的知情权，监事会有权查阅公司的财务会计账簿。

2. 罢免违法人员的建议权

监事会有权对董事、高级管理人员执行公司职务的行为进行监督，对违反法律、行政法规、公司章程或者股东会、股东大会决议的董事、高级管理人员向相应的选任机关提出罢免的建议。

3. 违法行为的纠正权

当董事、高级管理人员的行为损害公司利益时，有权要求董事、高级管理人员予以纠正。

4. 提议召开股东会的权利

《公司法》第39条规定，有限公司的监事会或者不设监事会的公司的监事提议召开临时会议的，公司应当召开临时会议。第100条规定，股份有限公司的监事会提议召开临时股东大会的，公司应当在2个月内召开临时股东大会。

5. 股东会的召集权

在董事会不履行公司法规定的召集和主持股东会会议职责时，监事会有权召集和主持股东会会议。监事会召集、主持股东会会议的权利，可以有效地防止董事会的滥权行为。

6. 诉讼权

监事会有权依照《公司法》第151条的规定，对董事、高级管理人员提起诉讼。董事、监事、高级管理人员执行公司职务时违反法律、行政法规或者公司章程的规定，给公司造成损失的，有限责任公司的股东、股份有限公司连续180日以上单独或者合计持有公司1%以上股份的股东，可以书面请求监事会或者不设监事会的有限责任公司的监事向人民法院提起诉讼；监事会或不设监事会的公司的监事收到股东书面请求后应在30日内提起诉讼。监事会是以自己的名义直接向人民法院提起诉讼的，其目的是维护公司和股东的利益。

7. 提案权

监事会有权向股东会、股东大会会议提出议案。

8. 质询权、建议权

监事可以列席董事会会议,并对董事会决议事项提出质询或者建议。通过列席董事会会议,听取董事会报告,及时了解董事会的行为,对董事会决议提出质询,发表意见,阻止董事会违反法律、法规和公司章程的行为。董事会应认真听取监事会或监事的建议,决定是否采纳,不予采纳的,应说明理由。

9. 调查权

监事会、不设监事会的公司的监事发现公司经营情况异常,可以进行调查;必要时,可以聘请会计师事务所等协助其工作,费用由公司承担。《公司法》规定,监事会代表公司聘请中介机构的专业人员协助监事履行监督职责的费用,由公司承担,使得监事会行使监督权有了重要的物质保障。

10. 公司章程规定的其他职权

为了进一步强化监事会的监督权,《公司法》授权公司通过章程扩大监事会的监督权。

监事会、不设监事会的公司的监事行使职权所必需的费用,由公司承担。

上市公司董事会中的独立董事也对董事和高级管理人员的行为进行监督,但是其与监事会的功能并不重合。独立董事的监督是事前和事中监督,且往往是对合法性和妥当性进行监督;监事会的监督是全过程的监督,主要是对合法性进行监督。

(四)监事会会议

《公司法》第55条和第119条规定,有限公司监事会每年度至少召开一次会议。股份有限公司监事会每6个月至少召开一次会议。监事可以提议召开临时监事会会议。监事会决议应当经半数以上监事通过。监事会应当对所议事项的决定作成会议记录,出席会议的监事应当在会议记录上签名。除上述规定外,监事会的议事方式和表决程序,可以由公司章程规定。

五、公司决议瑕疵的救济

(一)公司决议瑕疵的类型

公司决议关系到公司内部的管理与外部的经营,不仅仅对与会人员产生拘束力,而且会对其他人员利益产生影响。对于公司决议瑕疵问题,我国现行《公司法》采决议无效和可撤销的二分体例。《公司法》第 22 条规定："公司股东会或者股东大会、董事会的决议内容违反法律、行政法规的无效。股东会或者股东大会、董事会的会议召集程序、表决方式违反法律、行政法规或者公司章程，或者决议内容违反公司章程的，股东可以自决议作出之日起 60 日内，请求人民法院撤销。股东依照前款规定提起诉讼的，人民法院可以应公司的请求，要求股东提供相应担保。公司根据股东会或者股东大会、董事会决议已办理变更登记的，人民法院宣告该决议无效或者撤销该决议后，公司应当向公司登记机关申请撤销变更登记。"《最高人民法院关于适用〈中华人民共和国公司法〉若干问题的规定（四）》[以下简称"《〈公司法〉司法解释（四）》"]增加规定了"决议不成立"的瑕疵类型。

1. 决议无效

我国《公司法》规定：公司决议内容违反法律、行政法规的，决议无效。公司决议是一种法律行为，当法律行为违背法律秩序或者公序良俗时，其就已不能为法律所保护，故法律对其采否定性评价，因此，公司决议在内容上存在严重瑕疵便会导致决议无效。

2. 决议可撤销

公司决议行为如果在程序上存在瑕疵，或者决议的内容违反公司章程而致瑕疵，则可以撤销决议。法律行为的可撤销事由一般涉及撤销权人意志自由的维护问题，因此，此类瑕疵的效力取决于当事人意志。我国《公司法》规定：股东会或者股东大会、董事会的会议召集程序、表决方式违反法律、行政法规或者公司章程，或者决议内容违反公司章程的，股东可以自决议作出之日起 60 日内，请求人民法院撤销。

3. 决议不成立

根据《〈公司法〉司法解释（四）》第 5 条的规定，股东会或者股东大会、董事会决议存在下列情形之一，当事人可以主张决议不成立：（1）公司未召开会议的，但依据《公司法》第 37 条第 2 款或者公司章程规定可以不召开股东会或者股东大会而直接作出决定，并由全体股东在决定文件上签名、盖章的除外；（2）会议未对决议事项进行表决的；（3）出席会议的人数或者股东所持表决权不符合《公司法》或者公司章程规定的；（4）会议的表决结果未达到《公司法》或者公司章程规定的通过比例的;(5)导致决议不成立的其他情形。

(二)决议瑕疵的救济程序

在对公司决议进行了类型化区分之后,需要根据具体情形分别确定不同的救济路径。在民事诉讼中,根据当事人诉讼请求和内容的不同,可以将诉区分为给付之诉、确认之诉和形成之诉。给付之诉,旨在请求法院判令被告履行一定民事义务,其显著特点是具有可执行性;确认之诉,旨在确认某项法律关系存在或者不存在,厘清法律关系的边界;形成之诉,旨在变更某项法律关系的内容,保障民事主体的私法自治。

考虑到决议不成立和决议无效,都是产生对当事人无约束力的后果,可以对此设计确认之诉,当事人可以起诉请求确认决议无效或者不成立。对于业已成立并生效的决议,在其具有可撤销事由时,当事人可以通过诉讼方式请求撤销决议。

人民法院判决公司决议不成立的,该决议自始不成立;判决决议无效或者被撤销的,该决议自始没有法律拘束力。需要注意的问题是:若公司依据决议而与第三人为法律行为,那么此时决议的不成立或无效是否影响因此而发生的法律行为的效力呢?《公司法》及相关司法解释虽未做出回应,但《民法总则》已经给出了明确的答案。其第85条规定:"营利法人的权力机构、执行机构作出决议的会议召集程序、表决方式违反法律、行政法规、法人章程,或者决议内容违反法人章程,营利法人的出资人可以请求人民法院撤销该决议,但是营利法人依据该决议与善意相对人形成的民事法律关系不受影响。"不难看出,该规定是基于保护交易安全和鼓励商事交易的考虑。

六、公司高级管理人员

(一)公司高级管理人员的概念及其设置

《公司法》第216条规定,公司高级管理人员是指公司的经理、副经理、财务负责人、上市公司董事会秘书和公司章程规定的其他人员。

1. 经理

经理是由董事会聘任的、公司常设的辅助业务执行机关,是隶属于董事会的公司日常经营管理机构。经理负责公司的具体业务和行政工作,辅助董事会进行工作并有权对其管理的事务签署法律文件。实践中，董事会负责公司业务的决策，而经理具体负责实施董事会的决议，对公司日常经营管理事务负责，维持公司正常运转。我国《公司法》对经理的设置采取了法定模式和章定模式相结合的原则。

我国《公司法》对普通的有限责任公司采取任意设立经理的态度。《公司法》第49条规定，有限责任公司可以设经理，由董事会决定聘任或解聘。有限责任公司的规模大小、经营行为千差万别，公司既可以由股东自己经营管理，也可聘请经理人经营管理，由公司自己决定是否设置公司经理，法律不加干预。公司可以不设董事会，不设经理，设执行董事。执行董事兼任经理，享有董事会和经理的职权。经理对董事会负责，副经理一般由经理提名、董事会聘任，副经理及公司其他管理人员对经理负责。

我国《公司法》对股份有限公司和国有独资公司采取强制设立经理的态度。《公司法》第68条规定，国有独资公司设经理，由董事会聘任或者解聘。经国有资产监督管理机构同意，董事会成员可以兼任经理。第113条规定，股份有限公司设经理，由董事会聘任或解聘。

2. 董事会秘书

《公司法》第123条规定，上市公司设董事会秘书，负责公司股东大会和董事会会议的筹备、文件保管以及公司股东资料的管理，办理信息披露事务等事宜。

3. 其他公司高级管理人员

公司高级管理人员除《公司法》第216条规定的经理、副经理、财务负责人、上市公司董事会秘书外，还包括公司章程规定的其他人员。

（二）公司经理的职权

《公司法》第49条第1款和第113条第2款规定了经理的职权，同时，又允许公司章程对经理职权另行规定。

根据《公司法》第49条第1款的规定，经理对董事会负责，行使下列职权：

（1）主持公司的生产经营管理工作，组织实施董事会决议；

（2）组织实施公司年度经营计划和投资方案；

（3）拟订公司内部管理机构设置方案；

（4）拟订公司的基本管理制度；

（5）制定公司的具体规章；

（6）提请聘任或解聘公司副经理、财务负责人；

（7）决定聘任或解聘除应由董事会决定聘任或者解聘以外的负责管理人员；

（8）董事会授予的其他职权。

《公司法》第49条第2款规定，公司章程对经理职权另有规定的，从其规定。经理列席董事会会议。这表明，公司章程既可以限制经理的职权，也可以扩充经理的职权，对公司经理职权的授权，交由公司通过公司章程自治。

七、公司董事、监事、高级管理人员的任职资格

（一）积极资格

《公司法》未直接规定担任公司董事、监事、高级管理人员应该具备的条件，一般认为应该符合《民法总则》中自然人具备完全民事行为能力的相关规定。在其他法律、行政法规中，对担任特殊行业公司董事、监事、高级管理人员的任职资格有具体规定，如，《证券法》第131条规定，证券公司的董事、监事、高级管理人员，应当正直诚实，品行良好，熟悉证券法律、行政法规，具有履行职责所需的经营管理能力，并在任职前取得国务院证券监督管理机构核准的任职资格。《证券投资基金法》第16条规定，公开募集基金的基金管理人的董事、监事和高级管理人员，应当熟悉证券投资方面的法律、行政法规，具有3年以上与其所任职务相关的工作经历；高级管理人员还应当具备基金从业资格。《保险法》第81条规定，保险公司的董事、监事和高级管理人员，应当品行良好，熟悉与保险相关的法律、行政法规，具有履行职责所需的经营管理能力，并在任职前取得保险监督管理机构核准的任职资格。

（二）消极资格

我国《公司法》对董事、经理、监事的任职资格规定了消极条件，即不得具备的条件。《公司法》第146条规定，凡是有下列情形之一的，不得担任公司的董事、监事、高级管理人员：

（1）无民事行为能力或者限制民事行为能力；

（2）因贪污、贿赂、侵占财产、挪用财产或者破坏社会主义市场经济秩序，被

判处刑罚，执行期满未逾5年，或者因犯罪被剥夺政治权利，执行期满未逾5年；

（3）担任破产清算的公司、企业的董事或者厂长、经理，对该公司、企业的破产负有个人责任的，自该公司、企业破产清算完结之日起未逾3年；

（4）担任因违法被吊销营业执照、责令关闭的公司、企业的法定代表人，并负有个人责任的，自该公司、企业被吊销营业执照之日起未逾3年；

（5）个人所负数额较大的债务到期未清偿。

公司违反上述规定，选举、委派董事、监事或者聘任高级管理人员的，该选举、委派或者聘任无效。董事、监事、高级管理人员在任职期间出现上述情形的，公司应当解除其职务。

除了《公司法》规定的消极条件外，其他法律、行政法规也规定了特殊行业公司的董事、监事、高级管理人员的消极条件。

《证券法》第131条第2款规定，除《公司法》第146条规定的情形外，具备下列情形之一的，不得担任证券公司的董事、监事、高级管理人员：（1）因违法行为或者违纪行为被解除职务的证券交易所、证券登记结算机构的负责人或者证券公司的董事、监事、高级管理人员，自被解除职务之日起未逾5年；（2）因违法行为或者违纪行为被撤销资格的律师、注册会计师或者投资咨询机构、财务顾问机构、资信评级机构、资产评估机构、验证机构的专业人员，自被撤销资格之日起未逾5年。

《证券投资基金法》第15条对公开募集基金的基金管理人的基金从业人员的任职资格要求更为严格，规定有下列情形之一的，不得担任公开募集基金的基金管理人的董事、监事、高级管理人员和其他从业人员：（1）因犯有贪污贿赂、渎职、侵犯财产罪或者破坏社会主义市场经济秩序罪，被判处刑罚的；（2）对所任职的公司、企业因经营不善破产清算或者因违法被吊销营业执照负有个人责任的董事、监事、厂长、经理及其他高级管理人员，自该公司、企业破产清算终结或者被吊销营业执照之日起未逾5年的；（3）个人所负债务数额较大，到期未清偿的；（4）因违法行为被开除的基金管理人、基金托管人、证券交易所、证券公司、证券登记结算机构、期货交易所、期货公司及其他机构的从业人员和国家机关工作人员；（5）因违法行为被吊销执业证书或者被取消资格的律师、注册会计师和资产评估机构、验证机构的从业人员、投资咨询从业人员；（6）法律、行政法规规定不得从事基金业务的其他人员。

《保险法》第82条规定，除有《公司法》第146条规定的情形外，具有下列情形之一的，不得担任保险公司的董事、监事、高级管理人员：（1）因违法行为或者违纪行为被金融监督管理机构取消任职资格的金融机构的董事、监事、高级管理人员，自被取消任职资格之日起未逾5年的；（2）因违法行为或者违纪行为被吊销执业资格的律师、注册会计师或者资产评估机构、验证机构等机构的专业人员，自被吊销执业资格之日起未逾5年的。

《公务员法》第53条规定，公务员不得从事或者参与营利性活动，在企业或者其他营利性组织中兼任职务。

【示例11.2】 大地食品公司于2008年7月依法成立，现有数名推荐的董事人选。根据《公司法》的规定，下列人员中，不能担任公司董事的有（　　）。

A. 甲因犯交通肇事罪于2000年6月被判处三年有期徒刑，2003年刑满释放
B. 乙持股70%的某有限公司因长期经营不善，负债累累，于2006年被宣告破产
C. 丙2003年向他人借款100万元，为期2年，但因资金被股市套住至今未清偿
D. 丁曾任某公司法定代表人，该公司因违法经营于2006年5月被工商部门吊销营业执照，赵某负有个人责任

【分析】 C、D选项的人选不能担任公司董事。选项A：甲的交通肇事罪不属"因贪污、贿赂、侵占财产、挪用财产或者破坏社会主义市场经济秩序，被判处刑罚，执行期满未逾5年"之列。选项B：乙只是大股东，而非"破产清算的公司董事或者厂长、经理，对该公司的破产不负有个人责任"。

八、公司董事、监事、高级管理人员的义务

公司的董事、监事、高级管理人员与公司关系密切，在理论上往往将其与公司之间的关系或者界定为委任关系，或者界定为代理或信托关系。尽管在理论上的界定有所不同，但实际上，各国公司法对公司董事、监事、高级管理人员义务的规定却是大体相似的，主要体现为诚信义务、信义义务。2005年修改的《公司法》强化了董事等高级管理人员对公司承担的义务。《公司法》第147条规定：

公司的董事、监事、高级管理人员应当遵守法律、行政法规和公司章程，对公司负有忠实义务和勤勉义务；第148条列举规定了公司的董事、高级管理人员应承担的忠实义务；第149条规定了公司的董事、监事、高级管理人员执行职务违反法律、行政法规或者公司章程的规定给公司造成损失时的赔偿义务。除上述对董事、高级管理人员的义务的概括性规定外，《公司法》的其他章节里也有相应的规定。

（一）忠实义务

忠实义务，是指公司董事、监事、高级管理人员必须忠诚地为公司利益最大化履行职务，并且不得使自己个人利益与公司利益相冲突。履行忠实义务，要求董事、监事、高级管理人员必须认真、正当地行使职权，在法律和公司章程以及股东会决议授权的范围内行事，不得越权；在履行职务时必须将公司利益放在首位；不得使个人利益与公司利益发生冲突；不从事与公司相竞争的业务，不在其他与公司存在竞争关系的商事组织担任职务；未经股东会同意，不与公司进行交易。

根据我国《公司法》第147条、148条的规定，董事、高级管理人员的忠诚义务主要包括：

（1）不得非法谋取利益。董事、高级管理人员应遵守公司章程，忠实履行职务，维护公司利益，不得利用职权收受贿赂或其他非法收入，不得侵占公司财产；不得接受他人与公司交易的佣金归为己有。

（2）不得越权使用公司资产。董事、高级管理人员不得挪用公司资金；不得将公司资产以个人名义或其他个人名义开立账户存储；不得以违反公司章程的规定，未经股东会或者董事会同意，将公司资金借贷给他人或者以公司财产为他人提供提担保。

（3）不得进行自我交易。董事、高级管理人员不得违反公司章程的规定或未经股东会、股东大会同意，与本公司订立合同或者进行交易。换言之，公司董事、高级管理人员的行为必须符合公司章程的规定，或者经过股东会、股东大会同意，其与公司的交易行为或与公司订立的合同才得以承认。

（4）不得竞业。董事、高级管理人员不得自营或者为他人经营与所任职公司同类的业务。董事、高级管理人员在任职期内，必须遵守该项规定；公司董事、高级管理人员离职后，应遵守公司章程的规定，离职后一定期限内承担竞业禁止义务。

（5）不得篡夺公司的商业机会。未经股东会、股东大会同意，董事、高级管理人员不得利用职务便利为自己或者他人谋取属于公司的商业机会。

（6）保守公司秘密的义务。董事、高级管理人员不得擅自披露公司秘密。

此外，《公司法》还规定了董事、高级管理人员其他忠实义务，具体包括以下方面：

（1）董事、监事、高级管理人员的行为符合公司依法制定的公司章程。

（2）董事、监事、高级管理人员不得利用其关联关系损害公司利益。

（3）董事、监事任期届满未及时改选，或者董事、监事在任期内辞职导致董事会或监事会成员低于法定人数的，在改选出的董事、监事就任前，仍应当继续履行董事、监事职责，直至改选后的董事、监事就任。

（4）董事、高级管理人员不得兼任监事。

（5）董事、监事、高级管理人员在股东会或者股东大会上有接受质询的义务。

（6）董事、高级管理人员如实向监事会或者监事提供有关情况和资料，不得妨碍监事会或者监事行使职权。

（二）勤勉义务

勤勉义务，又称善管义务、谨慎义务、注意义务，是指董事必须谨慎、尽力履行职务，尽善良管理人的注意义务。换句话，一个负有勤勉义务的人，应达到：具有一个相同智力水平的人，在同等条件下，处理自己事务的状态。与忠实义务相比，勤勉义务要求董事、监事、高级管理人员必须为一定行为，以使公司利益最大化，损失最小化，其强调的是积极的行为。而忠实义务要求董事、监事、高级管理人员不得为一定行为，其强调的是消极行为。规定董事、监事、高级管理人员承担忠实义务和勤勉义务的目标是一致的，都是为了实现公司利益最大化，保护股东的利益。

《公司法》对勤勉义务没有给出具体的界定。在司法实践中，我们可以借鉴英美法系国家判例形成的一些规则，即商业判断规则来处理此类问题。一般来说，判断董事、监事、高级管理人员是否履行了勤勉义务，应当以一个普通谨慎的公司董事、监事、高级管理人员在同类公司、同类职务、相似情形下所应具有的注意程度、知识经验等作为衡量标准。在针对董事的诉讼中，如果能满足以下条件，即使董事的决策最后执行失败，给公司造成损失，也不需要承担个人责任，即满足以下条件，应当被认为履行了勤勉义务，正当地履行了职责：

（1）董事、监事、高级管理人员的行为限于对公司事务做出判断的场合。

（2）董事、监事、高级管理人员与该项交易或商业活动不存在利害关系。

（3）董事、监事、高级管理人员有正当理由相信自己已经掌握了准确、全面的信息。

（4）董事、监事、高级管理人员有理由相信所作的判断和决策符合公司的最佳利益。

（5）董事、监事、高级管理人员尽到处于相似地位的普通谨慎之人在类似情形下所尽到的注意。

（6）董事、监事、高级管理人员进行决策时，不存在故意或重大过失。作出判断的目的是为了公司的利益。

我国《公司法》，虽然还未引入商业判断规则，但实践中，法院在审理针对董事、监事、高级管理人员因决策或执行行为给公司造成损失的案件中，已经借助该规则，来判断董事、监事、高级管理人员是否应承担责任。

实务问题

【案例 11.1】 原告保险代理公司起诉公司经理陈某称：2006 年 7 月 1 日，信息技术公司将双方合同约定开发的"信息系统"交付保险代理公司上线使用，但公司认为交付的信息系统仅占项目全部工作的 1/4。7 月 12 日，公司召开董事会，决定终止与信息技术公司的合作，终止事宜交由陈某负责，通过审计后，对已发生的费用进行清算。陈某未能履行应尽职责和义务，在对方未实际完成项目的情况下签订了《结算协议》，确认约定的开发工作已经完成，并同意按项目完成后的 500 万元价款结算，给公司造成了重大损失，故要求陈某赔偿人民币 506.3 万元。案件审理期间，法院委托评估公司对"信息系统"进行了评估，评估价值为 82.24 万元。法院经审理认定陈某在管理项目终止事宜时，未尽合理、审慎的注意义务，违反了高级管理人员对公司的勤勉义务。《结算协议》损害了保险代理公司的合法利益,陈某给公司造成的损失应予赔偿。据此,判决陈某赔偿保险代理公司损失人民币 340.32 万元。①

【分析】公司高管人员行使职权、做出决策时,必须以公司利益为标准,不得疏忽大意或者有重大过失,应以适当的方式并尽合理的谨慎和注意,履行自己的职责。陈某在处理项目终止事宜时,所尽的勤勉义务应包括履行对"信息系统"开发成本的账目进行清算、审计的管理职责。在履行该项管理职责时,陈某应对其负责的合作项目终止事宜内容及后果尽到适当的注意义务,使其行为符合公司的最佳利益。显然,陈某未尽到上述勤勉义务。

九、公司董事、监事、高级管理人员的责任

《公司法》第 112 条第 3 款规定:"董事应当对董事会的决议承担责任。董事会的决议违反法律、行政法规或者公司章程、股东大会决议,致使公司遭受严重损失的,参与决议的董事对公司负赔偿责任。但经证明在表决时曾表明异议并记载于会议记录的,该董事可以免除责任。"

《公司法》第 148 条第 2 款规定:"董事、高级管理人员违反忠实义务,所得的收入应当归公司所有。"也就是说,公司对董事、高级管理人员违反忠实义务取得的财产享有归入权,该归入权,仅适用公司董事、监事、高级管理人员违反忠实义务的场合,不适用违反勤勉义务的场合。对于董事、高级管理人员违反忠实义务取得的不法财产,均推定为是公司的财产,包括自己取得的财产,也包括从第三人处取得的回扣、报酬等。

《公司法》第 149 条规定:"董事、监事、高级管理人员执行公司职务时违反法律、行政法规或者公司章程的规定,给公司造成损失的,应当承担赔偿责任。"该条规定的是损害赔偿请求权。损害赔偿请求权既适用违反忠实义务的场合,也适用违反勤勉义务的场合。财产归入权与损害赔偿请求权可以同时适用。

如果董事、监事、高级管理人员违反义务构成行政责任或刑事责任的,还应依法承担行政或刑事责任,如董事、监事、高级管理人员利用职权收受贿赂或其他非法收入,侵占公司财产的,除没收非法所得,退还公司财产外,情节严重

---

① 具体案情详见:中国法院网 http://www.chinacourt.org/article/detail/2008/12/id/338470.shtml

的，还要承担刑事责任。

　　董事、监事、高级管理人员执行公司职务时违反法律、行政法规或者公司章程的规定，给公司造成损失的，公司可以要求董事、监事、高级管理人员承担赔偿责任。如果控制公司的董事不起诉，有限责任公司的股东、股份有限公司连续180日以上单独或者合计持有公司1%以上股份的股东，可以书面请求监事会或者不设监事会的有限责任公司的监事向人民法院提起诉讼，监事会、不设监事会的有限责任公司的监事自收到请求之日起30日内应以自己的名义代表公司提起诉讼。监事会、不设监事会的有限责任公司的监事，收到股东书面请求后拒绝提起诉讼，或者自收到请求之日起30日内未提起诉讼，或者情况紧急、不立即提起诉讼将会使公司利益受到难以弥补的损害的，股东有权为了公司的利益以自己的名义直接向人民法院提起诉讼。

第十二章

公司股东与股东权

一、公司股东的概念和特征

（一）公司股东的概念

股东是公司作为法人组织存在的基础和核心要素，没有股东，就不可能有公司。股东是指向公司出资或持有公司股份并对公司享有权利和承担义务的人。公司的股东可以是自然人，也可以是法人，还可以是其他组织；既可以是本国人，也可以是外国人。国家在一定条件下，以其所有的国有资产进行投资，也可以成为公司的股东。

公司的类型不同，投资人向公司出资的时间不同、取得股权的方式不同，对股东的表述就不尽相同：有限责任公司的股东，是指在公司成立时向公司投入资金的人，或者是在公司存续期间依法继受取得股权的人，无论是成立时投资的人还是存续期间取得股权的人，其姓名或名称均登记在股东名册和公司登记机关的登记簿上。股份有限公司的股东，是在公司成立时认购股份的人，或者是在公司成立后合法取得公司股份的人，作为记名股份的持有人，其姓名或名称、住所记载于股东名册。

我国《公司法》针对股份有限公司，还使用了"发起人"这个概念。发起人和股东既有联系，又有区别。发起人，是指为设立公司而签署公司章程、向公司认购出资或者股份并履行公司设立职责的人。公司成立后，发起人是公司的当然股东，但股东不一定是发起人，发起人只是公司股东中的一部分。发起人在公司设立过程中，代表着设立中的公司，从事公司设立行为，设立失败时，承担设立失败的后果。而作为一般的股东，不从事公司设立行为，也无需承担设立失败的责任。

有限责任公司的首批股东一般就是公司的发起人。

（二）公司股东的法律特征

根据公司法对股东的规定，公司股东具有以下特征：

第一，股东是公司的投资人。作为股东的先决条件，一般要求必须向公司投资，股东是公司的出资人。

第二，股东享有股权。股权将自己的财产交给公司，使得公司取得了作为法人的独立财产，公司对股东的出资享有法人财产权，公司对股东的这种出资行为支付的对价就是给予股东股权。

第三，股东责任有限。除少数无限股东外，多数国家公司法明确规定股东仅以其认缴的出资额或者所认购的股份为限对公司债务承担责任，股东有限责任是公司制度的基石，也是公司股东区别于其他投资人（如合伙人）的显著特征。

第四，股东地位平等。股东基于其股东资格，按其所持股份的性质和数额享受平等待遇，即股东平等原则。股东平等体现的是股份平等，同种类的股份股权相同，持有同等数量股份的股东享有同等待遇。我国《公司法》确认了同股同权、同股同利的基本原则。

二、股东资格的取得与认定

以取得股东资格的原因和时间为标准，可以将股东资格的取得分为原始取得和继受取得。在公司设立时认购公司发行的股份或出资的股东，属于原始取得，这些股东为原始股东，包括公司的发起人、在股份有限公司募集设立时认购公司股份的人。公司成立后，因受让、继承、受赠、公司合并等其他原因取得公司股份的股东，为继受取得，这些股东为继受股东，包括受让、受赠原始股东出资或股份的人，以及公司合并后存续的公司等。

股份有限公司中股东资格的认定以是否持有股票为标准，一般不会有争议。关于股东资格的认定问题，主要发生在有限责任公司中。我国《公司法》未对股东资格的认定做出明确的规定，经过多年公司法实践，最高人民法院出台的

《〈公司法〉司法解释（三）》对此有较为详细的规定。

取得有限责任公司股东资格一般应具备以下一些条件：公司章程对股东有记载，公司登记机关对股东有记载，公司的股东名册有记载，签署了公司章程，按照章程实际出资或认缴了出资，取得公司签发的出资证明，实际享有股权。如果以上条件都具备，取得股东资格完全没有问题。而实践中，由于公司设立和转让过程中的行为不规范，导致股东资格的以上要件很难同时具备，甚至相互矛盾，这就给股东资格的认定带来很多困难。要正确解决股东资格的认定问题，应针对股东资格认定涉及公司内部关系和外部关系，采取"双重标准、内外有别"的处理原则较为妥当。在处理公司内部关系引起的纠纷时，主要遵循契约自由、意思自治的原则，在处理公司外部法律关系时，主要遵循公示主义原则，维护交易秩序和安全，保护善意第三人的利益。

（一）公司章程与股东资格取得的关系

公司章程是对公司及其成员具有约束力的关于公司组织和行为的重要法律文件，是确定股东权利与义务最主要的法律依据。股东的姓名或名称是公司章程必备的记载事项，公司章程对股东身份的记载，是股东资格认定的最主要的形式要件，除非该形式特征与其他股东资格的特征相冲突，并经法院做出否定性的裁判，因此，股东姓名或名称记载于公司章程者，可确认其为公司股东。

公司章程的记载虽具有认定股东资格的功能，但不可将其绝对化，因为实践中会出现，公司章程的记载事项与实际不符，公司章程记载的事项与公司登记机关记载的内容不符，公司股东发生变更后，公司章程未进行及时修改等情形。对以上情形中，股东资格的认定，应从公司内部关系和公司外部关系的两种情形分别考虑。当第三人以公司章程记载的股东为对象，主张其应承担未履行出资义务的继续出资以及出资作价不实的连带责任时，公司章程的记载是认定股东资格的主要依据，对第三人的主张应予以支持。公司章程记载的股东信息与登记机关记载的事项不一致的情况下，在对外关系上，应依据登记效力原理，以登记机关记载信息作为股东资格认定的标准。在处理公司对内关系时，除了依据公司章程、登记机关的记载，还应参考是否实际出资、是否实际享有股权等要件综合认定，如公司章程中记载的股东，不是实际出资人，且法院根据实际出资人的请求，已经认定实际出资人为股东时，则记载于公司章程中的股东则不具有股东资格。

（二）出资证明书与股东资格取得的关系

出资证明书是有限责任公司成立后，向股东签发的证明股东出资的文件，是股东出资的凭证，是一种权利证书。公司除在公司成立后向原始股东签发出资证明书，还应在公司存续期间，股东股权发生变动后，如：股权转让、股权被强制执行、股权被继承等，注销原股东的出资证明书，向新股东签发出资证明书，并相应修改公司章程和股东名册中有关股东及其出资额的记载。出资证明书是股东享有权利、承担义务的重要依据。出资证明书应当载明下列事项：公司名称、公司成立日期、公司注册资本、股东的姓名或者名称、缴纳的出资额和出资日期、出资证明书的编号和核发日期。出资证明书由公司盖章。在公司内部，股东持有出资证明书，即可以证明其已经合法出资，具有股东资格。出资证明书是认定股东资格的源泉证据，一旦取得了该文件，即可证明其股东的资格。

（三）股东名册与股东资格取得的关系

股东名册是记载有限公司股东及出资等事项的簿册。《公司法》第32条规定，有限责任公司应当置备股东名册，记载下列事项：股东的姓名或者名称及住所、股东的出资额、出资证明书编号。记载于股东名册的股东，可以依股东名册主张行使股东权利。该规定明确了股东名册的权利推定效力，一般情况下股东名册上载明的股东即应推定为公司的股东，如果要否认股东名册上记载的股东的股东资格，就应当承担举证责任。但是，股东名册对认定股东资格的效力也只能作为形式化的证据。股东名册没有记载的股东，也非绝对没有股东资格，因为股东名册的记载是公司的法定义务，如果公司拒不履行义务——不作记载或记载错误，不能产生剥夺股东资格的法律效力。未记载于股东名册的股东，如能以其他证据如工商登记、公司章程记载、实际履行出资义务等证明其为出资人或者出资的受让人股东身份的，应认定其具有股东资格。公司不能以股东名册未记载为由对抗真正权利人具有股东资格的主张。

（四）工商登记与股东资格取得的关系

公司应当将股东的姓名或者名称及其出资额、出资方式和出资期限等向公司登记机关登记，登记事项发生变更的，应当办理变更登记。未经登记或者变更登记的，不得对抗第三人。工商登记属于一种证权登记，公司股东可以公司登记机关的登记材料作为证明股东资格的形式证据。如果工商登记中的股东信息登记存在瑕疵，按照商事外观主义原则，第三人仍可认定登记事项是真实的，并要求登记的股东按所登记的内容对外承担责任。因此，工商登记在股东资格认定时具有相对优先的效力。

（五）实际出资与股东资格取得的关系

股东出资是股东的最重要的一项义务，也是判断股东资格最重要的标准。如果未能按要求履行出资义务，股东将承担未出资的法律责任或者被除名。我国《公司法》并未规定，股东未出资即不具备股东资格。要求股东实际出资，可以确保公司资本真实、充实，最大限度保护第三人的利益。而从公司内部关系来看，股东未按章程规定实际出资，公司虽可以此为由，对其行使股东权进行抗辩或者要求调整股权比例，但其仍具有股东资格，除非公司以未出资为由请求法院确认其丧失股东资格被支持。

从现在世界上大多数国家公司法理论来看，出资并非是股东资格取得的必备要素，股东出资和股东资格之间并非是一一对应的关系。我国《公司法》规定股东可以分期缴纳出资，也就意味着，法律并不要求股东出资与股东资格必然相联系，股东出资只是股东资格认定的标准之一，并不是唯一标准。实践中隐名出资人（实际出资人）与显名出资人（名义出资人）就股东资格发生争议的问题，其实质就是实际出资人是谁的问题，如果以实际出资作为股东资格认定的唯一标准的话，显名出资人将被排除于股东之外。隐名出资人由于未在公司章程、公司股东名册和公司登记机关登记在册，其完全会按照对自己是否有利提出自己的主张。在公司盈利的情况下，隐名出资人更愿意以其是实际出资人主张自己具有股东资格，分取公司的利益；在公司处于长期亏损，濒临倒闭或出现因"公司人格否认"而须由股东对公司债务承担连带责任的情况下，隐名出资人更愿意否认自己的股东资格而不去承担可能发生的法律责任。因此，隐名出资人与显名出资人究竟谁是股东，应具体分析。《〈公司法〉司法解释（三）》较为全面地对此进行了规定，基本确定了以显名出资人为股东的规则。隐名出资人（实际出资人）与显名出资人（名义出资人）可以通过合同的方式，约定双方之间的权利义务，该合同只要不违反法律、行政法规的强制性规定，就应当被认定有效。如果合同约定由实际出资人出资并享有投资权益，以名义出资人为名义股东，实际出资人可以其实际履行了出资义务为由向名义股东主张权利，名义股东不得以公司股东名册记载、公司登记机关登记为由否认实际出资人的权利。此情形下，实际出资人并不是以股东身份主张权利，其行使的实质上是合同权利。实际出资人要想取得公司股东资格，必须履行名义出资人向其转让出资的程序，且要经公司其他股东过半数同意，才可以请求公司变更自己为股东、签发出资证明书、记载于股东名册、记载于公司章程并办理变更登记。公司债权人以登记于公司登记机关的股东未履行出资义务为由，请求其对公司债务不能清偿的部分在未出资本息范围内承担补充赔偿责任时，股东不得以其仅为名义股东而非实际出资人为由进行抗辩。名义股东承担赔偿责任后，可依据合同向实际出资人进行追偿。

三、股东的权利

股东的权利，亦称股东权、股权，是指股东因出资对公司享有的权利，包括获取经济利益和参与管理决策的权利。我国《公司法》第 4 条概括地规定了股东权，即公司股东依法享有资产收益、参与重大决策和选择管理者等权利。

（一）股东权利的类别

对股东权进行合理的分类，可以正确理解股东权的性质、内容及行使股东权的条件。按照股权的内容不同、表现形式不同，学理上对股东权进行了分类。对股东权的分类主要有：

1. 共益权和自益权

以权利行使的目的和内容为标准，可以将股东权分为共益权和自益权。共益权是指股东以自己的利益并兼顾公司的利益为目的而行使的权利，主要包括参加股东会会议的权利、表决权、选举管理者的权利、提起派生诉讼的权利、查阅公司账簿的权利等。共益权主要是公司事务的参与权，多属管理性的权能。自益权是指股东以从公司获得经济利益、满足自己需要为目的而行使的权利，主要包括盈余分配请求权、剩余财产分配请求权、转让股东权、新股优先认购权等。自益权主要是财产权，多属财产性权能。共益权和自益权的内容不同、性质不同，二者相辅相成，构成了股东所享有的完整股东权。

2. 单独股东权和少数股东权

按是否需要持有一定数量的股份才能行使股权为标准，可以将股权分为单独股东权和少数股东权。单独股东权是指不论股东持有股份数额的多少都可以单独行使的权利，如盈余分配请求权、表决权、股东会、股东大会出席权等。行使单独股东权，只要持有股份，不论多寡，哪怕只有一个股份，都可以行使。少数股东权是指持有一定比例以上的股份才能行使的权利，如派生诉讼提起权、股东提案权、股东会、股东大会召集请求权等。股东的自益权一般属于单独股东权；股东的共益权中既有单独股东权（如表决权），也有少数股东权（如股东会召集请求权）。公司法对某些权利要求持有一定比例以上股份的股东才能行使，主要为了防止少数股东滥用股东权，妨碍公司正常运营。

3. 固有权和非固有权

以股东权是否能通过章程或股东会决议加以剥夺或限制为标准，可以将股权分为固有权和非固有权。固有权是指如未经享有该项权利的股东的个别同意，章程或股东会决议不得剥夺或限制的权利，如表决权等。非固有权是指可以通过章程或股东会决议予以限制或剥夺的权利。2005年我国《公司法》修改时，赋予了公司很大的自治权，将股东权按照这种划分方法进行分类，可以进一步明确，股东的哪些权利可以通过公司章程或股东会决议予以限制，哪些权利不得以公司章程或股东会决议予以限制，以确保股东享有的股东权。凡是对股东权固有权部分进行限制或剥夺的，均为违法行为，股东自可采取救济方法，请求宣告限制或剥夺行为无效维护自己的权利。

4. 一般股东权与特别股东权

以行使股权的主体为标准，可以将股权分为一般股东权与特别股东权。股东因持有股份类别不同（普通股与特别股），而享有的股东权利也不同。一般股东权，是指持有普通股的股东行使的权利；相应的，特别股东权，是指持有特别股的股东行使的权利。特别股权专属于特定的股东，如优先股股东、劣后股股东享有的权利就是特别股东权。

（二）股东权利的内容

股东权利是一种综合性的权利：既有实体方面的权利，也有程序方面的权利；既有财产方面的权利，也有管理方面的权利。其具体权利主要有：

1. 股东会会议的参加权和对公司重大决策问题的讨论权

参加股东会会议、对公司重大决策问题的讨论权是股东基于出资而获得的基本权利，是股东参与公司管理的基本形式。公司章程或者股东决议不可以对这些权利予以禁止、限制：公司不得妨碍股东参加股东会会议，不得妨碍股东对公司重大问题发表意见、提出建议。

2. 表决权

表决权是保证股东参与公司事务的一项重要权利，是股东对股东会、股东大会所议议案的议决权。股东的表决权属于共益权、单独股东权、固有权，公司章程或者股东会议决议不可以作出禁止、限制、妨碍股东行使表决权的规定。2005年我国《公司法》修改时，赋予有限公司对股东行使表决权的规则享有自治权。《公司法》第42条规定，有限责任公司股东会会议由股东按照出资比例行使表决权，但是，公司章程另有规定的除外。这里需要特别注意的是，《公司法》仅允许公司可以通过章程，对表决权行使的方式自行约定，但不得通过公司章程剥夺、限制股东的表决权。股份有限公司的股东出席股东大会会议，严格按照所持每一股份有一表决权的规则。[①] 公司的经营管理已交由公司的董事会，股东直接享有的仅是一种有限的参与权，这种参与公司经营决策和选任管理者的权利主要是通过表决权实现的。原则上，普通股的表决权不受限制，除非法律另有规定，或者法律允许公司章程予以特别规定，如：《公司法》规定公司持有自己股份不享有表决权，特别股不享有表决权。

3. 选举权和被选举权

股东有权选举公司的董事、监事，也有权被选举为公司的董事、监事，或被董事会任命担任公司的高级管理人员，除非有《公司法》禁止担任董事、监事、高级管理人员的法定情形。股东的选举权是基于出资享有的表达自己意思的权利，属于固有权，不得剥夺、限制。股东的被选举权实际上是一种可能性，是一种机会权利，能否被选举为公司的董事、监事，或被董事会任命担任公司的高级管理人员，与自身的持股情况、股东个人的资质及能力有关系。

4. 投资收益权

投资收益权，又称股利分配请求权，是指股东基于出资请求分配公司盈余的权利。股东投资的基本目的就是为了取得利润，以求资本回报，因此，投资收益权是股东最基本的权利。当然，此种权利能否得以实现，取决于公司是否有可供

---

① 参见《公司法》第103条。

分配的利润以及股东会、股东大会是否作出决议将利润在股东之间进行分配。在公司有可供分配利润的情况下，利润分配方案由股东会、股东大会做出决议。实践中，股东红利分配权被侵犯的情况时有发生，大股东常利用自己持股比例高的优势，不同意公司利润分配方案，压榨小股东的利益。鉴于此，我国《公司法》在2005年修改时规定，在公司5年连续盈利，并且符合《公司法》规定的分配利润条件，连续5年不向股东分配利润的情况下，股东可以请求公司按照合理的价格收购其持有的股权。

如果公司章程没有限制向股东进行分配，股东已经缴付全部的认缴出资，在公司有盈利符合法定分配条件时，如果股东会决议不进行分配，股东可以请求法院判决分配，法院应该予以支持。如果公司章程对股东分配利润有限制的，限制的合理期限应该以不超过5年为宜，在公司成立后5年连续有盈利，且符合法定分配利润的条件时，如果股东会决议不分配利润，股东可以请求法院判决分配，法院应该予以支持。

公司利润分配的基本原则是按股东的出资比例或所持股份进行分配。这里的出资一般是指实际出资。由于公司利润分配不涉及第三人利益，不影响债权人利益的实现，所以，如何进行分配，允许公司自治。《公司法》第34条规定，有限责任公司全体股东可以约定不按照出资比例分取红利。如果公司决议不按出资比例进行分配，一定要全体股东一致同意。

5. 知情权

知情权是指公司股东知晓公司经营管理等重要信息的权利。股东要参与公司重大事项的决策，必须掌握公司的经营状况、财务状况、其他与股东利益有密切关系的公司情况。股东知情权属于固有权，不能以公司章程加以限制或剥夺。《〈公司法〉司法解释（四）》确认了股东知情权的固有权属性，第9条规定："公司章程、股东之间的协议等实质性剥夺股东依据《公司法》第33条、第97条规定查阅或者复制公司文件材料的权利，公司以此为由拒绝股东查阅或者复制的，人民法院不予支持。"

股东的知情权主要表现为查阅权，即查阅公司文件和账簿等资料。我国《公司法》第33条对有限责任公司股东的知情权做了如下规定："股东有权查阅、复制公司章程、股东会会议记录、董事会会议决议、监事会会议决议和财务会计报告。股东可以要求查阅公司会计账簿。股东要求查阅公司会计账簿的，应当向公司提出书面请求，说明目的。公司有合理根据认为股东查阅会计账簿有不正当目的，可能损害公司合法利益的，可以拒绝提供查阅，并应当自股东提出书面请求之日起 15 日内书面答复股东并说明理由。公司拒绝提供查阅的，股东可以请求人民法院要求公司提供查阅。"《公司法》第 97 条对股份有限公司股东的知情权亦有原则性规定："股东有权查阅公司章程、股东名册、公司债券存根、股东大会会议记录、董事会会议决议、监事会会议决议、财务会计报告，对公司的经营提出建议或者质询。"如果股东依据公司法第 33 条、第 97 条或者公司章程的规定，要求查阅或者复制公司特定文件材料，遭公司拒绝的，股东可以向法院起诉，人民法院应当依法予以受理。公司有证据证明要求查阅或者复制公司特定文件材料的股东在起诉时不具有公司股东资格的，人民法院应当驳回起诉，但原告有初步证据证明在持股期间其合法权益受到损害，请求依法查阅或者复制其持股期间的公司特定文件材料的除外。①

为了避免股东滥用查阅权，影响公司的正常经营活动，或者损害公司的利益，《公司法》明确规定了查阅文件应有正当目的，如果股东查阅文件有不正当目的，可能损害公司合法利益的，公司可以拒绝提供查阅。《〈公司法〉司法解释（四）》第 8 条规定，有限责任公司有证据证明股东存在下列情形之一的，人民法院应当认定股东有《公司法》第 33 条第 2 款规定的"不正当目的"：（1）股东自营或者为他人经营与公司主营业务有实质性竞争关系业务的，但公司章程另有规定或者全体股东另有约定的除外；（2）股东为了向他人通报有关信息查阅公司会计账簿，可能损害公司合法利益的；（3）股东在向公司提出查阅请求之日前的 3 年内，曾通过查阅公司会计账簿，向他人通报有关信息损害公司合法利益的；（4）股东有不正当目的的其他情形。

人民法院审理股东请求查阅或者复制公司特定文件材料的案件，对原告诉讼请求予以支持的，应当在判决中明确查阅或者复制公司特定文件材料的时间、地点和特定文件材料的名录。股东依据人民法院生效判决查阅公司文件材料的，在该股东在场的情况下，可以由会计师、律师等依法或者依据执业行为规范负有保

---

① 《〈公司法〉司法解释（四）》第 7 条。

密义务的中介机构执业人员辅助进行。①

股东行使知情权不得损害公司的利益，泄露公司的商业秘密。如果股东行使知情权后泄露公司商业秘密，导致公司合法利益受到损害的，该股东应向公司赔偿相关损失。根据规定辅助股东查阅公司文件材料的会计师、律师等泄露公司商业秘密导致公司合法利益受到损害的，也应向公司赔偿相关损失。

公司董事、高级管理人员等未依法履行职责，导致公司未依法制作或者保存《公司法》规定的公司文件材料，给股东造成损失的，负有相应责任的公司董事、高级管理人员应向股东依法承担民事赔偿责任。

6. 股东会临时会议召集请求权和自行召集权

股东会会议有定期会议和临时会议。临时会议的召开必须具备法定情形或者公司章程规定的情形。《公司法》要求提议召开临时股东会时，提议的股东必须持有 1/10 以上表决权，单独或者合计持有公司 10% 以上股份的股东可以请求召开临时股东大会。股东提议召开临时股东会、临时股东大会，董事会或者执行董事是否予以答复，是否一定要召开会议,《公司法》没有明确规定。根据现行《公司法》的规定，行使股东会临时会议召集请求权的结果会引致股东行使股东会自行召集权。

股东会会议、股东大会会议由董事会召集，董事长主持。但是在某些情况下，由于董事会控制权属争议，董事会故意不召集、主持股东会会议，影响公司正常经营活动。2005 年《公司法》修改时针对类似现象作出了专门的回应，规定定期会议应当依照公司章程的规定按时召开。代表 1/10 以上表决权的股东、1/3 以上的董事、监事会或者不设监事会的公司的监事提议召开临时会议的，应当召开临时会议。有限责任公司董事会或执行董事不能履行或不履行召集股东会会议职责的，且监事会或者不设监事会的公司的监事也不召集或主持的，代表 1/10 以上表决权的股东可以自行召集和主持。股份有限公司的股东同样可以依据《公司法》的规定，在董事会不能履行或者不履行召集股东大会会议职责，且监事会也不履行召集股东大会会议职责的情况下，连续 90 日以上单独或合计持有公司 10% 以上股份的股东可以自行召集和主持股东大会会议。

---

① 参见《〈公司法〉司法解释（四）》第 10 条。

7. 提案权

股东有向公司提出提案的权利，股东提案权一般为少数股东权。

我国《公司法》对有限公司股东提案权的行使没有明确的规定，一般可以理解为，只要公司章程不加以限制，有限公司的任何股东在股东会会议举行期间至闭会前，均可以提出提案。《公司法》要求提议召开临时股东会时，提议的股东必须持有 1/10 以上表决权，且行使召集请求权引起股东会会议召开，是需要准备提案的，否则，召集会议没有意义。据此，如果是在股东会会议期以外的时间，股东行使提案权是有持股比例要求的，即须持有 1/10 以上表决权。

《公司法》对股份有限公司的股东提案权的行使则明确规定了持股比例，第 102 条第 2 款规定："单独或合计持有公司 3% 以上股份的股东，可以在股东大会召开 10 日前提出临时提案并书面提交董事会；董事会应当在收到提案后 2 日内通知其他股东，并将该临时提案提交股东大会审议。临时提案的内容应当属于股东大会职权范围，并有明确议题和具体决议事项。"股份有限公司的股东同样可以依据公司法的规定，提议召开临时股东大会，提议的股东必须单独或者合计持有公司 10% 以上的股份，且提议召开股东大会会议，自然是需要准备提案的。

8. 股份或出资的转让权

股份或出资的转让权简称转股权，是指公司的股东将自己持有的股份转让给他人，使自己丧失部分或全部股份，使他人成为股东而自己获得金钱或其他对价的权利。各国公司法在禁止股东抽逃出资的同时，一般都规定，股东可以通过转让其出资或持有的股份来转移风险。股权具有财产权属性，股东可以处理自己的股份，有限责任公司的闭合性特点，使得股东转让股权时受到一定的限制，我国《公司法》对有限责任公司、股份有限公司的股权转让分别有专章规定。[①] 对此，在本章将作专门介绍。

9. 新股的优先认购权

公司的股东在公司发行新股或增加资本时，有优先于其他人认购公司股份或出资的权利。各国对股东是否享有新股的优先认购权，有不同的立法原则：有

[①]《公司法》第 3 章专门规定了有限责任公司的股权转让，第 5 章第 2 节专门规定了股份有限公司的股份转让。

的国家采用法定主义立法例，直接以立法的形式赋予股东该项权利，股东的该项优先权除法定情形外，不得以公司章程或股东会会议决议剥夺或限制；有的国家则采用任意主义立法例，将股东是否享有新股优先认购权交由公司章程或公司权力机关决定。我国《公司法》第 34 条规定：有限责任公司新增资本时，股东有权优先按照实缴的出资比例认缴出资。但是全体股东约定不按照出资比例优先认缴出资的除外。《公司法》第 133 条规定："公司发行新股，股东大会应当对下列事项作出决议：（1）新股种类及数额；（2）新股发行价格；（3）新股发行的起止日期；（4）向原有股东发行新股的种类及数额。"由此可见，我国《公司法》确认了股东享有新增资本或发行新股的优先认购权。公司中的持股数量是股东在公司设立时通过协商确定的，是维持公司正常合作的股权结构安排，因此，增加资本或发行新股时，以实缴的出资确定股东对公司增加资本的认购比例，能够较好地维持公司的原有股权结构，保障股东在公司中既得的比例性利益，是《公司法》和公司对增加资本优先认购权的基本选择。但《公司法》并不排除公司对新增资本或发行新股的优先认购权做另外的安排，即行使优先认购权的方法，优先认购的方式、认购的比例和数额，可由公司全体股东或股东大会决定。

新股优先认购权仅指认购顺序上的优先，不包括价格上的优先或优惠，认购新股仍应执行同种类股份认购价格和条件相同的原则。新股的优先认购权是一种权利，不是义务，股东有选择权，在法律允许的范围内还可以转让。

10. 剩余财产的分配请求权

公司依法进行清算时，以其全部财产向公司全体债权人清偿债务之后尚有剩余的，股东有权请求分配。我国《公司法》第 186 条第 2 款规定："公司财产在分别支付清算费用、职工的工资、社会保险费用和法定补偿金，缴纳所欠税款，清偿公司债务后的剩余财产，有限责任公司按照股东的出资比例分配，股份有限公司按照股东持有的股份比例分配。"剩余财产分配应体现股份平等原则，同股同权，同股同利，对同种类的股份按照持股比例分配剩余财产。对不同种类的股份，则按照股份发行时的规定，分配剩余财产。如持有优先股的股东，在剩余财产分配时，应优先于普通股的股东分配剩余财产，剩余财产不足以清偿优先股股东的，优先股股东按照出资比例分配。

11. 异议股东股权回购请求权

异议股东股权回购请求权，是指在特定情形下对公司股东会、股东大会决议持反对意见的股东，享有要求公司以合理价格收购自己股份的权利。异议股东在得到补偿后，将股份交还公司，自己退出公司，因此，此项权利又简称为退股权。异议股东股权回购请求权是保障股权的实质平等性，保护少数股东利益的一个有效措施。股东会、股东大会是公司的最高权力机构，决定公司的重大事项，股东会做出决议时，尤其是股东大会做出决议时，实行资本多数决原则，决议的事项即使对少数股东不利，少数股东提出异议，决议依然因为多数表决权通过而生效。公司法通过规定异议股东股权回购请求权，可以平衡多数股东与异议股东之间的利益，提高公司的效率，保护异议股东的利益。我国《公司法》分别对有限责任公司和股份有限公司的异议股东行使股权回购请求权的法定事由做出规定。

（1）有限责任公司股东退出公司的法定条件。《公司法》第74条规定，有下列情形之一的，对股东会该项决议投反对票的股东可以请求公司按照合理的价格收购其股权，退出公司：一是公司连续5年不向股东分配利润，而公司该5年连续盈利，并且符合公司法规定的分配利润条件的；二是公司合并、分立、转让主要财产的；三是公司章程规定的营业期限届满或者章程规定的其他解散事由出现，股东会会议通过决议修改章程使公司存续的。根据上述规定，股东退出公司应当满足两个条件：第一，具备上述三种情形之一；第二，对上述事项决议投了反对票，投赞成票的股东不能以上述理由退出公司。

（2）有限责任公司股东退出公司的法定程序。首先，异议股东要求退出公司时，应当请求公司收购其股权。股东请求公司收购其股权时，其所要求的价格不应过高，而应当是合理的价格，这样才能既满足股东的要求，保护其要求退出公司的合法权益，又不损害公司和其他股东的利益。其次，依法向法院提起诉讼请求公司收购其股权。一般来说，股权回购请求权的核心问题是回购股份的价格问题。公司与股东可以就股份转让的价格通过协商达成一致的方式解决；如果不能达成一致意见，根据《公司法》的规定，自股东会会议决议通过之日起60日内，股东与公司不能达成股权收购协议的，股东可以自股东会会议决议通过之日起90日内向人民法院提起诉讼，启动司法程序，由专家通过评估，确定公司回购股份的价格。

（3）股份有限公司股东退出公司的条件。《公司法》第142条规定，股东因对股东大会作出的公司合并、分立决议持异议，要求公司收购其股份的公司，公司应收购股东持有的公司股份。公司收购股份后应当在6个月内转让或者注销。

12. 公司解散请求权

公司解散请求权，又称公司解散的诉讼权，是指股东因权益受到损害而依法请求法院解散公司的权利。当公司股东之间出现严重分歧，公司运营出现困境，公司经营管理发生严重困难，继续存续会使股东利益受到重大损失，且通过其他途径不能解决的，为了保护处于劣势的股东的利益，持有公司全部股东表决权10%以上的股东，可以根据公司法规定请求人民法院解散公司。这里所说"经营管理发生严重困难"指的是公司的治理机构及治理状态，而不是指公司本身的日常经营性事务遇到了困难。公司存续期间，如果出现公司的股东会、董事会等公司治理机构完全"瘫痪"，公司无法正常运转，不能有效开展正常的商事交易和经营活动，就是"公司经营管理发生严重困难"或称作出现"公司僵局"。在此种情况下，如果不能通过正常渠道解决问题，股东可以提起诉讼，要求解散公司。2008年最高人民法院出台的《〈公司法〉司法解释（二）》第1条专门规定了股东可以请求解散公司的法定情形，细化了公司解散条件，具有可操作性。规定的具体情形是：（1）公司持续2年以上无法召开股东会或者股东大会，公司经营管理发生严重困难的；（2）股东表决时无法达到法定或者公司章程规定的比例，持续2年以上不能做出有效的股东会或者股东大会决议，公司经营管理发生严重困难的；（3）公司董事长期冲突，且无法通过股东会或者股东大会解决，公司经营管理发生严重困难的；（4）经营管理发生其他严重困难，公司继续存续会使股东利益受到重大损失的情形。

司法解释强调，人民法院审理解散公司诉讼案件应注重调解，对当事人之间在不违反法律、行政法规规定下协商同意由公司或股东收购股份，或以减资等方式使公司存续的，应予支持，对不能协商一致使公司存续的，应及时判决。而股东以知情权、利润分配请求权等权益受到损害，或公司亏损、财产不足以偿还全部债务以及公司被吊销企业法人营业执照未进行清算等为由，提起解散公司诉讼的，法院不予受理。股东提起解散公司诉讼，同时又申请法院对公司清算的，法院对清算申请不予受理；股东提起解散公司诉讼时申请财产保全或证据保全的，在股东提供担保且不影响公司正常经营的情形下，法院可予以保全；股东提起解散公司诉讼应当以公司为被告，并应当告知其他股东，或由法院通知其参加诉讼。

13. 诉讼权

股东除享有上述实体权利外，在权利受到侵害时，还享有依法提起诉讼寻求法律救济的权利，此为股东的诉讼权。股东的诉讼权分为股东直接诉讼权和股东的派生诉讼权。股东为自己利益提起的诉讼，为直接诉讼；股东为公司利益提起的诉讼，为代表诉讼或派生诉讼。

四、有限责任公司的股权转让

（一）股权转让的概念

股权转让是指股东依据法律或公司章程规定将自己持有的股份转让给他人，使自己丧失部分或全部股份，使受让人取得股权成为股东的法律行为。在公司存续期间，股东不得抽回出资，但可以通过转让股权的方式退出公司。股权转让是买卖股权的行为，会引起公司股权结构的变动。畅通的股权转让通道可以有效地促进公司资本的流通，优化资源配置、完善公司治理结构、实现股东投资目的。2005年我国《公司法》修改时，规定了较为畅通的有限责任公司股权的转让程序，较之前股权转让规定，程序更加完善，比较利于股权流通。

根据《公司法》的规定，有限责任公司的股东之间可以相互转让其全部或者部分股权。股东向股东以外的人转让股权，应当经其他股东过半数同意。不同意的股东应当购买该转让的股权；不购买的，视为同意转让。转让时，在同等条件下，其他股东有优先购买权。股权转让后，公司应当注销原股东的出资证明书，向新股东签发出资证明书，并相应修改公司章程和股东名册中有关股东及其出资额的记载。

（二）股权的内部转让

有限责任公司股权的内部转让，就是股权在股东之间相互转让。有限责任公司是具有人合性的资合公司，由于有限责任公司股权内部转让不会导致新股东的加入，对公司的人合性影响不大，因此，大多数国家和地区的公司法对于股权内部转让采取自由主义的立法原则，允许股东依意思自治原则处理内部股权转让问题。

我国《公司法》第71条第1款规定："有限责任公司的股东之间可以相互转让其全部或者部分股权。"这是股东内部转让股权的核心条款，采取的是股东自由处分股权的原则。第71条第4款规定："公司章程对股权转让另有规定的，从其规定。"这体现了《公司法》尊重公司和股东关于股权内部转让的意思自治。在公司章程没有对股权内部转让进行约定的情况下，按照第1款的规定，股东之间可以自由进行股权转让。如果公司章程对股权内部转让作了特别约定，则应以公司章程规定为准。

（三）股权的外部转让

有限责任公司的股权外部转让，是指股东将其所持有的公司的股份向公司股东以外的人转让的行为。由于股权转让给股东以外的人，会导致新的成员加入，打破了公司原有股权结构，原股东之间的相互信赖关系受到新的挑战，因此，公司法及公司章程一般对股权外部转让规定较为严格，转让的条件和程序会更细致。我国《公司法》第71条第2款、第3款、第4款对股权的外部转让规定如下："股东向股东以外的人转让股权，应当经其他股东过半数同意。股东应就其股权转让事项书面通知其他股东征求同意，其他股东自接到书面通知之日起满30日未答复的，视为同意转让。其他股东半数以上不同意转让的，不同意的股东应当购买该转让的股权；不购买的，视为同意转让。经股东同意转让的股权，在同等条件下，其他股东有优先购买权。两个以上股东主张行使优先购买权的，协商确定各自的购买比例；协商不成的，按照转让时各自的出资比例行使优先购买权。公司章程对股权转让另有规定的，从其规定。"分析上述规定，可以看出公司股权外部转让的以下规则：

1. 转让同意规则

股权的外部转让行为，必须经其他股东过半数同意。

2. 征求意见规则

为了使有限责任公司股东实现向非股东转让股权的目的，提高转让股权的效率，预防转让过程中其他股东的不当阻挠，《公司法》规定了征求意见的程序。拟转让股权的股东就转让股权事项与受让人达成协议后，应就股权转让事项书面通知其他股东征求同意，其他股东自接到书面通知之日起 30 日内应予以答复，满 30 日未答复的，视为同意转让。

3. 强制收购规则

拟转让股权的股东就转让股权事项与受让人达成协议后，书面通知其他股东征求同意，其他股东自接到转让股权的书面通知后，答复不同意转让的股东人数达半数以上，则构成不同意转让。不同意转让的股东应当购买该转让的股权；不购买的，视为同意转让。不同意转让的股东购买拟转让的股权，是《公司法》规定的一项法定义务，意为给股东退出公司一个畅通的渠道。

4. 优先购买权规则

基于有限责任公司的闭合性、人合性的特征，《公司法》规定了公司股东的优先购买权，明确了优先购买权的方法：一是在同等条件下，其他股东有优先购买权。二是两个以上股东主张行使优先购买权的，协商确定各自的购买比例；协商不成的，按照转让时各自的出资比例行使优先购买权。协商确定的购买比例或按照股东的出资比例行使优先购买权，可以维持公司股东之间的继续合作和股东之间在公司的原有地位。三是公司章程对股权转让的优先购买权另有规定的，从其规定，体现了公司法尊重股东的意思自治。

5. 股东意思自治规则

《公司法》充分尊重公司和股东的意思自治，允许公司章程对股权转让另行规定，如果公司章程就股权转让另有安排，则依公司章程规定。

（四）特殊情形下的股权转让

1. 人民法院强制转让股东的股权

人民法院强制依执行程序转让股东的股权，是指人民法院依照《民事诉讼法》等法律规定的执行程序，强制执行生效的法律文书时，以拍卖、变卖或者其他方式转让有限责任公司股东的股权。《公司法》第 72 条规定，人民法院依照法律规定的强制执行程序转让股东的股权时，应当通知公司及全体股东，其他股东在同等条件下有优先购买权。其他股东自人民法院通知之日起满 20 日不行使优先购买权的，视为放弃优先购买权。根据上述规定，法院根据债权人的申请，强制执行股东股权时，应当通知公司及其他股东，强制执行股东的股权与股东对外转让股权不同，既不需要公司同意，也不需要股东同意，通知公司是为了便于强制执行后办理股权变更事宜，便于股东行使优先购买权。其他股东接到通知后，可以用购买被执行部分的股权的对价，继续维护公司人合性。

2. 异议股东的股权回购

股东对股东会的下列决议投反对票的，可以将其所持有的股权转让给公司，公司必须按照合理的价格收购。股东具体可反对的公司决议是：（1）公司5年连续盈利，并且符合《公司法》规定的分配利润条件，连续5年不向股东分配利润的决议；（2）公司合并、分立、转让主要财产的决议；（3）公司章程规定的营业期限届满或者章程规定的其他解散事由出现，股东会会议修改章程使公司存续的决议。

3. 股东资格继承

《公司法》第75条规定："自然人股东死亡后，其合法继承人可以继承股东资格；但是，公司章程另有规定的除外。"在自然人股东死亡后，会出现股东资格继承问题。继承人一旦继承了股东资格，就是继承了股权，其实质就是股权转让问题，这属于股权转让的一种特殊情形。《公司法》第75条把公司股东资格的继承事项交由公司章程约定，这既体现了有限公司人合性的特点，又充分考虑到了原股东和继承人的权益，这样使有限公司在处理股权继承中出现争议时，能有章可循。公司章程可以排除继承人对股东资格的继承，但不允许限制继承人继承死亡股东所享有的股权的财产权益。当公司章程作出不接受继承人为新股东进入公司的安排，公司其他股东可以参考股权评估的市场价购买死亡股东的股权，继承人继承股权转让之价款。

（五）公司章程限制股权转让

我国《公司法》第71条在对公司股权外部转让做出规定的基础上，允许公司和股东通过公司章程对股权转让另行安排。实践中，公司章程对股权转让的规定一般有三种情形：一是与《公司法》的规定相比较，股权转让更自由，没有任何限制；二是与《公司法》的规定相比较，股权转让有更严格的限制；三是公司章程规定禁止股权转让。

公司章程对股权转让不加以限制，增强了股权的市场流动性，虽会影响到有限责任公司的人合性和封闭性，但由于是公司股东自愿约定，《公司法》应该尊重股东的意思自治。

如果公司章程对股权转让做出比《公司法》更加严格的限制条件，以防止出现有限公司内部信任的降低，只要允许股东在一定程序下可以转让股权，亦是《公司法》所认可的。

公司章程禁止股权转让的规定，值得商榷。我们认为，公司章程不可以禁止股权转让，理由如下：第一，从具体条款内容分析，第71条第4款是对前三款规范的补充性规定，前三款都是关于股权转让程序的规定，第4款应顺着前面的立法思路，解释为有限公司章程在允许股权转让的前提下，可以就转让的具体程序和转让条件做出不同于《公司法》的规定，如对答复的时间、通过的人数或股东优先购买权的行使条件等另行规定。第二，从股东退出机制分析，禁止股权转让，减少了股东退出公司的途径。股权退出的方式有：抽回出资、行使异议股东股权回购请求权、出现僵局时行使解散公司诉权。股东抽回出资是《公司法》明令禁止的，异议股东股权回购请求权和出现僵局时解散公司诉权有严格的条件，一般情况下无法行使。如果不具备上述三种情形，股东只能通过转让股权退出公司。股东转让股权是其退出公司的一个重要的法律途径。如果公司章程规定股东不能向外转让股权，如何实现股权退出这一目的？2005年《公司法》修订时，完善了股东向外股权转让的规定，其基本的立法精神之一就是平衡各种利益，健全股权转让机制，改变了1993年《公司法》对股东向外转让股权程序不完善的规定，使股权外部转让成为可能。[①] 如果公司章程规定股东不得向股东以外的人转让股权，显然与《公司法》修订的立法精神不符。公司章程如果规定不让股东转让股权，应给股东其他的退出渠道。如果仅允许公司章程规定股权不能对外转让，又没有股东退出的其他渠道，势必会影响了股东的利益。第三，禁止股权转让，会提高公司代理成本。股权转让具有遏制公司管理者与股东之间的代理成本的功效。公司管理者利用信息不对称滥权谋权，损害股东利益，产生了传统意义上的代理成本。股权的自由转让，创造了反映着公司治理水平的股权价格和公司并购市场，如果管理者滥权谋权，股东将抛售股票，公司股价将直线下挫，公司

[①] 1993年《公司法》第35条第2款规定："股东向股东以外的人转让其出资时，必须经全体股东过半数同意；不同意转让的股东应当购买该转让的出资，如果不购买该转让的出资，视为同意转让。"由于没有规定其他股东答复的时间，使得股东向外转让股权，几乎成为不可能，经常出现其他股东不予理睬，影响了股权外部转让的效率，不利于股权转让。

将面临被收购的威胁，现任管理者职位堪虞。因此，顺畅的股权转让市场有利于降低管理者的代理成本。也正是在这一意义上，股东会决议或者公司章程条款中限制或者禁止股权转让的约定，尽管符合"资本多数决"的正当性外观，但它可能伤及股东的退出权，进而减损了资本市场对董事、高级管理人员的制约力量，从而间接地推高了代理成本。因此，该约定的正当性应予以审慎考量。

（六）名义出资的股权转让

实际出资人与名义出资人之间的权利义务关系一般可以通过合同的方式进行约定。约定只要不违反法律、行政法规的强制性规定，应当被认定有效。名义出资情形下，就同一个出资存在两种形式的股东。两种股东就股权进行转让时，如何认定他们签订的转让合同的效力，将直接影响受让人的利益。名义出资情形下，股权转让一般有两种情形：

1. 名义出资人转让股权

名义出资人转让股权，是指名义出资人未经实际出资人同意，将股权转让给第三人。名义出资人虽然未实际出资，但是，股东名册、公司章程、公司登记机关的登记信息等均表明名义出资人为股东，第三人有理由相信，股东名册、公司章程、公司登记机关的登记记载的记名股东为出资股东，因此，签订股权转让合同时，如果第三人是善意的，股权转让合同应被认定有效。实际出资人以其对于股权享有实际权利为由，请求认定处分股权行为无效的，人民法院不予支持。名义股东处分股权给实际出资人造成损失，实际出资人请求名义股东承担赔偿责任的，人民法院应予以支持。

2. 实际出资人转让股权

实际出资人转让股权，是指实际出资人未经名义出资人同意，向第三人转让股权。《〈公司法〉司法解释（三）》确定了显名出资人为股东的规则。实际出资人可按照与名义出资人的约定，向名义股东主张权利，取得投资权益。实际出资人享有因出资而形成的财产性权益，在不违反法律、行政法规的情况下，实际出资人有权转让其实际享有的股权。其向第三人转让股权的合同应被认定有效，但受让人不能因此而直接取得股东资格。受让人要想取得公司股东资格，必须履行名义出资人向其转让股权的程序，要经公司其他股东过半数同意，才可以请求公司变更股东、签发出资证明书、记载于股东名册、记载于公司章程并向公司登记机关办理变更登记。

(七) 出资瑕疵股东的股权转让

出资瑕疵的股东是否有权转让股权? 出资瑕疵指股东未出资、出资不实、未按照要求办理财产权转移手续或者出资后抽逃出资等。出资瑕疵的股东其股权的内容与足额出资的股东应有所不同, 但这并不影响其股东的资格和对股权的处分。出资瑕疵的股东虽记载于公司股东名册、登记机关文件及公司章程中, 具有股东资格, 但由于其出资有瑕疵, 其享有的股权亦不完整。承认出资瑕疵的股东身份, 并不意味着该股东可以免除资本充实的责任以及对其他股东承担的违约责任。

出资瑕疵的股东转让股权时, 受让人的权利亦应承继瑕疵, 其享有的权利不应超出转让股东的权利。这种瑕疵是否会影响股权转让协议的效力, 受让人是否应承担资本充实责任, 应具体分析。如果受让人明知转让人出资存在瑕疵仍受让股权, 股权转让协议有效, 受让人应当与转让人对出资不足的部分承担连带补交责任。如果签订股权转让合同时, 转让人隐瞒出资瑕疵的事实, 致使受让人不知道受让股权的瑕疵, 那么受让人可以请求法院或仲裁机构撤销或变更股权转让合同, 受让人不承担资本不足的补交责任。

(八) 股权转让后应办理相应手续

1. 办理内部登记手续

《公司法》第73条规定, 依照《公司法》的规定转让股权后, 公司应当注销原股东的出资证明书, 向新股东签发出资证明书, 并相应修改公司章程和股东名册中有关股东及其出资额的记载。办理公司内部股东名册变更的直接后果是, 导致股权变动, 即原股东股权消灭, 新股东的股权产生。

2. 办理外部登记手续

《公司法》第32条第3款规定: "公司应当将股东的姓名或者名称向公司登记机关登记; 登记事项发生变更的, 应当办理变更登记。未经登记或者变更登记的, 不得对抗第三人。"由于股东身份及其出资数额的变更属于公司应当公示的事项, 公司应该在股权转让合同成立生效后, 办理登记手续。《公司登记管理条例》第34条进一步规定: "有限责任公司变更股东的, 应当自变更之日起30日内申请变更登记, 并应当提交新股东的主体资格证明或者自然人身份证明。有限责任公司的自然人股东死亡后，其合法继承人继承股东资格的，公司应当依照规定申请变更登记。有限责任公司的股东或者股份有限公司的发起人改变姓名或者名称的，应当自改变姓名或者名称之日起 30 日内申请变更登记。"

五、股东诉讼权

股东诉讼权是指股东基于股东权受到侵害而享有的提起诉讼的权利。股东诉讼权是切实保障股东权益，对受到侵害的股东权进行救济的重要手段。股东诉讼权分为股东直接诉讼权和股东间接诉讼权。

（一）股东直接诉讼

股东直接诉讼，是指股东基于股东身份对公司、董事、监事、高级管理人员违反规定损害股东利益的行为提起的诉讼。我国《公司法》第 20 条规定，公司股东滥用股东权利给公司或者其他股东造成损害的，应当依法承担赔偿责任。依此规定，受害股东当然得依法通过诉讼要求损害赔偿。第 22 条规定，公司股东会或者股东大会、董事会的决议内容违反法律、行政法规的无效。股东可以向法院提起诉讼，请求宣告决议无效。第 152 条规定，董事、高级管理人员违反法律、行政法规或者公司章程的规定，损害股东利益的，股东可以向人民法院提起诉讼。以上提起的诉讼都是股东基于自己利益受到侵害而直接依法向人民法院提起的诉讼。

股东直接诉讼权属于自益权，是股东为自己利益进行的诉讼，一般情况下，对股东行使直接诉讼权应没有行使条件和程序方面的限制。对特殊的诉讼权的行使，《公司法》有特别规定：要求一定的持股数量，如提起解散公司诉讼的股东须持有 10% 以上表决权；或者要求在一定的期间内提起诉讼，如股东会或者股东大会、董事会的会议召集程序、表决方式违反法律、行政法规或者公司章程，或者决议内容违反公司章程的，股东可以自决议作出之日起 60 日内，请求人民法院撤销。

（二）股东代表诉讼

股东代表诉讼，又称"间接诉讼"或"派生诉讼"，是指当公司董事、监事、高级管理人员、控股股东、实际控制人和第三人违反法律、行政法规或者公司章程的行为给公司造成损失，公司拒绝或怠于向违法行为人请求损害赔偿时，具备法定资格的股东，代表公司对损害公司利益的违法行为人提起的诉讼。

股东代表诉讼的目的是为了保护公司利益和股东整体的利益，而不仅仅是为了个别股东的利益。《公司法》第 21 条规定，公司的控股股东、实际控制人、董事、监事、高级管理人员不得利用其关联关系损害公司利益。违反规定，给公司造成损失的，应当承担赔偿责任。第 149 条规定，董事、监事、高级管理人员执行公司职务时违反法律、行政法规或者公司章程的规定，给公司造成损失的，应当承担赔偿责任。公司可以依据第 21 条、第 149 条向侵害公司利益的控股股东、实际控制人、董事、监事、高级管理人员等提起诉讼。如果公司对上述侵害公司利益的主体不提起诉讼，则其利益丧失或受到损失，公司股东、债权人、职工的利益亦受到影响。赋予股东代表诉讼权，可以避免公司不能独立做出追究侵害人责任的意思，公司利益、股东利益无法救济的不利局面出现时，股东可以直接以自己的名义行使诉讼权，在维护公司利益的同时，间接维护股东权益。

股东代表诉讼权属于共益权，是股东为公司利益进行的诉讼，股东行使代表诉讼权往往需要符合一定的条件，如持股时间、持股期限、持股数量、履行内部救济程序、提供诉讼费用担保等。根据侵权人身份不同，提起股东代表诉讼有以下几种不同程序：

1. 董事、监事、高级管理人员的行为给公司造成损失时，股东代表公司提起诉讼的程序

《公司法》规定，董事、监事、高级管理人员执行公司职务时违反法律、行政法规或者公司章程的规定，给公司造成损失的，应当承担赔偿责任。为了确保责任者真正承担责任，《公司法》规定了股东代表诉讼的程序：

（1）公司董事、高级管理人员执行公司职务时违反法律、行政法规或者公司章程的规定，股东通过监事会或者不设监事会的有限责任公司的监事向人民法院提起诉讼。董事、高级管理人员执行公司职务时违反法律、行政法规或者公司章程的规定，给公司造成损失的，有限责任公司的股东、股份有限公司连续 180 日以上单独或者合计持有公司 1% 以上股份的股东，可以书面请求监事会或者不设监事会的有限责任公司的监事向人民法院提起诉讼。

（2）监事执行公司职务时违反法律、行政法规或者公司章程的规定，股东通过董事会或者董事向人民法院提起诉讼。监事执行公司职务时违反法律、行政法

规或者公司章程的规定,给公司造成损失的,有限责任公司的股东、股份有限公司连续180日以上单独或者合计持有公司1%以上股份的股东,可以书面请求董事会或者董事向人民法院提起诉讼。

(3)股东直接提起诉讼。监事会、不设监事会的有限责任公司的监事,或者董事会、执行董事收到有限责任公司的股东、股份有限公司连续180日以上单独或者合计持有公司1%以上股份的股东书面请求后拒绝提起诉讼,或者自收到请求之日起30日内未提起诉讼,或者情况紧急、不立即提起诉讼将会使公司利益受到难以弥补的损害的,有限责任公司的股东、股份有限公司连续180日以上单独或者合计持有公司1%以上股份的股东,有权为了公司的利益,以自己的名义直接向法院提起诉讼。

2. 其他人的行为给公司造成损失时,股东提起诉讼的程序

公司董事、监事、高级管理人员以外的其他人侵犯公司合法权益,给公司造成损失的,有限责任公司的股东、股份有限公司连续180日以上单独或者合计持有公司1%以上股份的股东,可以通过监事会或者监事、董事会或者董事向人民法院提起诉讼,或者直接向法院提起诉讼。提起诉讼的具体程序,与上述股东对公司董事、监事、高级管理人员给公司造成损失的行为提起诉讼的程序一致。

六、公司股东的义务

股东享有权利,同时也当然负有义务。概括地说,股东应承担以下义务。

(一)缴纳认缴的出资

缴纳认缴的出资又称出资义务,这是股东最主要、最基本的义务,出资义务是指股东按其所承诺的出资额或所认购的股份金额,向公司缴纳股款。一般来说,股东履行出资义务,是取得股东资格的前提。2013年《公司法》修改了资本制度的具体内容,将注册资本实缴登记制改为认缴登记制,虽然取消了公司设立时股东的首次出资比例,不再要求股东在2年内将认缴的出资缴足,但股东的出资义务并未免除,股东必须按照公司章程规定的认缴出资额、出资方式、出资期限等缴纳出资。有限责任公司股东不按规定缴纳出资的,除应向公司足额缴纳外,还应当向已按期足额缴纳出资的股东承担违约责任。股份有限公司发起人不按规定缴纳出资的,应当按照发起人协议承担违约责任。公司向股东主张履行出

资义务不受诉讼时效的限制。

（二）以认缴的出资为限对公司承担责任

有限责任公司的股东以其认缴的出资额为限对公司承担责任；股份有限公司的股东以其认购的股份为限对公司承担责任。股东对公司承担有限责任，在履行出资义务后，除非有特殊情形外（如揭开公司面纱），股东对公司债务不再承担任何责任。

（三）遵守公司章程

公司依法制定的公司章程对股东具有约束力，股东应当按照公司章程的规定行使权利、履行义务。

（四）不得抽逃出资

我国《公司法》实行法定资本制，要求公司在存续过程中，应维持与其资本相当的实有财产。为此，《公司法》规定，有限责任公司成立后，股东不得抽逃出资。股份有限公司的发起人、认股人缴纳股款或者交付抵作股款的出资后，除未按期募足股份、发起人未按期召开创立大会或者创立大会决议不设立公司的情形外，不得抽回其股本。《〈公司法〉司法解释（三）》规定了股东的下列行为属于抽逃出资：（1）制作虚假财务会计报表虚增利润进行分配；（2）通过虚构债权债务关系将其出资转出；（3）利用关联交易将出资转出；（4）其他未经法定程序将出资抽回的行为。

公司股东如果虚假出资，未交付或未按期交付作为出资的货币或者非货币财产的，或者公司成立后抽逃出资的，由公司登记机关责令改正，处以虚假出资金额或所抽逃出资金额的 5% 以上 15% 以下的罚款。《〈公司法〉司法解释（三）》第 14 条补充规定了抽逃出资的责任："股东抽逃出资，公司或者其他股东请求其向公司返还出资本息、协助抽逃出资的其他股东、董事、高级管理人员或者实际控制人对此承担连带责任的，人民法院应予支持。公司债权人请求抽逃出资的股东在抽逃出资本息范围内对公司债务不能清偿的部分承担补充赔偿责任、协助抽逃出资的其他股东、董事、高级管理人员或者实际控制人对此承担连带责任的，人民法院应予支持；抽逃出资的股东已经承担上述责任，其他债权人提出相同请求的，人民法院不予支持。"第 15 条规定："出资人以符合法定条件的非货币财产出资后，因市场变化或者其他客观因素导致出资财产贬值，公司、其他股东或者公司债权人请求该出资人承担补足出资责任的,人民法院不予支持。但是,当事人另有约定的除外。"第17条规定:"有限责任公司的股东未履行出资义务或者抽逃全部出资,经公司催告缴纳或者返还,其在合理期间内仍未缴纳或者返还出资,公司以股东会决议解除该股东的股东资格,该股东请求确认该解除行为无效的,人民法院不予支持。"

(五)出资差额的连带填补义务

公司股东或发起人的出资差额连带补缴义务是无错的普遍的连带责任。连带填补义务只针对公司设立时的初始股东和发起人,其他股东没有此项义务。《公司法》第30条规定,有限责任公司成立后,发现作为设立公司出资的非货币财产的实际价额显著低于公司章程所定价额的,应当由交付该出资的股东补足其差额;公司设立时的其他股东承担连带责任。第93条规定:"股份有限公司成立后,发起人未按照公司章程的规定缴足出资的,应当补缴;其他发起人承担连带责任。股份有限公司成立后,发现作为设立公司出资的非货币财产的实际价额显著低于公司章程所定价额的,应当由交付该出资的发起人补足其差额;其他发起人承担连带责任。"

第十三章

公司债券

第一节 公司债券概述

一、公司债券的概念与特征

（一）公司债券的概念

公司债券是公司依照法定程序发行的，约定在一定期限内还本付息的有价证券。公司债券发行的主体是有限责任公司和股份有限公司，依据的是《公司法》《证券法》《公司债券发行与管理办法》等。

（二）公司债券的法律特征

作为表彰公司债权人权利的凭证，公司债券具有以下法律特征：

1. 公司债券的发行主体是公司

公司债券必须是依法成立的有限责任公司、股份有限公司依《公司法》《证券法》等其他相关法律、法规规定的条件和程序发行的。独资企业、合伙企业等不具有发行公司债券的主体资格，不能发行公司债券。具备发行债券的其他类型的企业、金融机构或国家等如果发行在一定期限内还本付息的有价证券，属于企业债券、金融债券和国家债券。

2. 公司债券是一种有价证券

公司债券是一种有价证券，是公司发行的表明在规定期限内支付本金和利息的权利证书，它代表着一定数额的金钱利益，可以在证券市场上自由流通，也可以在特定的情况下与实物资产、现金进行交换。

3. 公司债券是债权证券

公司债券是公司债的表现形式，反映了发行人与投资人之间的债权债务关系，公司债券的持有人是公司的债权人，对公司享有民法上规定的债权人的所有权利。公司债券事先通常约定债券的偿还期限和还本付息的条件，在约定的条件成就时，公司须向持券人无条件还本付息。如果公司无力按照约定还本付息，债券持有人可以请求法院依法宣告公司破产。

4. 公司债券与股票都属于要式证券

公司无论发行什么类型的债券，《公司法》均有标准化要求，发行公司必须遵守。公司以实物券方式发行公司债券的，必须在债券上载明公司名称、债券票面金额、利率、偿还期限等事项，并由法定代表人签名，公司盖章。[1] 发行记名公司债券的，应当在公司债券存根簿上载明《公司法》规定的事项。发行无记名公司债券的，应当在公司债券存根簿上载明债券总额、利率、偿还期限和方式、发行日期及债券的编号。[2]

5. 公司债券是一种缴回证券

公司债券到期后，公司向债券持有人还本付息后，有权收回债券。

二、公司债券的种类

依不同的划分标准，公司债券有不同的分类。各国公司法或证券法对公司债券主要有以下几种分类：

（一）记名公司债券和无记名公司债券

这是依公司债券上是否记载持有人的姓名或名称而做的分类。在公司债券上记载持有人姓名或名称，并在置备的公司债券存根簿上载明持有人的姓名或名称及债券编号等事项的公司债券为记名公司债券。反之，则为无记名公司债券。

《公司法》规定，公司发行记名公司债券的，应当在公司债券存根簿上载明下列事项：（1）债券持有人的姓名或者名称及住所；（2）债券持有人取得债券的

---

[1] 参见《公司法》第156条。
[2] 参见《公司法》第157条。

日期及债券的编号;(3)债券总额、债券的票面金额、利率、还本付息的期限和方式;(4)债券的发行日期。记名公司债券的登记结算机构应当建立债券登记、存管、付息、兑付等相关制度。发行无记名公司债券的,应当在公司债券存根簿上载明债券总额、利率、偿还期限和方式、发行日期及债券的编号。

记名债券与无记名债券的主要区别是:(1)两者转让的程序不同。记名债券转让由债券持有人以背书方式或者法律、行政法规规定的其他方式转让;转让后由公司将受让人的姓名或者名称及住所记载于公司债券存根簿,否则不发生转让效力。无记名公司债券的转让,由债券持有人将该债券交付给受让人后即发生转让的效力。(2)两者在还本付息时提示证券的要求不同。记名债券持有人在行使债权时,不仅要出示债券,而且还要出示能证明其为债券存根簿上载明的持有人的相关证件。无记名债券持有人只要提示证券就可以主张权利。(3)两者被盗、遗失或灭失时的补救方法不同。记名债券发生被盗、遗失或灭失时,债券持有人可通过公示催告程序申请法院宣告其无效后,由公司补发债券。而无记名债券发生被盗、遗失或灭失时,不能采取公示催告程序宣告债券无效并由公司进行补发,持券人的损失无法补救。

(二)有担保公司债券和无担保公司债券

这是依公司债券是否设置担保为标准而做的分类。有担保公司债券是公司对债券本金的偿还提供财产担保或第三人担保的债券。无担保公司债券又称普通债券、信用债券,是指不设置任何担保而仅以公司信用作为基础发行的债券。

有担保公司债券在到期不能受偿时,债权人可依担保权的行使优先获得清偿。而无担保公司债券的债权人仅为一般债权人,当公司到期不能还本付息时,持券人只能以普通债权人的身份提出偿债要求。因此,与无担保公司债券相比,有担保公司债券更能保障债权人的利益。我国《公司法》《证券法》对公司债券发行的程序和条件虽作了严格规定,但对公司发行债券未提出强制担保要求。

(三)可转换公司债券和不可转换公司债券

这是依公司债券是否可以转换为公司股票为标准而做的分类。可转换公司债券是指债券持有人可依自己的意志,在一定期限内按事先约定的办法,将其持有的债券转换为股票的公司债券。可转换公司债券的持有人享有就其所持债券是否转换为股票的选择权，并因此享有债权或者股权，二者择其一。不可转换公司债券是指不能转换为公司股票的公司债券。债券的持有人只能享有到期受偿的债权。

（四）登记公司债券和实物公司债券

这是依公司债券的发行形态为标准而做的分类。登记公司债券，是指不发行实物形态的债券，通过在证券登记机关对公司债券的债权人、种类、数额、期限、利率等债券信息进行登记而发行的公司债券。登记公司债券只能是记名债券，具有发行成本低、效率高、交易手续简便等优点。实物公司债券，即纸面公司债券，是指实际发行实物形态债券的公司债券。《公司法》第155条对实物公司债券的规定是："公司以实物券方式发行公司债券的，必须在债券上载明公司名称、债券票面金额、利率、偿还期限等事项，并由法定代表人签名，公司盖章。"实物公司债券是公司发行的传统的债券形式。

除上述几种分类外，公司债券还有以下几种分类：依公司债券持有人是否有权参加公司股东会为标准划分为参加股东会公司债券和不参加股东会公司债券；依公司是否有权在到期日之前收回债券并清偿债务为标准划分为可赎回公司债券和不可赎回公司债券；依债券票面利率是否变动为标准划分为固定利率债券、浮动利率债券和累进利率债券等。

依我国《公司法》和《证券法》规定，公司可以依法发行记名公司债券与无记名公司债券、可转换公司债券和不可转换公司债券以及登记公司债券和实物公司债券。对于其他公司债券种类，法律未作明确具体规定，公司可根据实际情况选择发行。

三、公司债券与股票的异同

（一）公司债券与股票的相同点

1. 公司债券与股票都是公司融资的方式，发行主体是公司，发行对象为社会公众。
2. 公司债券与股票都属于表示投资者权利的有价证券。
3. 公司债券与股票都属于要式证券。公司债券与股票的形式、内容以及发行和转让都有严格的法律规定，受国家证券监管部门的监管。
4. 公司债券与股票具有流通性。公司债券与股票均可以依法自由转让。

（二）公司债券与股票的区别

1. 证券持有人的法律地位不同。公司债券持有人是公司的债权人，权利人除享有债权外，无其他权利。股票持有人是公司的投资人，对公司享有股东的权利并承担股东的义务。

2. 证券代表的权利性质与内容不同。公司债券是债权的凭证，债权人在债权到期时，对公司享有本金偿还请求权、利息给付请求权。股票是股权的凭证，在公司存续期间，股东无本金偿还请求权，股权也没有到期日与偿还期，只有在公司解散、清算时，股东才享有剩余财产的分配请求权。股权除具有上述财产性质的权利外，还具有公司经营管理参与权和重大决策权等管理性质的权利。

3. 权利行使的先后顺序不同。债券持有人享有的债权优先于股票持有人享有的股权得到满足。公司债券的持有人，对于其享有的债权利益享有直接的请求权，不论公司是否有盈利、盈利多少，公司都应当履行按期还本付息的义务。而股票的持有者，在公司存续期间，只有公司在弥补亏损、提取法定公积金后还有盈余的情况下，股东才享有利润分配请求权；在公司终止、清算时，只有清偿全部债务后，股东才享有剩余财产的分配请求权。

4. 认购证券的形式不同。公司债券的认购仅限于金钱给付。而认购股票、获得股权的方式可以是现金、实物、知识产权、土地使用权或其他符合条件的非货币财产。

5. 投资者承担的风险大小不同。债券持有人购买债券是出借资金的行为，债券到期，债权人可优先于股东收回本金加算利息，故风险较小。认购股票是一种出资行为，具有永久投资的性质，只能转让，不能退股。当公司经营亏损或出现破产原因时，投资者难以收回其全部出资或部分出资，故风险较大。

6. 证券发行主体不同。公司债券的发行主体既可以是股份有限公司，也可以是有限责任公司，而股票的发行主体只能是股份有限公司。

7. 证券发行阶段不同。公司债券只能在公司成立后发行，而股票可以在公司设立阶段发行，也可以在公司成立后发行。

8. 证券发行对公司资本的影响不同。公司发行债券导致公司资产增加的同时，负债增加，而公司发行股票导致公司资产增加的同时资本也增加，但不增加负债。

第二节 公司债券的发行与转让

一、公司债券的发行

（一）公司债券的发行主体

由于公司债券的发行涉及投资者利益和社会经济秩序的稳定，故各国立法对公司债券的发行主体均有所限制。我国 1993 年《公司法》对公司债券发行主体有严格的限制，规定只有股份有限公司、国有独资公司和两个以上的国有企业或其他两个以上的国有投资主体投资设立的有限责任公司才有资格发行公司债券，纯粹的民营有限公司则不具有发行公司债券的资格。这使得大量的民营有限公司无法发行债券进行融资，在一定程度上影响了民营公司的发展。2005 年《公司法》和《证券法》联动进行修订，充分贯彻公平、公正的原则，删除了 1993 年《公司法》对公司债券发行主体的限制性规定，允许符合条件的各类公司平等地利用市场发行债券进行融资，规定股份有限公司和有限责任公司只要符合发行公司债券的条件，经过核准，并履行相关的程序，均可公开发行公司债券。《公司法》与《证券法》同时规定，股份有限公司中的上市公司可依法发行可转换公司债券。

（二）公司债券的发行条件

股份有限公司和有限责任公司公开发行公司债券须符合法律规定的债券公开发行条件。公司债券的公开发行条件依其为首次发行还是再次发行而有所不同。

1. 首次公开发行的条件

我国《证券法》第 16 条对公司债券的首次公开发行条件规定如下：

（1）净资产条件。股份有限公司的净资产额不低于人民币 3000 万元，有限责任公司的净资产额不低于人民币 6000 万元。公司的净资产是公司的资产总额减去公司负债的余额部分。公司净资产只有达到一定的数额，才能充分保障发行人到期能够按照约定偿还债权人的债券本息。

（2）负债总额条件。发行公司债券时，累计债券余额不超过公司净资产额的 40%。首次发行公司债券的，累计债券余额为其发行的总额，非首次发行公司债券的，累计债券余额为本次债券发行数量与以前发行债券未清偿余额的总和。规定负债总额，是为了减缓公司的负债压力，控制公司的风险，更好地保护债券持有人的权益。

（3）营业利润条件。公司最近三年平均可分配利润足以支付公司债券一年的利息。公司可分配利润是指公司依法纳税后的利润，在弥补公司亏损后，按照规定提取公积金、公益金等之后可以向股东分配的利润。发行债券要求营业利润条件的目的仍然是为了保护债权人的利益。

（4）筹集的资金投向符合国家产业政策。募集资金符合国家产业政策主要是指，募集资金用途符合国家产业政策和有关环境保护、土地管理等法律、行政法规的规定。除金融类企业外，募集资金使用项目不得为持有交易性金融资产和可供出售的金融资产、借予他人、委托理财等财务性投资，不得直接或间接投资于以买卖有价证券为主要业务的公司。建立募集资金专项存储制度，募集资金必须存放于公司董事会决定的专项账户。市场经济条件下，国家产业政策对公司投资方向的引导和约束，应逐渐淡化，公司发行债券，必须明确其资金的使用方向和具体用途。

（5）债券的利率不得超过国务院限定的利率水平。《企业债券管理条例》第18条规定："企业债券的利率不得高于银行相同期限居民储蓄定期存款利率的40%。"公司发行债券亦应遵守上述规定。

（6）国务院规定的其他条件。公开发行公司债券筹集的资金，必须用于核准的用途，不得用于弥补亏损和非生产性支出。由于可转换为股票的公司债券既具有公司债券的特征，又具有公司股份的特征，因此，上市公司发行可转换为股票的公司债券，除应当符合《证券法》规定的上述条件外，还应当符合《证券法》关于公开发行股票的条件，并报国务院证券监督管理机构核准。

2. 再次公开发行的条件

为保护债权人利益，防止随意发行公司债券，《证券法》对再次公开发行公司债券作出了限制性规定。再次发行债券，除应具备《证券法》第16条规定的条件外，还应符合第18条的规定。依我国《证券法》第18条的规定，凡有下列情形之一者，不得再次公开发行公司债券：（1）前一次公开发行的公司债券尚未募足。（2）对已公开发行的公司债券或者其他债务有违约或者延迟支付本息的事实，且仍处于继续状态。（3）违反证券法规定，改变公开发行公司债券所募资金的用途。

（三）公司债券的发行程序

根据《公司法》《证券法》的规定，公开发行公司债券包括以下程序：

1. 由公司权力机构作出发行债券的决议

依我国《公司法》规定，公司债券的发行由董事会制订方案，股东会、股东大会作出决议。

2. 经主管机关核准

由于公司债券的发行涉及投资者的利益和社会经济秩序的稳定，依我国《公司法》和《证券法》的规定，发行公司债券须经国务院证券监督管理机构或者国务院授权的部门核准。"国务院授权的部门"，主要指中国人民银行及其分行与营管部、国家发展和改革委员会及其省级发展和改革委员会。

申请公开发行公司债券，应当向国务院授权的部门或者国务院证券监督管理机构报送下列文件：（1）公司营业执照；（2）公司章程；（3）公司债券募集办法；（4）资产评估报告和验资报告；（5）国务院授权的部门或者国务院证券监督管理机构规定的其他文件。依照《证券法》规定聘请保荐人的，还应当报送保荐人出具的发行保荐书。

国务院证券监督管理机构或者国务院授权的部门应依照法定条件负责核准公司债券发行申请。核准程序应当公开，依法接受监督。参与审核和核准公司债券发行申请的人员，不得与发行申请人有利害关系，不得直接或者间接接受发行申请人的馈赠，不得持有所核准的发行申请的公司债券，不得私下与发行申请人进行接触。国务院证券监督管理机构或者国务院授权的部门应当自受理证券发行申请文件之日起3个月内，依照法定条件和法定程序作出予以核准或者不予核准的决定，发行人根据要求补充、修改发行申请文件的时间不计算在内；不予核准的，应当说明理由。如果核准或者审批机关在3个月内未作出决定，或申请人认为核准或者审批机关作出的不予以核准或者审批的决定及其说明不符合有关法律、行政法规的规定，申请人可以向有关机关提出行政复议或者向人民法院提起行政诉讼。

根据《证券法》第26条的规定，国务院证券监督管理机构或者国务院授权的部门对于已经做出的公司债券发行核准或审批决定，发现不符合法律、行政法规规定的，可以采取以下补救措施：尚未发行的，应当予以撤销，停止发行；已经发行尚未上市的，撤销发行核准决定，公司债券的持有人可以按照发行价并加算银行同期存款利息，要求发行人返还。保荐人应当与发行人承担连带责任，但是能够证明自己没有过错的除外；发行人的控股股东、实际控制人有过错的，应当与发行人承担连带责任。

3. 公告债券募集办法

公司债券的发行申请经核准，发行人应当依照法律、行政法规的规定，在公司债券公开发行前，公告公开发行募集文件，并将该文件置备于指定场所供公众查阅。依我国《公司法》第154条，在公司债券募集办法中应当载明下列主要事项：(1) 公司名称；(2) 债券募集资金的用途；(3) 债券总额和债券的票面金额；(4) 债券利率的确定方式；(5) 还本付息的期限和方式；(6) 债券担保情况；(7) 债券的发行价格、发行的起止日期；(8) 公司净资产额；(9) 已发行的尚未到期的公司债券总额；(10) 公司债券的承销机构。发行证券的信息依法公开前，任何知情人不得公开或者泄露该信息。发行人不得在公告公开发行募集文件前发行证券。

4. 募集债款

公开发行公司债券，应当由发行公司与证券公司签订承销协议。债券承销业务采取代销或者包销方式。代销是指证券公司代发行人发售债券，在承销期结束时，将未售出的债券全部退还给发行人的承销方式。债券包销是指证券公司将发行人的债券按照协议全部购入或者在承销期结束时将售后剩余证券全部自行购入的承销方式。

5. 制作公司债券

公司债券作为要式有价证券，其制作须符合法定标准。依我国《公司法》第155条规定，以实物券方式发行公司债券的，须在债券上载明公司名称、债券票面金额、利率、偿还期限等事项，并由法定代表人签名，公司盖章。《公司法》第161条规定，发行可转换为股票的公司债券，还应当在债券上标明"可转换公司债券"字样，并在公司债券存根簿上载明可转换公司债券的数额。

6. 置备公司债券存根簿

在发行公司债券时，应依法置备公司债券存根簿。债券存根簿对于公司掌握持券人的情况、有关部门对公司的监督、公司对债权人的通知、进行公告等方面具有重要法律意义，同时也是记名债券转让的对抗要件。我国《公司法》第157条规定，公司发行公司债券应当置备公司债券存根簿。发行记名公司债券的，应当在公司债券存根簿上载明下列事项：（1）债券持有人的姓名或者名称及住所；（2）债券持有人取得债券的日期及债券的编号；（3）债券总额，债券的票面金额、利率、还本付息的期限和方式；（4）债券的发行日期。发行无记名公司债券的，应当在公司债券存根簿上载明债券总额、利率、偿还期限和方式、发行日期及债券的编号。

7. 登记备案

公司债券发行结束后，公司应当在一定期限内向主管机关申请登记备案。记名公司债券的登记结算机构应当依照规定建立债券登记、存管、付息、兑付等相关制度。

（四）发行价格

公司债券的发行价格一般有三种：一是平价发行，即以债券票面金额为发行价格；二是溢价发行，即以高于债券票面金额的价格发行；三是折价发行，即以低于债券票面金额的价格发行。《公司法》对债券发行价格未作规定，实践中通常采用平价方式发行。

二、公司债券的转让

公司债券的转让是指债券持有人依法将其债券转移给其他投资者的法律行为。公司债券作为流通证券，可以依法转让，公司债券的转让应遵循以下规则。

（一）在依法设立的场所转让

为保证债券转让的安全可靠，防止欺诈和扰乱交易秩序的行为发生，与股票转让一样，公司债券的转让应当在依法设立的证券交易场所进行。在我国，这些场所包括：上海证券交易所和深圳证券交易所，各地依法设立的证券公司、证券交易营业部、银行及其他金融机构的营业网点等场所。

（二）依法定方式转让

公司债券的转让方式依债券种类不同各异。记名公司债券由债券持有人以背书方式或者法律、行政法规规定的其他方式转让，并由公司将受让人的姓名或者名称及其住所记载于公司债券存根簿上，否则不发生转让效力。无记名公司债券的转让由债券持有人将债券交付于受让人即发生转让效力。

（三）依约定的价格转让

公司债券的转让价格由转让人与受让人自行约定，法律不作任何限制。但其转让价格一般仍由债券面值、利率和还本期限决定，同时还会受到发债公司的经营状况、盈利水平、证券市场的变化及国内外重大政治经济事件等因素的影响。

三、公司债券的偿还

公司债券的偿还又称公司债券的赎回，是指发行公司债券的公司按公司债券募集办法、债券存根簿和债券上载明的期限、利息和本金，将已发出的债券赎回并进行注销的行为。一般说来，公司债券持有人不得要求发行债券的公司提前赎回债券，但公司债券募集办法中规定并在公司债券中载明，公司可以任意赎回债券的除外。

赎回公司债券有三种方法：一是期满赎回，即在债券载明的一定期限届满时一次性偿还本金和利息；二是分期赎回，即在债券募集办法及债券载明的期限内，分期偿还本金和利息；三是任意赎回，即按照公司债券募集办法及公司债券的记载，发行债券的公司可以随时赎回债券，但须提前一定期限通知债券持有人。

公司债券还本付息后，公司债即因清偿而消灭。

四、公司债券上市

公司债券上市是指发行人将依法发行的公司债券经证券交易所批准后，在交易所公开挂牌交易的行为。

（一）公司债券上市的条件

根据我国《证券法》第 57 条的规定，公司申请其发行的公司债券上市交易，应当符合下列条件：

1. 公司债券的期限为 1 年以上。要求公司债券自发行日到还本付息日的期间在 1 年以上。

2. 公司债券实际发行额不少于人民币 5000 万元。该发行额是指申请在证券交易所挂牌上市的该次发行的公司债券的实际发行数额。

3. 公司申请债券上市时仍符合法定的公司债券发行条件。公司债券上市后仍应保持具备公司债券发行条件的状态，以使债券持有人的利益能够得到实现。

（二）公司债券上市交易的程序

根据我国《证券法》的规定，公司债券上市交易的程序与股票上市交易的程序大致相同，只是证券交易所安排上市的时间缩短为3个月，具体程序如下：

1. 上市申请

依法公开发行的公司债券需要上市交易的，应当首先向证券交易所提出申请。提出申请时，应当提交下列文件：（1）上市报告书；（2）申请公司债券上市的董事会决议；（3）公司章程；（4）公司营业执照；（5）公司债券募集办法；（6）公司债券的实际发行数额；（7）证券交易所上市规则规定的其他文件。申请可转换为股票的公司债券上市交易，还应当报送保荐人出具的上市保荐书。

2. 证券交易所审核同意

证券交易所在收到发行人的上市申请后，应当依法进行审核，作出是否准予上市的决定，并通知发行人。

3. 签订上市协议

证券交易所经审查认为发行人的申请符合证券交易所上市标准后，与发行公司签订上市协议，明确双方的权利义务关系。证券交易所应当自接到该债券发行人提交的规定文件之日起3个月内，安排该债券上市交易。

4. 上市公告

公司债券上市交易申请经证券交易所审核同意后，签订上市协议的公司应当在规定的期限内公告公司债券上市文件及有关文件，并将其申请文件置备于指定场所供公众查阅。

5. 挂牌交易

在上市文件及有关文件公告后的确定日期内，公司债券即可根据证券交易所的安排挂牌交易。

（三）公司债券上市的暂停与终止

我国《证券法》第60条规定，公司债券上市交易后，公司有下列情形之一的，由证券交易所决定暂停其公司债券上市交易：（1）公司有重大违法行为；（2）公司情况发生重大变化不符合公司债券上市条件；（3）公司债券所募集资金不按照核准的用途使用;(4)未按照公司债券募集办法履行义务;(5)公司最近2年连续亏损。

公司有下列情形之一,由证券交易所决定终止公司债券上市交易:(1)公司有重大违法行为或者未按照公司债券募集办法履行义务,经查实后果严重的;(2)有公司情况发生重大变化不符合公司债券上市条件、公司债券所募集资金不按照核准的用途使用、公司最近2年连续亏损情形之一,在限期内未能消除的;(3)公司解散或者被宣告破产的。

公司对证券交易所作出的不予上市、暂停上市、终止上市决定不服的,可以向证券交易所设立的复核机构申请复核。

第三节 可转换公司债券

一、可转换公司债券的概念与特征

(一)可转换公司债券的概念

可转换公司债券,是指发行公司依法发行、在一定期间内依据约定的条件可以转换成股份的公司债券。可转换公司债券的发行比单纯普通公司债券、股票的发行涉及的内容和程序更加复杂,包括发行、上市交易、赎回、转换等内容。其既可能引起资本变化,也可能改变公司原有的股权结构,因此,我国《公司法》和《证券法》对可转换债券作了相应的规定。

(二)可转换公司债券的法律特征

可转换公司债券是一种介于普通公司债券与股票之间的债券,兼具债券与股票的特性。它具有以下法律特征:

1. 可转换公司债券具有债券和股票的双重属性

可转换公司债券在转换为股票以前是债权证券,持券人是公司的债权人,享有债权人的权利,债券到期日,持券人有权要求公司赎回债券,获得本金和利息。在具备转换条件时,持券人一旦选择将债券转换为股票,就由债权证券的属性转为股票的属性,持券人由公司债权人身份变成公司股东身份,持券人享有的权利由债权转为股权,并应承担股东的义务。

2. 可转换公司债券具有可转换性

公司发行可转换公司债券时,就赋予了债券持有人在将来确定的期限内,享有债券转股票的权利,至于是否进行转换,完全依债券持有人的单方意思表示,与发行债券的公司无任何关系。债券转股票是一种权利而非义务,持券人可以行使转换的权利,以债券的本金抵缴认股款取得公司股票;也可以放弃这种转换的权利,在债券到期后收回本金,取得约定的利息。公司不能强制持券人将债券转换成股票或者禁止持券人将债券转换为股票。

3. 可转换公司债券具有收益性强与风险性大并存的特性

与普通债券比,可转换公司债券附加了转换为股票的选择权,因此,其票面利率通常低于普通公司债券的利率。对债券持有人而言,当公司业绩好,股票价格上涨时,其可将债券转换为股票获得较高的收益,但是,当公司业绩不佳,股票价格跌价时,持有人获得的收益可能低于普通公司债券持有人的收益。因此,与普通公司债券相比,可转换公司债券具有收益性强与风险性大并存的特征。

(三)可转换公司债券的要素

《上市公司证券发行管理办法》规定了可转换公司债券的要素,具体如下:

1. 债券面值

可转换公司债券每张面值100元。

2. 债券票面利率

可转换公司债券的利率由发行公司与主承销商协商确定,但必须符合国家的有关规定。

3. 有效期限

可转换公司债券的有效期限最短为1年,最长为6年。

4. 转换期限

转换期限是指可转换债券转换为普通股票的起始日至结束日的期间。《上市公司证券发行管理办法》第21条规定,自发行结束之日起6个月后方可转换为公司股票,转股期限由公司根据可转换公司债券的存续期限及公司财务状况确定。

5. 转股价格

转股价格，是指募集说明书事先约定的可转换公司债券转换为每股股份所支付的价格。通常以发行公司在发行可转换公司债券时的股票的市场价格为基准来确定其转换价格。但转股价格应不低于募集说明书公告日前 20 个交易日该公司股票交易均价和前一交易日的均价。[①] 募集说明书应当约定转股价格调整的原则及方式。发行可转换公司债券后，因配股、增发、送股、派息、分立及其他原因引起上市公司股份变动的，应当同时调整转股价格。募集说明书约定转股价格向下修正条款的，应当同时约定：（1）转股价格修正方案须提交公司股东大会表决，且须经出席会议的股东所持表决权的 2/3 以上同意。股东大会进行表决时，持有公司可转换债券的股东应当回避。（2）修正后的转股价格不低于前项规定的股东大会召开日前 20 个交易日该公司股票交易均价和前一交易日的均价。

6. 赎回条款

赎回是指在一定的条件下发行公司按照事先约定的条件和价格赎回尚未转股的可转换公司债券。赎回条款的主要目的是为了降低公司发行成本，避免因为市场利率的下降而给公司造成利率损失。赎回是发行公司的一项权利，其可以根据事先约定的条件及市场情况，选择是否行使这种权利。募集说明书可以约定赎回条款，规定上市公司可按事先约定的条件和价格赎回尚未转股的可转换公司债券。

7. 回售条款

回售是指在一定的条件下债券持有人可按事先约定的条件和价格将所持债券回售给上市公司。回售条款的主要目的是为了保护投资人的利益，降低投资人购买债券的风险，将投资风险转移给公司。回售是投资人的一项权利，其可以根据事先约定的条件及市场情况，选择是否行使这项权利。募集说明书可以约定回售条款，规定债券持有人可按事先约定的条件和价格将所持债券回售给上市公司。募集说明书应当约定，上市公司改变公告的募集资金用途的，赋予债券持有人一次回售的权利。

[①] 参见《上市公司证券发行管理办法》第 22 条。

8. 担保条款

公开发行可转换公司债券,应当提供担保,但最近一期期末经审计的净资产不低于人民币 15 亿元的公司除外。如提供担保的,应当为全额担保,担保范围包括债券的本金及利息、违约金、损害赔偿金和实现债权的费用。以保证方式提供担保的,应当为连带责任担保,且保证人最近一期经审计的净资产额应不低于其累计对外担保的金额。证券公司或上市公司不得作为发行可转债的担保人,但上市商业银行除外。设定抵押或质押的,抵押或质押财产的估值应不低于担保金额。估值应经有资格的资产评估机构评估。

9. 债券持有人权利保护

公开发行可转换公司债券,应当约定保护债券持有人权利的办法,以及债券持有人会议的权利、程序和决议生效条件。存在下列事项之一的,应当召开债券持有人会议:(1)拟变更募集说明书的约定;(2)发行人不能按期支付本息;(3)发行人减资、合并、分立、解散或者申请破产;(4)保证人或者担保物发生重大变化;(5)其他影响债券持有人重大权益的事项。

二、可转换公司债券的发行

(一) 发行主体

由于可转换公司债券具有转换为股票的可能性,这种债券的发行主体一般限于股份有限公司,有一些国家和地区公司法还规定只有上市公司才可发行可转换公司债券。我国《公司法》严格限制可转换公司债券的发行主体,规定只有上市公司在股东大会决议并报请国务院证券监督管理机构核准后才可以发行可转换公司债券。

(二) 可转换公司债券的发行条件

公开发行可转换公司债券的公司,除应当符合公司债券发行的条件外,还应当符合下列规定:(1)最近 3 个会计年度加权平均净资产收益率平均不低于 6%。扣除非经常性损益后的净利润与扣除前的净利润相比,以低者作为加权平均净资产收益率的计算依据。(2)本次发行后累计公司债券余额不超过最近一期末净资产额的 40%。(3)最近 3 个会计年度实现的年均可分配利润不少于公司债券 1 年的利息。

可转换公司债券的发行，还应当符合公开发行股票的条件：（1）具备健全且运行良好的组织机构；（2）具有持续盈利能力，财务状况良好；（3）最近3年财务会计文件无虚假记载，无其他重大违法行为；（4）经国务院批准的国务院证券监督管理机构规定的其他条件。

凡有下列情形之一的，发行主体不得再次发行可转换公司债券：（1）前一次发行的公司债券尚未募足的；（2）对已发行的公司债券或其他债务有违约或者延迟支付本息的事实，且仍处于继续状态的。

（三）可转换公司债券的发行程序

在我国，可转换公司债券应遵循如下发行程序：

1. 由股东大会做出决议

上市公司的股东大会是作出发行可转换公司债券决议的机构。其决议的内容之一是，发行股票有关的事项：（1）本次发行证券的种类和数量；（2）发行方式、发行对象及向原股东配售的安排；（3）定价方式或价格区间；（4）募集资金用途；（5）决议的有效期；（6）对董事会办理本次发行具体事宜的授权；（7）其他必须明确的事项。决议的内容之二是，发行可转换公司债券有关的事项：（1）债券利率；（2）债券期限；（3）担保事项；（4）回售条款；（5）还本付息的期限和方式；（6）转股期；（7）转股价格的确定和修正。

股东大会就发行债券事项作出决议，必须经出席会议的股东所持表决权的2/3以上通过。向本公司特定的股东及其关联人发行证券的，股东大会就发行方案进行表决时，关联股东应当回避。上市公司就发行证券事项召开股东大会，应当提供网络或者其他方式为股东参加股东大会提供便利。

2. 经有关机关核准

上市公司发行可转换公司债券，应当报国务院证券监督管理机构核准。

中国证监会依照下列程序审核发行证券的申请：（1）收到申请文件后，5个工作日内决定是否受理；（2）受理后，对申请文件进行初审；（3）发行审核委员会审核申请文件；（4）作出核准或者不予核准的决定。

3. 公告和通知

发行可转换公司债券的申请得到核准后，上市公司在公开发行债券前的2~5个工作日内，应当将经中国证监会核准的募集说明书摘要或者募集意向书摘要刊登在至少一种中国证监会指定的报刊，同时将其全文刊登在中国证监会指定的互联网网站，置备于中国证监会指定的场所，供公众查阅。证券经营机构应当将可转换公司债券募集说明书置于营业场所，并有义务提醒认购人阅读该说明书。

4. 发行可转换公司债券

在我国，可转换公司债券的发行由证券公司承销。自中国证监会核准发行之日起，上市公司应在6个月内发行债券；超过6个月未发行的，核准文件失效，须重新经中国证监会核准后方可发行。上市公司发行债券前发生重大事项的，应暂缓发行，并及时报告中国证监会。该事项对本次发行条件构成重大影响的，发行债券的申请应重新经过中国证监会核准。

三、可转换公司债券的转换

可转换公司债券自发行结束之日起6个月后方可转换为公司股票。债券持有人对转换股票或者不转换股票有选择权，转换股票的，债券持有人于转股的次日成为发行公司的股东。债券持有人向公司提出转换请求，无须公司承诺，当然发生转换效力，其身份由债权人转为股东，享有股东的权利并承担股东的义务。可转换公司债券一旦转换为股票，就意味着公司债务的减少和公司资本的增加，公司必须修改章程并进行变更登记。

第十四章

公司财务与会计制度

第一节 公司财务与会计概述

一、公司财务、会计的作用

公司财务会计是公司经营活动中的一项基础性工作，对于加强内部管理和外部监督，保护第三人的利益和维护社会交易安全，都具有重要的意义。

对公司内部管理而言，通过定期编报会计报表的方式，运用货币价值的形式全面反映公司的财务和经营状况，以此作为计算盈余、分配利润的依据；同时通过对财务会计资料的分析，及时做出或调整经营决策，服务于公司的内部管理，提高其经济效益。

对第三人来说，通过公司的财务会计信息，能及时了解公司的资产状况及其偿债能力，据此做出是否与其进行交易、向其投资的决策，更好地维护自己的利益。

对公司股东来说，通过公司的财务会计资料，了解公司经营状况，充分行使股权，决定如何分取股息、取回剩余财产、计算股票账面价格，是他们理性投资、维护股权的一个重要依据。

对社会管理来说，公司在统一的财务、会计制度规定下筹集资金、分配利润，记录反映经济业务，有利于政府掌握情况，制定政策，实施管理。除此之外，财务会计资料是政府进行稽核审计、计算税率、资产评估等的重要依据。

对于法律诉讼来说，财务会计资料是重要的证据材料之一。根据我国法律规定，只要财务会计资料内容真实，具备证据的形式要件，就是具有法律效力的书证，具有重要的证据力。

二、公司财务、会计的基本要求

公司作为企业的一种主要组织形式，其财务会计活动应当受到《会计法》《企业财务通则》《企业会计准则》等相关的财务会计法律、行政法规和规章的制约。《公司法》第8章对公司财务会计制度进行专门的细化规定。公司财务、会计制度是我国公司基本法律制度的组成部分。

（一）公司应当依法建立财务、会计制度

《公司法》第163条规定："公司应当依照法律、行政法规和国务院财政部门的规定建立本公司的财务、会计制度。"

（二）公司应当依法编制财务会计报告

公司应当在每一会计年度终了时编制财务会计报告，并依法经会计师事务所审计。财务会计报告应当依照法律、行政法规和国务院财政部门的规定制作。

财务会计报告，是指企业对外提供的反映企业某一特定日期财务状况和某一会计期间经营成果、现金流量的文件。根据国务院颁布的《企业财务会计报告条例》的相关规定，企业的财务会计报告可以划分为年度、半年度、季度和月度财务会计报告。其中，年度及半年度财务会计报告应包括会计报表、会计报表附注和财务情况说明书，而会计报表应包括资产负债表、利润表、现金流量表及相关附表；季度、月度财务会计报告一般情况下只是指会计报表，而会计报表则至少应包括资产负债表和利润表。

（三）公司应当依法披露有关财务会计资料

有限责任公司应当依照公司章程规定的期限将财务会计报告送交各股东。股份有限公司的财务会计报告应当在召开股东大会年会的20日前置备于本公司，供股东查阅；公开发行股票的股份有限公司必须公告其财务会计报告。

（四）公司应当依法建立账簿、开立账户

公司除法定的会计账簿外，不得另立会计账簿。对公司资产，不得以任何个人名义开立账户存储。

（五）公司应当依法聘用会计师事务所对财务会计报告审计

公司聘用、解聘承办公司审计业务的会计师事务所，依照公司章程的规定，由股东会、股东大会或者董事会决定。公司股东会、股东大会或者董事会就解聘会计师事务所进行表决时，应当允许会计师事务所陈述意见。公司应当向聘用的会计师事务所提供真实、完整的会计凭证、会计账簿、财务会计报告及其他会计资料，不得拒绝、隐匿、谎报。

三、公司财务会计报告

公司财务会计报告是指由公司向外部提供的定期地反映公司某一特定日期财务状况和某一会计期间经营成果及现金流量的书面文件。公司财务会计报告所提供的财务会计信息资料是政府部门监督管理公司和制定宏观决策的重要手段，是投资者了解公司经营状况的关键信息来源之一。根据我国《公司法》第164条的规定，公司应当在每一个会计年度终了之时编制财务会计报告，并依法经会计师事务所审计。公司财务会计报告的内容主要由以下部分组成。

（一）会计报表

1. 资产负债表

资产负债表是指反映公司在某一特定日期财务状况的报表。资产负债表的编制应按照资产、负债和所有者权益（或股东权益）分类分项进行列示。

（1）资产。资产是指过去的交易、事项形成并由企业拥有或者控制的资源，该资源预期会给企业带来经济利益。在资产负债表上，资产应当按照其流动性分类分项列示，包括流动资产、长期投资、固定资产、无形资产及其他资产。银行、保险公司和非银行金融机构的各项资产有特殊性的，按照其性质分类分项列示。

（2）负债。负债是指过去的交易、事项形成的现时义务，履行该义务预期会导致经济利益流出企业。在资产负债表上，负债应当按照其流动性分类分项列示，包括流动负债、长期负债等。银行、保险公司和非银行金融机构的各项负债有特殊性的，按照其性质分类分项列示。

（3）所有者权益。所有者权益是指所有者在企业资产中享有的经济利益，其金额为资产减去负债后的余额。在资产负债表上，所有者权益应当按照实收资本

（或者股本）、资本公积、盈余公积、未分配利润等项目分项列示。

2. 利润表

利润表是反映公司在一定会计期间内的经营成果的报表。利润表应当按照收入、费用以及构成利润的各个项目分类分项列示。

（1）收入。收入是指企业在销售商品、提供劳务及让渡资产使用权等日常活动中所形成的经济利益的总流入。收入不包括为第三方或者客户代收的款项。在利润表上，收入应当按照其重要性分项列示。

（2）费用。费用是指企业为销售商品、提供劳务等日常活动所发生的经济利益的流出。在利润表上，费用应当按照其性质分项列示。

（3）利润。利润是指企业在一定会计期间的经营成果。在利润表上，利润应当按照营业利润、利润总额和净利润等项目分类分项列示。

3. 现金流量表

现金流量表是指反映公司一定会计期间现金和现金等价物流入和流出的报表。现金流量表应当按照经营活动、投资活动及筹资活动的现金流量分类分项列示。

（1）经营活动。经营活动是指企业投资活动和筹资活动以外的所有交易和事项。在现金流量表上，经营活动的现金流量应当按照其经营活动的现金流入和流出的性质分项列示；银行、保险公司和非银行金融机构的经营活动按照其经营活动特点分项列示。

（2）投资活动。投资活动是指企业长期资产的购建和不包括在现金等价物范围内的投资及其处置活动。在现金流量表上，投资活动的现金流量应当按照其投资活动的现金流入和流出的性质分项列示。

（3）筹资活动。筹资活动是指导致企业资本及债务规模和构成发生变化的活动。在现金流量表上，筹资活动的现金流量应当按照其筹资活动的现金流入和流出的性质分项列示。

4. 相关附表

相关附表是指反映公司财务状况、经营成果和现金流量的补充报表，主要包括利润分配表以及国家统一的会计制度规定的其他附表。其中，利润分配表是反映公司一定会计期间对实现净利润以及以前年度未分配利润的分配或者亏损弥补的报表。利润分配表应按照利润分配各个项目分类分项列示。

（二）会计报表附注

会计报表附注，是指为了达到便于会计报表使用者理解会计报表内容的目的，对会计报表的编制基础、编制依据、编制原则和方法及主要项目所作的解释。

会计报表附注至少应当包括以下内容：

（1）不符合基本会计假设的说明；

（2）重要会计政策和会计估计及其变更情况、变更原因及其对财务状况和经营成果的影响；

（3）或有事项和资产负债表日后事项的说明；

（4）关联方关系及其交易的说明；

（5）重要资产转让及其出售情况；

（6）公司合并、分立；

（7）重大投资、融资活动；

（8）会计报表中重要项目的明细资料；

（9）有助于理解和分析会计报表需要说明的其他事项。

（三）财务情况说明书

财务情况说明书指的是对公司财务会计报表所反映的公司财务状况进行必要的说明和补充的文书。财务情况说明书应力求全面详细，主要是文字说明，必要时也可以附图表，并至少应对下列情况作出说明：（1）企业生产经营的基本情况；（2）利润实现和分配情况；（3）资金增减和周转情况；（4）对企业财务状况、经营成果和现金流量有重大影响的其他事项。

第二节 公司的利润分配

获取利润是股东投资的主要目的，也是公司作为营利性法人的基本特性。在公司利润分配这一问题上，存在公司债权人与股东之间的利益冲突。公司法在规范公司的利润分配行为时应协调好公司债权人与公司股东之间的利益关系，确保两者在利益上的平衡。

一、公司利润分配的前提条件

（一）实质条件

公司资本维持原则要求，不能用公司资本进行分红，公司分配利润的资金来源只能是公司的利润。

1. 法定的条件

《公司法》规定，公司分配当年税后利润时，应当提取利润的10%列入公司法定公积金。公司法定公积金累计额为公司注册资本的50%以上的，可以不再提取。在依照《公司法》规定提取法定公积金之前，应当先用当年利润弥补亏损。公司从税后利润中提取法定公积金后，经股东会或者股东大会决议，还可以从税后利润中提取任意公积金。[①] 由此可见，公司分配利润的资金来源是当年的税后利润弥补亏损、提取法定公积金和任意公积金之后的余额。

2. 约定的条件

公司弥补亏损和提取公积金后所余税后利润，有限责任公司按照实缴的出资比例分取红利；但是，全体股东约定不按照出资比例分取红利的除外。股份有限公司按照股东持有的股份比例分配，但股份有限公司章程规定不按持股比例分配的除外。公司的可分配利润一般是按照出资的比例或持股的比例进行分配，但《公司法》允许公司在分配利润时，由股东自主约定分配利润的比例，因此，在公司分配利润时，还应遵守公司章程的有关条款或专门的分配利益的合同条款。

（二）程序条件

根据《公司法》规定，董事会制订公司的利润分配方案。股东会、股东大会审议批准公司利润分配方案。

董事会应当根据公司本年度经营情况、公司的盈利以及上一年度有无亏损等经营情况，制订出本年度税后利润的分配方案，并提交给股东会、股东大会审议批准。

公司利润分配因不涉及国家、债权人等外部相关利益主体，主要是面向公司

[①] 参见《公司法》第166条。

股东的分配行为，属于我国《公司法》规定的公司自治范畴，应由代表股东的最高权力机关股东会、股东大会做出决定。

二、公积金

（一）公积金的含义和类型

公积金是公司在资本之外所保留的资金金额，又称为附加资本或准备金。公司为了增强自身财力，扩大营业范围以及预防意外亏损，从利润中提取一定比例的资金，用于扩大资本，或者弥补亏损。从公积金的来源上看，其可分为资本公积金和盈余公积金。

1. 资本公积金

资本公积金是指直接由公司资本原因等形成的公积金，例如股份有限公司是以超过票面金额的发行价格发行股份所获得的溢价收入。我国《公司法》第167条规定："股份有限公司以超过股票票面金额的发行价格发行股份所得的溢价款以及国务院财政部门规定列入资本公积金的其他收入，应当列为公司资本公积金。"

2. 盈余公积金

盈余公积金是指从公司税后利润中提取的公积金。根据提取公积金是法定还是任意性的标准，盈余公积金还可划分为法定公积金和任意公积金。

（1）法定公积金是公司按照《公司法》的规定必须从公司当年利润中按比例提取的资本金。法定公积金的提取是《公司法》的强制性规定，不得由公司章程予以改变。《公司法》规定，公司应按照公司税后利润的10%提取法定公积金。公司法定公积金累计额为公司注册资本的50%以上的，可以不再提取。

（2）任意公积金是指法律没有强制性规定，由公司根据公司章程或者有股东会、股东大会决议，在法定公积金之外，自由决定所提取的储备金。根据我国《公司法》第166条的规定，公司在从税后利润中提取法定公积金之后，经股东会或者股东大会决议，还可以从税后利润中提取任意公积金。任意公积金一般只能从公司盈余中提取，如果公司没有取得盈余或利润，则不能提取该项公积金。任意公积金的提取必须经股东会或者股东大会决议，或者依据公司章程规定提取。

（二）公积金的用途

公司的公积金应当按照规定的用途使用，公积金主要有以下用途：

（1）弥补公司的亏损。公司发生亏损，按照税法规定可以用缴纳所得税之前的利润弥补；超过所得税弥补期限仍未弥补的亏损，可以用公司税后利润弥补；发生特大亏损的，可以用公司的公积金弥补。但是，资本公积金不得用于弥补公司的亏损。

（2）扩大公司的生产经营。公司可以根据生产经营所需，用公司的公积金扩大生产经营规模，增强公司实力。

（3）转为增加公司资本。公司为了增加资本的目的，可以将公积金的一部分转为资本。《公司法》对用法定公积金转为资本有限制性规定，即用法定公积金转为资本时，所留存的该项公积金不得少于转增前公司注册资本的25%。对用任意公积金转增为资本没有限制。

三、公司利润分配的顺序

根据《公司法》及《税法》等相关法律的规定，公司应当按照以下顺序分配利润：

（一）弥补亏损

我国《公司法》第166条规定：公司的法定公积金不足以弥补以前年度亏损的，在依照《公司法》规定提取法定公积金之前，应当先用当年利润弥补亏损。"没有盈利不分配"是公司利润分配的基本原则之一。在公司出现亏损而法定公积金又不足以弥补以前年度亏损时，公司的利润应首先弥补公司的亏损，只有在公司亏损得以补足而公司仍有盈余的情况下，才允许向公司的股东分配利润。《公司法》的这一规定，是为了确保公司资本充实，避免公司资本虚空。这是公司资本维持原则的体现，是为了保护公司债权人利益。

税前利润弥补以前年度的亏损，不得超过税法规定的弥补期限。根据《企业所得税法》规定，企业纳税年度发生的亏损，准予向以后年度结转，用以后年度的所得弥补，但结转年限最长不得超过5年。

（二）缴纳所得税

公司应当按照《企业所得税法》的规定缴纳企业所得税。

(三) 弥补税前利润未弥补的亏损

《企业所得税法》规定，公司用税前利润弥补亏损的年限为5年，5年内不足以弥补的，应当用税后利润弥补。

(四) 提取法定公积金

公司分配当年税后利润时，应当提取利润的10%列入公司法定公积金。公司法定公积金累计额为公司注册资本的50%以上的，可以不再提取。

(五) 提取任意公积金

公司从税后利润中提取法定公积金后，经股东会或者股东大会决议，还可以从税后利润中提取任意公积金。

(六) 向股东分配利润

公司弥补亏损和提取公积金后所余税后利润，有限责任公司股东按照实缴的出资比例分取红利，但是，全体股东约定不按照出资比例分取红利的除外。股份有限公司按照股东持有的股份比例分配利润，但股份有限公司章程规定不按持股比例分配的除外。[①]

在一般情况下，股东对公司的出资额或其所持股份的数额是其取得利润的主要依据。因此，《公司法》规定的股东分配股利的标准即为：有限责任公司股东按照实缴的出资比例（而非认缴的出资比例）分取红利；股份有限公司按照股东持有的股份比例分配。

公司持有的本公司的股份不得分配利润。

股东会、股东大会或者董事会违反《公司法》规定，在公司弥补亏损和提取法定公积金之前向股东分配利润的，股东必须将违反规定分配的利润退还公司。

---

① 《公司法》第34条、第166条。

第十五章

公司的合并与分立

一、公司合并

公司合并可以扩大公司规模,提高公司的竞争力,统一公司的有关部门,提高生产经营效率,也可以使濒于危机的公司得到挽救。由于公司合并会导致股权结构、资产状态、经营范围和经营管理等事项的变化,而这些变化又关乎股东和债权人的利益,因此,《公司法》对公司合并行为做了一定的规制。

(一)公司合并的概念

公司合并是指两个或者两个以上的公司,订立合同,依《公司法》的规定归并为一个公司的法律行为。公司合并与公司收购不尽相同:公司收购可能导致被收购的公司并入收购公司,也可能不并入收购公司,收购公司只是为了取得控制权;而公司合并会导致至少一个原有公司的消亡、公司人格的丧失。

(二)公司合并的类型

1. 吸收合并

吸引合并又称接收合并或吞并式合并,是指一个公司吸收其他公司加入本公司,被吸收的公司解散。吸收合并中被吸收的公司因合并而解散,其公司人格消灭,主体资格丧失,但这种消灭不需要进行清算程序,因其权利义务由接收的公司承继。而接收公司不是新设的公司,其在合并之前是存在的,合并后继续存在,主体资格没有发生变化,但其资产数量、股权结构、股东数量等因合并而发生变化,其在合并完成后,应办理变更登记手续。

2. 新设合并

新设合并又称创设合并或新建合并,是指两个或两个以上公司合并设立一个新的公司,合并各方解散。新设合并是由各加入公司共同组建的,在合并前并不存在,合并成功后,创建了一个新的公司。各个加入的公司合并的目的就是组建这一新的公司,合并新设的公司成立与加入的公司解散同时发生,各个加入公司的资产全部并入新设的公司,各个加入公司的债权债务也一并由新设公司承继,因此,各加入公司的解散不必进行清算程序。

(三)公司合并的程序

公司的合并属于重要法律行为,《公司法》对合并程序有严格要求,具体如下:

1. 签订合并协议

公司合并,应当由合并各方签订合并协议。合并协议的内容应当包括:合并后存续的公司或新设公司的名称、住所;合并各方的债权债务关系的处理方法;合并各方的资产状况及其处理办法等。

2. 编制资产负债表及财产清单

资产负债表是反映公司资产及负债状况和股东权益的主要会计报表。财产清单应将公司的动产、不动产、债权及其他各种形式的资产清晰地一一列明。编制资产负债表及财产清单,应真实、全面、翔实、准确,做到账实相符。

3. 作出合并决议

合并各方签订合并协议,编制资产负债表及财产清单后,合并的各公司应当就公司合并事项做出合并决议。有限责任公司的股东会对公司合并作出决议,必须经代表 2/3 以上表决权的股东通过。股份有限公司股东大会作出合并决议,必须经出席会议的股东所持表决权的 2/3 以上通过。国有独资公司合并的,必须由国有资产监督管理机构决定;其中,重要的国有独资公司合并的,应当由国有资产监督管理机构审核后,报本级人民政府批准。

4. 通知、公告债权人

公司合并决议作出后,应当自作出合并决议之日起 10 日内通知债权人,并于 30 日内在报纸上公告。债权人自接到通知书之日起 30 日内,未接到通知书的自公告之日起 45 日内,可以要求公司清偿债务或者提供相应的担保。

5. 依法办理登记手续

公司合并后，登记事项发生变更的，应当依法向公司登记机关办理变更登记手续。公司解散的，应当依法向公司登记机关办理公司注销登记手续。设立新公司的，应当依法向公司登记机关办理公司设立登记手续。

（四）公司合并的法律后果

1. 主体资格的变化

公司合并后导致主体资格的消灭、变更与新设。在吸收合并时，加入合并的各个公司中，只有一个公司继续存续，其他加入合并的公司均消灭，存续的公司因股东、资本发生变化，应当修改公司章程，办理变更登记手续，其他消灭的公司应当办理注销登记手续。在新设合并中，加入合并的各个公司均消灭，产生一个新的公司，该新公司应办理设立登记手续。

2. 所有权或经营权主体的变化

公司合并后，原公司的所有权主体或经营权主体亦随之发生变化，由合并后存续的公司或新设的公司对合并前各公司的财产享有所有权或经营权。

3. 债权、债务的变化

公司合并后，合并各方的债权、债务由合并后存续的公司或新设的公司概括承受。

4. 股东资格的当然承继

公司合并后，合并前公司的各股东当然成为合并后存续的公司或新设公司的股东，原持有公司的股份按照合并协议规定转换为合并后公司的股份。

（五）异议股东的保护程序

由于公司合并影响到股东在公司中的地位及利益，股东根据合并对自己权益的影响，可能选择同意合并或者选择反对合并。为了保护反对合并的股东的利益，《公司法》赋予了这些股东退股权。在有限责任公司中，对公司合并持反对意见的股东，有权请求公司按照合理的价格收购其股权。自股东会会议通过合并决议之日起60日内，股东与公司不能达成股权收购协议的，股东可以自股东会会议决议通过之日起90日内向人民法院提起诉讼。[①] 在股份有限公司中，股东

[①] 参见《公司法》第74条。

对股东大会作出的公司合并决议持有异议的，也有权要求公司收购其所持有的股份，公司回购的此种股份应当在 6 个月内转让或者注销。[1]

二、公司分立

为了提高公司的经济效益，提升公司市场竞争力，使公司经营更加专业化、合理化；或者为了使得公司各个机构成为一个新的实体，充分享有自主权；或者为了防止风险，将公司中亏损部分分离出去，卸下包袱，公司可以进行分立，将原公司的某些机构或某些部门独立出来，成立一个独立的公司。

（一）公司分立的概念

公司分立是指公司依照法定程序分解为两个或两个以上财产、责任相互独立的公司的行为。公司分立，其财产和人员应作出相应的分割。

（二）公司分立的类型

公司分立有新设分立和派生分立两种形式。

1. 新设分立

新设分立也称解散分立，是指公司将其全部财产进行分割，形成两个或两个以上独立的新公司，原公司解散的行为。公司进行新设分立后，原公司法人资格消灭，其债权债务由各新设立的公司承继。

2. 派生分立

派生分立也称存续分立，是指公司将其部分财产分离出去，成立一个或者几个新公司的行为。在派生分立中，原公司继续存在，新公司也取得法人资格而独立存在；原公司的债权债务由原公司与新公司承继。

（三）公司分立的程序

公司分立会引起公司形式及规模的变化，影响股东与公司之间的关系，导致其股权数量和股权结构的变化；公司分立后，向债权人承担义务的主体发生变化，对其权益亦会有一定影响。为了保护股东和债权人利益，防止公司利用分立的方式逃避债务，《公司法》严格规定了公司分立的程序，具体如下：

---

[1] 参见《公司法》第 142 条。

1. 公司董事会拟订分立方案

董事会作为公司的决策机构、经营管理机构，可以根据市场变化、公司经营状况，拟订公司分立方案，提请股东会、股东大会进行决议。

2. 编制资产负债表及财产清单

资产负债表是反映公司资产及负债状况和股东权益的主要会计报表。财产清单，应将公司的动产、不动产、债权及其他各种形式的资产清晰地一一列明。编制资产负债表及财产清单，应真实、全面、翔实、准确，做到账实相符。

3. 股东会、股东大会作出特别决议

有限责任公司的股东会对公司分立作出决议，必须经代表 2/3 以上表决权的股东通过。股份有限公司股东大会作出分立决议，必须经出席会议的股东所持表决权的 2/3 以上通过。国有独资公司分立的，必须由国有资产监督管理机构决定；其中，重要的国有独资公司分立的，应当由国有资产监督管理机构审核后，报本级人民政府批准。

4. 通知、公告债权人

公司分立决议作出后，应当自作出分立决议之日起 10 日内通知债权人，并于 30 日内在报纸上公告。债权人自接到通知书之日起 30 日内，未接到通知书的自公告之日起 45 日内，可以要求公司清偿债务或者提供相应的担保。

5. 依法办理登记手续

公司分立后，应到登记主管机关进行相应的登记，并视分立的不同情形，进行公司的设立登记、注销登记或变更登记。公司分立后，登记事项发生变更的，应当依法向公司登记机关办理变更登记手续；公司解散的，应当依法向公司登记机关办理公司注销登记手续；设立新公司的，应当依法向公司登记机关办理公司设立登记手续。

（四）公司分立的法律后果

公司分立作为一种法律行为，其后果主要有：

1. 公司财产被分割

公司原有财产由分立后的公司取得，财产所有权主体或经营权主体发生变化。

2. 公司的规模发生变化

公司分立后，存续的公司规模发生变化，一般较分立前规模变小。如果是解散式分立，原来的公司消灭，分立后成立的新公司规模也不会超过原公司的规模。

3. 公司债务、债权的变化

公司分立前的债务由分立后的公司承担连带责任，公司与债权人达成书面协议另有约定的除外。

（五）异议股东的保护程序

由于公司分立影响到股东在公司中的地位及利益，股东根据分立对自己权益的影响，可能选择同意分立或者反对分立。为了保护反对分立的股东的利益，《公司法》赋予这些股东有退股权。在有限责任公司中，对公司分立持反对意见的股东，有权请求公司按照合理的价格收购其股权。自股东会会议分立决议通过之日起 60 日内，股东与公司不能达成股权收购协议的，股东可以自股东会会议决议通过之日起 90 日内向人民法院提起诉讼。① 在股份有限公司中，股东对股东大会作出的公司分立决议持有异议的，有权要求公司收购其所持有的股份，公司回购的此种股份应当在 6 个月内转让或者注销。②

---

① 参见《公司法》第 74 条。
② 参见《公司法》第 142 条。

第十六章

公司终止制度

公司终止，又称公司的消灭，是指公司丧失民事主体资格和公司法律人格，不再具有权利能力与行为能力。公司解散和公司破产是公司终止的原因。公司清算程序是公司终止的必经程序，公司清算程序终结后，依法办理注销登记手续，注销登记手续办理完毕，公司终止，法人资格消灭。

一、公司终止的原因

（一）解散

公司解散是指因法定事由出现而致使公司解体并终止法人资格的法律制度。《公司法》第180条规定，公司因下列原因解散：

1. 公司章程规定的营业期限届满或者公司章程规定的其他解散事由出现

该解散事由属于自愿解散的原因。如果公司章程对公司的经营期限做了规定，当营业期限届满时，如果没有按照法律规定或章程规定延长期限的，公司应当解散。根据公司自治原则，公司章程可以约定公司解散事由，当公司出现章程中规定的解散事由时，公司亦应解散，无须通过股东会、股东大会再行决议。如果公司章程规定的营业期限届满或者公司章程规定的其他解散事由出现，公司通过修改章程，决议延长公司期限或决议继续存在的，公司可以不解散。公司决议不解散，或者公司决议延长经营期限，可能会使股东增加投资风险，使其收回投资的预期无法实现，因此，《公司法》赋予了反对公司经营期限延长或决议继续存在的这些股东享有退股权。在有限责任公司中，对公司决议延长经营期限或决议继续存续持反对意见的股东,有权请求公司按照合理的价格收购其股权。自股东会会议决议通过之日起 60 日内,股东与公司不能达成股权收购协议的,股东可以自股东会会议决议通过之日起 90 日内向人民法院提起诉讼。[①]

2. 股东会、股东大会决议解散

公司虽未出现法律或章程规定的解散事由,但在公司存续期间,股东共同做出解散公司的意思表示,也是法律所允许的,《公司法》尊重股东解散公司的自治决定。股东做出解散的决定,可能是出于尽早收回投资,可能是公司设立目标无法实现,或者公司设立的目的已经实现等,也可能是公司已经处于歇业状态等。《公司法》规定,对公司解散做出决议,属于特别事项,应由股东会、股东大会做出。《公司法》第 43 条规定,有限责任公司股东会会议作出解散的决议,必须经代表 2/3 以上表决权的股东通过。第 103 条规定,股份有限公司股东大会作出解散的决议,必须经出席会议的股东所持表决权的 2/3 以上通过。《公司登记管理条例》第 42 条规定,一人有限责任公司的股东可以做出解散公司的决议,不设股东会的外商投资的公司由董事会决议解散。

3. 因公司合并或者分立需要解散

公司因合并、分立而解散,导致公司终止,属于法定的终止事由。公司合并、分立后,由存续的公司概括承受所有债权、债务,所以,因合并、分立导致公司解散的,无须经过清算程序,直接办理注销登记手续。

4. 依法被吊销营业执照、责令关闭或被撤销

依法被吊销营业执照、责令关闭或被撤销,是外部行为引起的解散,属于被迫解散。

吊销营业执照,是工商部门对实施违法行为的企业法人给予的一种处罚。《公司法》《公司登记管理条例》等多处规定,对违反《公司法》等法律、法规的行为可以做出吊销营业执照的处罚。被吊销营业执照后,公司应终止经营活动,予以解散。以《公司法》为例,规定了可以吊销营业执照的情形有:违反《公司法》规定,虚报注册资本、提交虚假材料或者采取其他欺诈手段隐瞒重要事实取得公司登记的,情节严重的,撤销公司登记或者吊销营业执照。[②] 公司成立后无

---

① 参见《公司法》第 74 条。
② 参见《公司法》第 198 条。

正当理由超过 6 个月未开业的，或者开业后自行停业连续 6 个月以上的，可以由公司登记机关吊销营业执照。①

公司被责令关闭或被撤销，是政府、行政机关对公司严重违反法律、法规规定，破坏社会管理秩序行为的处罚。有权做出撤销决定的是政府、工商行政管理局。如《环境保护法》第 60 条规定："企业事业单位和其他生产经营者超过污染物排放标准或者超过重点污染物排放总量控制指标排放污染物的，县级以上人民政府环境保护主管部门可以责令其采取限制生产、停产整治等措施；情节严重的，报经有批准权的人民政府批准，责令停业、关闭。"对违反《环境保护法》的行为，环境保护主管部门可以责令其采取限制生产、停产整治等措施，但责令其停业或关闭，需要有批准权的人民政府批准。

工商行政管理局对违反《公司法》《公司登记管理条例》等法律、法规的行为，可以做出撤销登记的决定。

5. 人民法院依照《公司法》第 182 条的规定予以解散

《公司法》第 182 条规定："公司经营管理发生严重困难，继续存续会使股东利益受到重大损失，通过其他途径不能解决的，持有公司全部股东表决权 10% 以上的股东，可以请求人民法院解散公司。"根据该条规定，法院根据股东的诉请，可以依法做出解散公司的裁判。

2008 年的《〈公司法〉司法解释（二）》专门规定了股东可以提起解散公司诉讼的法定情形，细化了司法解散条件，更具有操作性。该司法解释第 1 条规定，单独或者合计持有公司全部股东表决权 10% 以上的股东，以下列事由之一提起解散公司诉讼，人民法院应予受理：（1）公司持续 2 年以上无法召开股东会或者股东大会，公司经营管理发生严重困难的；（2）股东表决时无法达到法定或者公司章程规定的比例，持续 2 年以上不能做出有效的股东会或者股东大会决议，公司经营管理发生严重困难的；（3）公司董事长期冲突，且无法通过股东会或者股东大会解决，公司经营管理发生严重困难的；（4）经营管理发生其他严重困难，公司继续存续会使股东利益受到重大损失的情形。

---

① 参见《公司法》第 211 条。

（二）被依法宣告破产

公司不能清偿到期债务，达到破产界限时，债务人或债权人可以依据《企业破产法》的规定，向法院提出破产申请，自法院做出破产宣告的裁定之日起，公司应进行破产清算。

公司因其他原因解散进行清算的过程中，清算组在清理公司财产、编制资产负债表和财产清单后，发现公司财产不足清偿债务的，应当依法向人民法院申请宣告破产。公司经人民法院裁定宣告破产后，清算组应当将清算事务移交给人民法院。[①]

二、公司清算

公司解散虽不直接消灭公司的法人资格，却是公司法人主体资格消灭的原因。公司一经解散，不可避免地进入清算程序，其权利能力便受到限制。在清算期间，只能为实现清算的目的，由清算组代表公司处理未完结的业务，不得开展新的业务活动，公司自己不得处分公司财产。

（一）公司清算的概念与特征

公司清算是公司破产或解散的过程中，依法对公司财产、债权债务进行清理，终结现存的法律关系，消灭公司法人资格的一种法律行为。公司清算具有以下特征：

1. 公司清算是公司终止的必经程序

公司解散是公司终止的原因，是公司清算的前提条件；公司终止一定要经过公司清算程序，公司清算与公司解散、公司终止密不可分。

2. 公司清算必须由专门的清算组织进行

清算组织是指在公司做出终止决定后，依法成立的，负责清算的机构。公司进入清算阶段后，由清算组接管公司，负责财产的保管、清理、估价以及处理和分配，该清算机构独立于债权人、债务人之外，是与公司财产没有利害关系的专门机构。清算期间，原公司的代表机关、管理机关和业务执行机关不再对外代表公司。

---

① 参见《公司法》第187条。

3. 公司清算期间，公司法人资格并未丧失

公司清算的目的是为了了结公司的对内事务和对外债务，结束公司所有法律关系，终止公司。因此，在公司清算过程中，公司法人资格形式上依然存在，但清算阶段，法人的权利能力受到强制法的限制，不得从事与清算无关的经营活动，只能在清算业务范围内开始活动，行使权利、承担义务。公司清算是公司法人资格最终消灭的前置程序，公司清算的结果必然导致其法人资格从形式到实质的最终消灭。

4. 公司清算严格按照法律规定的程序进行

公司清算程序的核心内容是清理债权债务，收回财产，清偿债务，分配剩余财产。经过清算，公司将永久性消灭，所有法律关系也将终结，因此，清算的程序是严格的。只有按照清算程序进行清理，公司才可以正常注销消亡，公司的股东也将从此从中解脱。

（二）公司清算的类型

由于清算的原因、主体等不同，法律规定了不同的公司清算类型。

1. 破产清算和非破产清算

（1）破产清算，是指公司不能清偿到期债务，被依法宣告破产时适用的清算程序。公司具有破产原因，适用《破产法》，启动破产清算程序。

（2）非破产清算，是指公司除因合并、分立或破产的原因解散外，因其他原因解散而进行的清算。非破产清算时，公司未出现破产原因，可以用全部财产清偿债务，适用《公司法》规定的清算程序。

破产清算和非破产清算虽然都是终结现存公司的法律关系、消灭公司法人资格的行为，但二者在进行债务清偿时的顺序和范围等方面有重大区别。非破产清算程序进行中，如果发现公司财产不足清偿债务的，应当依法向人民法院申请宣告破产，由非破产清算程序转入破产清算程序。

2. 法定清算和任意清算

（1）法定清算，是指必须按法律规定的程序进行的清算。法定清算主要适用投资人承担有限责任的公司、企业。我国《公司法》规定，有限责任公司和股份有限公司在终止时，必须按照法律规定的程序进行清算，因此，公司清算属于法定清算，不是任意清算。对这类公司之所以规定严格的清算程序，主要目的是保

护公司的财产不被恶意侵占，最大限度满足债权人利益的实现。因为，公司清算程序结束后，债权人无法要求投资者再承担清偿责任。

（2）任意清算，是指依照全体投资者的决定或者事先达成的协议、章程进行清算，而不是按照法律规定的程序进行清算。任意清算主要适用于投资人承担无限连带责任的企业。法律之所以对这类企业不严格规定清算程序，而由投资者自行决定清算程序，主要原因是在清算程序结束后，投资人仍然要对未清偿的债务承担无限连带责任，债权人利益的实现与清算程序关系不大。

3. 普通清算和特别清算

（1）普通清算是由公司股东、董事或股东大会、股东会确定的人员组成清算组织，依法定程序自行进行的清算。

（2）特别清算是在公司因行政决定或法院裁定而解散，或者在公司自行解散情形下，未按照规定及时组织清算机构进行清算，或者在普通清算的过程中发现资产不足以清偿债务的情况下，由有关机关或法院介入所进行的清算。

普通清算和特别清算都属于法定清算，两者之间最大的区别是，清算中是公司自行组织清算机构进行清算还是有行政机关或者法院参与清算。

（三）清算组的组成及其职权

1. 清算组的组成

清算组，又叫清算人，是公司清算事务的具体执行机构。

根据我国《公司法》第183条的规定，公司除因合并、分立解散公司外，出现其他解散事由的，应当在解散事由出现之日起15日内成立清算组，开始清算。有限责任公司的清算组由股东组成，股份有限公司的清算组由董事或者股东大会确定的人员组成。逾期不成立清算组进行清算的，债权人可以申请人民法院指定有关人员组成清算组进行清算。《公司登记管理条例》第41条规定，公司解散，依法应当清算的，清算组应当自成立之日起10日内将清算组成员、清算组负责人名单向公司登记机关备案。

《〈公司法〉司法解释（二）》进一步规定，有下列情形之一，债权人申请人民法院指定清算组进行清算的，人民法院应予受理：（1）公司解散逾期不成立清算组进行清算的；（2）虽然成立清算组但故意拖延清算的；（3）违法清算可能严重损害债权人或者股东利益的。

人民法院受理公司清算案件，指定的清算组成员可以从下列人员或者机构中产生：（1）公司股东、董事、监事、高级管理人员；（2）依法设立的律师事务所、会计师事务所、破产清算事务所等社会中介机构；（3）依法设立的律师事务所、会计师事务所、破产清算事务所等社会中介机构中具备相关专业知识并取得执业资格的人员。

2. 清算组的职权

《公司法》第184条规定，清算组在清算期间享有下列职权：（1）清理公司财产，分别编制资产负债表和财产清单；（2）通知、公告债权人；（3）处理与清算有关的公司未了结的业务；（4）清缴所欠税款以及清算过程中产生的税款；（5）清理债权、债务；（6）处理公司清偿债务后的剩余财产；（7）代表公司参与民事诉讼活动。

除此之外，还应履行下列职责：（1）清算组在清理公司财产、编制资产负债表和财产清单后，应当制定清算方案，并报股东会、股东大会或者人民法院确认。（2）清算组在清理公司财产、编制资产负债表和财产清单后，发现公司财产不足清偿债务的，应当依法向人民法院申请宣告破产。公司经人民法院裁定宣告破产后，清算组应当将清算事务移交给人民法院。（3）公司清算结束后，清算组应当制作清算报告，报股东会、股东大会或者人民法院确认，并报送公司登记机关，申请注销公司登记，公告公司终止。

3. 清算组的义务

清算组与公司之间的关系，我们认为属于民法上的委任关系，清算组是受托人，依受托范围和职权开展清算工作。公司解散后、清算终结前，清算组成员应当忠于职守，依法履行清算义务。清算组成员不得利用职权收受贿赂或者获得其他非法收入，不得侵占公司财产。清算组成员因故意或者重大过失给公司或者债权人造成损失的，应当承担赔偿责任。清算组如果不依照《公司法》规定向公司登记机关报送清算报告，或者报送清算报告时隐瞒重要事实或者有重大遗漏的，由公司登记机关责令改正。清算组成员利用职权徇私舞弊、谋取非法收入或者侵占公司财产的，由公司登记机关责令退还公司财产，没收违法所得，并可以处以违法所得1倍以上5倍以下的罚款。

(四) 公司清算程序

1. 确定清算组成员

清算组成员的主要工作是在公司解散后，清理公司的财产和债务，执行公司的清算事务。

2. 通知、公告债权人

清算组应当自成立之日起 10 日内将公司解散清算事宜书面通知全体已知债权人，并于 60 日内并根据公司规模和营业地域范围在全国或者公司注册登记地省级有影响的报纸上进行公告。清算组未按照上述规定履行通知和公告义务，导致债权人未及时申报债权而未获清偿，债权人主张清算组成员对因此造成的损失承担赔偿责任的，人民法院应依法予以支持。①

3. 债权人申报债权

债权人应当自接到通知书之日起 30 日内，未接到通知书的自公告之日起 45 日内，向清算组申报其债权。申报债权时，应当说明债权的有关事项，并提供证明材料。在申报债权期间，清算组不得对债权人进行清偿。

债权人在规定的期限内未申报债权，在公司清算程序终结前补充申报的，清算组应予登记。公司清算程序终结，是指清算报告经股东会、股东大会或者人民法院确认完毕。②

公司清算时，债权人对清算组核定的债权有异议的，可以要求清算组重新核定。清算组不予重新核定，或者债权人对重新核定的债权仍有异议，债权人以公司为被告向人民法院提起诉讼请求确认的，人民法院应予受理。③

4. 清理财产

清算组成立后，应清理公司财产，收回公司债权，编制资产负债表和财产清单，作为公司清偿债务和进行分配的依据。清算组清理公司财产、债权债务、编制资产负债表和财产清单后，发现公司财产不足以清偿债务的，应当向法院申请宣告破产。公司经法院裁定宣告破产后，清算组应当将清算事务移交给法院，由法院按破产程序组织清算。

---

① 参见《〈公司法〉司法解释（二）》第 11 条。
② 参见《〈公司法〉司法解释（二）》第 13 条。
③ 参见《〈公司法〉司法解释（二）》第 12 条。

5. 制定清算方案

清算组在清理财产的基础上，编制资产负债表和财产清单后，制定清算方案。公司自行清算的，清算方案应当报股东会或者股东大会确认；人民法院组织清算的，清算方案应当报人民法院确认。未经确认的清算方案，清算组不得执行。执行未经确认的清算方案给公司或者债权人造成损失，公司、股东或者债权人主张清算组成员承担赔偿责任的，人民法院应依法予以支持。①

6. 分配财产

公司清算的核心就是分配财产。公司清算时，按照下列顺序进行财产分配：

（1）支付清算费用；

（2）支付职工的工资、社会保险费用和法定补偿金；

（3）缴纳所欠税款；

（4）清偿公司债务；

（5）向投资者分配剩余财产。有限责任公司按照股东的出资比例分配，股份有限公司按照股东持有的股份比例分配。

7. 制作清算报告

公司清算结束后，清算组应当制作清算报告，并编制清算期间收支报表及财产账册，报股东会、股东大会或者人民法院确认，并报送公司登记机关，申请注销公司登记，公告公司终止。

清算期间，公司存续，但不得开展与清算无关的经营活动。公司财产在未按规定清偿前，不得分配给股东。

（五）公司注销登记

公司注销登记，是指当出现法律规定的公司应予以终止的情形时，在公司清算完毕后，由公司清算组向原登记机关申请办理注销登记手续，记载该公司消灭的登记注册行为。《公司登记管理条例》第42条规定，有下列情形之一的，公司清算组应当自公司清算结束之日起30日内向原公司登记机关申请注销登记：公司被依法宣告破产；公司章程规定的营业期限届满或者公司章程规定的其他解散事由出现，但公司通过修改公司章程而存续的除外；股东会、股东大会决议解散

---

① 参见《〈公司法〉司法解释（二）》第15条。

或者一人有限责任公司的股东、外商投资的公司董事会决议解散；依法被吊销营业执照、责令关闭或者被撤销；人民法院依法予以解散；法律、行政法规规定的其他解散情形。第 43 条规定，公司申请注销登记，应当提交下列文件：公司清算组负责人签署的注销登记申请书；人民法院的破产裁定、解散裁判文书，公司依照《公司法》作出的决议或者决定，行政机关责令关闭或者公司被撤销的文件；股东会、股东大会、一人有限责任公司的股东、外商投资的公司董事会或者人民法院、公司批准机关备案、确认的清算报告；《企业法人营业执照》；法律、行政法规规定应当提交的其他文件。国有独资公司申请注销登记，还应当提交国有资产监督管理机构的决定，其中，国务院确定的重要的国有独资公司，还应当提交本级人民政府的批准文件。有分公司的公司申请注销登记，还应当提交分公司的注销登记证明。

公司登记机关准予注销登记后，应当收缴《营业执照》及其副本，收缴公章，通知开户银行，公告公司注销的事实。经公司登记机关注销登记，公司终止。

第十七章

违反公司法的法律责任

一、公司的法律责任

1. 公司违反《公司法》规定，虚报注册资本、提交虚假材料或者采取其他欺诈手段隐瞒重要事实取得公司登记的，由公司登记机关责令改正；对虚报注册资本的公司，处以虚报注册资本金额 5% 以上 15% 以下的罚款；对提交虚假材料或者采取其他欺诈手段隐瞒重要事实的公司，处以 5 万元以上 50 万元以下的罚款；情节严重的，撤销公司登记或者吊销营业执照。

2. 公司违反《公司法》规定，在法定的会计账簿以外另立会计账簿的，由县级以上人民政府财政部门责令改正，处以 5 万元以上 50 万元以下的罚款。

3. 公司在依法向有关主管部门提供的财务会计报告等材料上作虚假记载或者隐瞒重要事实的，由有关主管部门对直接负责的主管人员和其他直接责任人员处以 3 万元以上 30 万元以下的罚款。

4. 公司不依照《公司法》规定提取法定公积金的，由县级以上人民政府财政部门责令如数补足应当提取的金额，可以对公司处以 20 万元以下的罚款。

5. 公司在合并、分立、减少注册资本或者进行清算时，不依照公司法规定通知或者公告债权人的，由公司登记机关责令改正，对公司处以 1 万元以上 10 万元以下的罚款。

6. 公司登记事项发生变更时，未依照《公司法》规定办理有关变更登记的，由公司登记机关责令限期登记；逾期不登记的，处以 1 万元以上 10 万元以下的罚款。其中，变更经营范围涉及法律、行政法规或者国务院决定规定须经批准的项目而未取得批准，擅自从事相关经营活动，情节严重的，吊销营业执照。公司未依照《公司登记管理条例》规定办理有关备案的，由公司登记机关责令限期办理；逾期未办理的，处以3万元以下的罚款。

7. 公司在进行清算时，隐匿财产，对资产负债表或者财产清单作虚假记载或者在未清偿债务前分配公司财产的，由公司登记机关责令改正，对公司处以隐匿财产或者未清偿债务前分配公司财产金额5%以上10%以下的罚款；对直接负责的主管人员和其他直接责任人员处以1万元以上10万元以下的罚款。公司在清算期间开展与清算无关的经营活动的，由公司登记机关予以警告，没收违法所得。

8. 公司成立后无正当理由超过6个月未开业的，或者开业后自行停业连续6个月以上的，可以由公司登记机关吊销营业执照。

9. 外国公司违反《公司法》规定，擅自在中国境内设立分支机构的，由公司登记机关责令改正或者关闭，可以并处5万元以上20万元以下的罚款。

二、公司发起人、股东的法律责任

1. 公司的发起人、股东虚假出资，未交付或者未按期交付作为出资的货币或者非货币财产的，由公司登记机关责令改正，处以虚假出资金额5%以上15%以下的罚款。

2. 公司的发起人、股东在公司成立后，抽逃其出资的，由公司登记机关责令改正，处以所抽逃出资金额5%以上15%以下的罚款。

三、清算组的法律责任

1. 清算组不依照《公司法》规定向公司登记机关报送清算报告，或者报送的清算报告隐瞒重要事实或者有重大遗漏的，由公司登记机关责令改正。

2. 清算组成员利用职权徇私舞弊、谋取非法收入或者侵占公司财产的，由公司登记机关责令退还公司财产，没收违法所得，并可以处以违法所得1倍以上5倍以下的罚款。

3. 清算组成员从事清算事务时，违反法律、行政法规或者公司章程给公司或者债权人造成损失，应向公司或者债权人承担赔偿责任。[①]

四、承担资产评估、验资或者验证的机构的法律责任

1. 承担资产评估、验资或者验证的机构提供虚假材料的，由公司登记机关没收违法所得，处以违法所得1倍以上5倍以下的罚款，并可以由有关主管部门依法责令该机构停业、吊销直接责任人员的资格证书，吊销营业执照。

2. 承担资产评估、验资或者验证的机构因过失提供有重大遗漏的报告的，由公司登记机关责令改正，情节较重的，处以所得收入1倍以上5倍以下的罚款，并可以由有关主管部门依法责令该机构停业、吊销直接责任人员的资格证书，吊销营业执照。

3. 承担资产评估、验资或者验证的机构因其出具的评估结果、验资或者验证证明不实，给公司债权人造成损失的，除能够证明自己没有过错的外，在其评估或者证明不实的金额范围内承担赔偿责任。

五、公司登记机关的法律责任

1. 公司登记机关对不符合《公司法》规定条件的登记申请予以登记，或者对符合《公司法》规定条件的登记申请不予登记的，对直接负责的主管人员和其他直接责任人员，依法给予行政处分。

2. 公司登记机关的上级部门强令公司登记机关对不符合《公司法》规定条件的登记申请予以登记，或者对符合《公司法》规定条件的登记申请不予登记的，或者对违法登记进行包庇的，对直接负责的主管人员和其他直接责任人员依法给予行政处分。

六、其他有关法律责任

1. 未依法登记为有限责任公司或者股份有限公司，而冒用有限责任公司或者股份有限公司名义的，或者未依法登记为有限责任公司或者股份有限公司的分公司，而冒用有限责任公司或者股份有限公司的分公司名义的，由公司登记机关

[①] 参见《〈公司法〉司法解释（二）》第23条。

责令改正或者予以取缔,可以并处 10 万元以下的罚款。

2. 利用公司名义从事危害国家安全、社会公共利益的严重违法行为的,吊销营业执照。

3. 违反《公司法》规定,构成犯罪的,依法追究刑事责任。

4. 公司违反《公司法》规定,应当承担民事赔偿责任和缴纳罚款、罚金的,其财产不足以支付时,先承担民事赔偿责任。

主要参考文献

[1] 郑立，王益英．企业法通论［M］．北京：中国人民大学出版社，1993．
[2] 李友根．企业法教程［M］．南京：南京大学出版社，1994．
[3] 王书江．中国商法［M］．北京：中国经济出版社，1994．
[4] 刘俊海．股份有限公司股东权的保护［M］．北京：法律出版社，1997．
[5] 朱慈蕴．公司法人格否认法理研究［M］．北京：法律出版社，1998．
[6] 张开平．英美公司董事法律制度研究［M］．北京：法律出版社，1998．
[7] 徐学鹿．商法学［M］．北京：中国财政经济出版社，1998．
[8] 江平．新编公司法教程［M］．2版．北京：法律出版社，2003．
[9] 王欣新．企业和公司法［M］．北京：中国人民大学出版社，2003．
[10] 赵旭东．新公司法条文释解［M］．北京：人民法院出版社，2005．
[11] 史际春．企业和公司法［M］．2版．北京：中国人民大学出版社，2008．
[12] 覃有土．商法学［M］．2版．北京：高等教育出版社，2008．
[13] 叶林．证券法［M］．北京：中国人民大学出版社，2008．
[14] 蒋大兴．公司法的展开与评判——方法·判例·制度［M］．北京：法律出版社，2009．
[15] 邓峰．普通公司法［M］．北京：中国人民大学出版社，2009．
[16] 徐学鹿，梁鹏．商法总论［M］．北京：中国人民大学出版社，2009．
[17] 王保树．商法［M］．北京：北京大学出版社，2011．
[18] 陶广峰．经济法［M］．北京：北京师范大学出版社，2010．

［19］刘俊海.公司法学［M］.2版.北京：北京大学出版社，2013.

［20］范健.商法［M］.4版.北京：高等教育出版社，北京大学出版社，2011.

［21］甘培忠.企业与公司法学［M］.7版.北京：北京大学出版社，2014.

［22］范健，王建文.商法学［M］.4版.北京：法律出版社，2015.

［23］郑云瑞.公司法学［M］.北京：北京大学出版社，2016.

［24］罗伯塔·罗马诺.公司法基础［M］.2版.罗培新，译.北京：北京大学出版社，2013.

［25］弗兰克·伊斯特布鲁克，丹尼尔·费希尔.公司法的经济结构：中译本［M］.2版.罗培新，张建伟，译.北京：北京大学出版社，2014.

［26］胡旭东.公司担保规则的司法续造——基于145份判决书的实证分析［C］//梁慧星.民商法论丛：50卷.北京：法律出版社，2012.

［27］汤欣.论公司法的性格——强行法抑或任意法［J］.中国法学，2001（12）.

［28］王海平.公司章程性质与股东权益保护的法理分析［J］.当代法学，2002（3）.

［29］赵旭东.设立协议与公司章程的法律效力［N］.人民法院报，2002-01-11（3）.

［30］傅穹.公司资本信用悖论［J］.法制与社会发展，2003（5）.

［31］张民安.公司瑕疵设立效力研究［J］.比较法研究，2004（4）.

［32］朱慈蕴.公司章程两分法——公司自治与他治理念的融合［J］.当代法学，2006（5）.

［33］王保树.从法条的公司法到实践的公司法［J］.法学研究，2006（6）.

［34］罗培新.公司法强制性与任意性边界之厘定：一个法理分析框架［J］.中国法学，2007（4）.

［35］刘俊海.改革开放30年来公司立法的回顾与前瞻［J］.法学论坛，2008（3）.

［36］张翔.商业登记与营业自由——商业登记的功能、技术及其价值基础分析［J］.政治与法律，2008（2）.

［37］钱玉林.公司章程"另有规定"检讨［J］.法学研究，2009（2）.

［38］钱玉林.公司法第16条的规范意义［J］.法学研究，2011（6）.

［39］钱玉林.公司章程对股权转让限制的效力［J］.法学，2012（10）.

［40］黄辉.中国公司法人格否认制度实证研究［J］.法学研究，2012（1）.

［41］高圣平.公司担保相关法律问题研究［J］.中国法学，2013（2）.

［42］施天涛.公司资本制度改革：解读与辨析［J］.清华法学，2014（5）.

［43］赵旭东.资本制度变革下的资本法律责任——公司法修改的理性解读［J］.法学研究，2014（5）.

［44］李友根.论企业名称的竞争法保护——最高人民法院第29号指导案例研究［J］.中国法学，2015（4）.

［45］黄辉.公司资本制度改革的正当性：基于债权人保护功能的法经济学分析［J］.中国法学，2015（6）.

［46］刘凯湘，张其鉴.公司资本制度在中国的立法变迁与问题应对［J］.河南财经政法大学学报，2014（5）.

［47］蒋大兴.质疑法定资本制之改革［J］.中国法学，2015（6）.

［48］陈甦.资本信用与资产信用的学说分析及规范分野［J］.环球法律评论，2015（1）.

［49］段晓娟.资本制度改革后债权人保护机制之完善［J］.人民司法，2016（22）.

［50］蒋大兴.《民法总则》的商法意义——以法人类型区分及规范构造为中心［J］.比较法研究，2017（4）.

法律、法规、司法解释缩略语

一、法律

《宪法》——《中华人民共和国宪法》
《行政许可法》——《中华人民共和国行政许可法》
《民法总则》——《中华人民共和国民法总则》
《民法通则》——《中华人民共和国民法通则》
《公司法》——《中华人民共和国公司法》
《合伙企业法》——《中华人民共和国合伙企业法》
《个人独资企业法》——《中华人民共和国个人独资企业法》
《全民所有制工业企业法》——《中华人民共和国全民所有制工业企业法》
《企业国有资产法》——《中华人民共和国企业国有资产法》
《中外合资经营企业法》——《中华人民共和国中外合资经营企业法》
《中外合作经营企业法》——《中华人民共和国中外合作经营企业法》
《外资企业法》——《中华人民共和国外资企业法》
《企业所得税法》——《中华人民共和国企业所得税法》
《反不正当竞争法》——《中华人民共和国反不正当竞争法》
《合同法》——《中华人民共和国合同法》
《专利法》——《中华人民共和国专利法》
《商标法》——《中华人民共和国商标法》

《农民专业合作社法》——《中华人民共和国农民专业合作社法》

《企业破产法》——《中华人民共和国企业破产法》

二、法规

《商标法实施细则》——《中华人民共和国商标法实施细则》

《乡村集体所有制企业条例》——《中华人民共和国乡村集体所有制企业条例》

《城镇集体所有制企业条例》——《中华人民共和国城镇集体所有制企业条例》

《私营企业暂行条例》——《中华人民共和国私营企业暂行条例》

《公司登记管理条例》——《中华人民共和国公司登记管理条例》

《企业法人登记管理条例》——《中华人民共和国企业法人登记管理条例》

《中外合资经营企业法实施条例》——《中华人民共和国中外合资经营企业法实施条例》

《中外合作经营企业法实施细则》——《中华人民共和国中外合作经营企业法实施细则》

《外资企业法实施细则》——《中华人民共和国外资企业法实施细则》

三、司法解释

《〈公司法〉司法解释（一）》——《最高人民法院关于〈中华人民共和国公司法〉若干问题的规定（一）》

《〈公司法〉司法解释（二）》——《最高人民法院关于〈中华人民共和国公司法〉若干问题的规定（二）》

《〈公司法〉司法解释（三）》——《最高人民法院关于〈中华人民共和国公司法〉若干问题的规定（三）》

《〈公司法〉司法解释（四）》——《最高人民法院关于〈中华人民共和国公司法〉若干问题的规定（四）》

《〈合同法〉司法解释（一）》——《最高人民法院关于适用〈中华人民共和国合同法〉若干问题的解释（一）》